西南大学工商管理学科建设系列丛书（第一辑）

西南大学学科建设经费资助

基于价格共识形成的关联交易信息披露重构研究

毕　茜◎著

中国财经出版传媒集团
中国财政经济出版社

图书在版编目（CIP）数据

基于价格共识形成的关联交易信息披露重构研究/毕茜著．—北京：中国财政经济出版社，2018.3

（西南大学工商管理学科建设系列丛书．第一辑）

ISBN 978－7－5095－8021－9

Ⅰ.①基… Ⅱ.①毕… Ⅲ.①上市公司－会计信息－研究－中国 Ⅳ.①F279.246

中国版本图书馆 CIP 数据核字（2018）第 009415 号

责任编辑：马 真　　　　责任校对：黄亚青

中国财政经济出版社 出版

URL：http：//ckfz. cfeph. cn

E－mail：cfeph@ cfeph. cn

社址：北京市海淀区阜成路甲 28 号　邮政编码：100142

营销中心电话：010－88191537

天猫网店：中国财政经济出版社旗舰店

网址：https：//zgczjjcbs. tmall. com

北京财经印刷厂印刷　各地新华书店经销

880×1230 毫米　32 开　9.875 印张　228 000 字

2018 年 6 月第 1 版　2018 年 6 月北京第 1 次印刷

定价：55.00 元

ISBN 978－7－5095－8021－9

（图书出现印装问题，本社负责调换）

本社质量投诉电话：010－88190744

打击盗版举报热线：010－88191661　QQ：2242791300

前言

我国上市公司的违规问题大多与关联交易有着直接或间接的联系。众多恶性关联方交易行为不仅损害了上市公司本身的利益，还严重损害了中小股东的利益，最终将动摇资本市场的基石。因此，研究和规范上市公司关联交易，加强对关联交易会计信息披露的研究是一个值得深入研究的问题。本书试图从一个新的视角——价格共识形成的视角进行分析，首先对交易进行确认，重构上市公司信息披露的模式，确保信息在资本市场里能有效、充分地表达，从而达到提高上市公司信息披露质量、保护我国中小投资者的合法权益、维护证券市场的繁荣与稳定的目标。本书采用规范研究、分析式研究和实验研究的方法进行研究。

一、研究内容

针对目前上市公司关联交易披露存在的问题，从5个方面围绕如何改进关联交易信息披露模式而展开研究。

1. 发现目前关联交易信息披露中存在的问题。无论国内还是国外研究，对关联交易问题的思考局限在：把关联交易与一般交易区分的思路是通过界定关联方来定义，中心在关联方的界定上，从而使关联交易及其披露的研究存在以下问题：（1）不具有区分性，即关联交易的特殊性没有与一般交易区分出来；（2）不具有直接性，由于关联交易仅仅在表外披露，约束力不强，信息披露不充分；(3) 存在关联交易非关联化，从而逃避关联交易的信息披露问题。如果不能在理论上找到一个有效区分关联交易与一般交易的方法，那么无法提高信息披露的质量，达到降低关联交易危害的作用。

2. 价格共识形成的实验及理论证明。我们常说“关联交易的价格明显有违正常的交易价格”，这“正常的交易价格”指的是什么价格？如何定量呢？如何成为大家的共同知识呢？我们带着这样的问题到经济学基础理论里寻求答案。在对传统理论的不足进行分析的基础上，设计并完成了价格共识不能形成的实验和价格共识能形成的实验，首次提出了价格共识的概念，提出并证明了价格共识理论。此外，还构建理论模型，采用严格的数理逻辑对价格共识形成理论进行了推演证明。

3. 关联交易的确认、计量与披露分析。在对关联交易的确认与计量进行传统分析之后，基于价格共识形成理论进行了再分析，并用实验对价格共识形成理论结果加以进一步的论证。同时对关联交易新准则在披露上与旧准则、国际会计准则进行了比较。国内学者借鉴国际会计准则及其他国家会计准则中的合理成分，提出了一些改进的措施，这些改进措施虽具有一定的积极意义，但无法解决关联交易非关联化的问题。

4. 财务信息披露模式的重构。通过阐述关联交易披露新模式的目的，提出了新模式的基本框架，包括新模式的会计核算设计及核算举例。在传统的借贷记账法的基础上，新增加交易分类这一要素，即根据交易的特性来判断每项经济业务是属于第Ⅰ类或是第Ⅱ类。在原会计报表的基础上，通过增加一个《第Ⅱ类交易表》，避免因原会计报表合并各种交易所带来的交易属性丢失以及价格可比性的混淆，从而达到增强会计信息质量的目的。

5. 提高上市公司信息质量的政策建议。如何增加上市公司财务信息披露的透明度，从而把关联交易的危害降到最低？我们认为政府应提供更多信息服务，加强对市场运行结果的披露，而不只是发布对市场运行的预期结果，具体提出以下政策建议：(1) 应加强对企业第Ⅱ类交易的披露方式的制度建设；(2) 降低政府介入资本市场的深度和强度；(3) 对上市公司关联交易及其会计信息披露质量进行综合治理；(4) 建立分户信息披露管理电子档案；(5) 营造上市公司诚信经营和谐创业的环境；(6) 完善股东派生诉讼制度。

二、主要结论

1. 关联交易信息披露应满足区分性、直接性和时效性的要求。本书的研究表明，关联交易的信息披露必须满足：区分性、直接性、时效性。在上述的“三性”要求之中，区分性最为关键，它决定关联交易信息能否以及如何进行直接地、动态地披露。本书之所以展开对商品价格共识如何形成的基础研究，是因为如果市场里商品的价格共识都不存在，那么如何判断公允与非公允的关联交易是不可能的。当然也就无法满足区分性。如果上市公司所经营、交易的商品有价格共识或能够形成价格共识，投资者应该自己承担解读、识别、判断上市公司财务信息的责任；如果上市公司所经营、交易的商品中有的商品没有价格共识或很难形成价格共识，会计准则就应该要求上市公司将该项交易与其他交易相区别，以提醒投资人关注、判明该交易的实质及其相应财务信息的真伪。

2. 通过严格证明得到了价格共识形成的充分条件。在同一种商品的一连串交易（而非赠与或掠夺）中，商品价格共识的逐渐形成需要下述5个条件，即（1）敏感性：在商品交易过程中参与者是“趋利避害”的；（2）公平性：在这个过程中既没有谁能以高于其他参与者卖价的、其差值不小于某固定值的卖价出售商品，也没有谁能以低于其他参与者买价的、其差值不小于某固定值的买价买入商品；（3）单纯性：商品的价格完全由供需决定；（4）渐趋稳定：在这个过程中供应与需求的量逐渐稳定；（5）常规性：在这个过程中供应与需求的量不会逐渐消失。那么关于这个商品的价格共识就会逐渐形成。根据价格共识形成的观点，商品价格共识形成是渐进的，商品的价格不是瞬间形成的。

3. 基于价格共识如何形成的基础研究，要提高财务信息的质量，必须把交易分为第Ⅰ类和第Ⅱ类，并在此基础上重构信息披露的方式。根据对价格共识如何形成的基础的研究，商品价格共识的形成需要一定的条件。由于条件不充分，某些商品的价格共识不易形成。为了防止信息混淆，需要对报表做出改进，这样才能为投资者了解上市公司的经营情况提供必要的保障。本书认为要编撰满足“三性”要求的信息披露，首先要对交易进行确认、分类，所有交易可初步分为第Ⅰ类交易与第Ⅱ类交易。

三、创新之处

本书对上市公司关联交易信息披露的研究是以价格共识形成为切入点。通过实验及分析式研究的方法，展开了对商品价格共识形成的理论研究，同时对会计的确认、报表披露的格式提出了新的见解。在以下方面有所创新和突破：

1. 提出并证明了价格共识理论。采用分析式和实验研究方法，设计并完成了价格共识不能形成的实验和价格共识能形成的实验，提出并证明了价格共识理论。首先提出了价格共识的概念，并构建理论模型，采用严格的数学模型对价格共识形成理论进行了推演证明。找到了商品价格共识形成的条件。据此我们发现，在传统的商品交易中比较容易形成价格共识，其相应的财务数据也比较容易“读解”。对关联交易（包括非关联化的关联交易）这样难于在其中形成商品价格共识的交易的相应财务数据，需要新的财务信息披露方式以增加对它的“注解”。

2. 提出增加《第Ⅱ类交易表》的披露模式。在原会计报表的基础上，通过增加一个《第Ⅱ类交易表》的方式，避免因原会计报表合并各种交易数据所带来的交易属性丢失，以及价格可比性的混淆，从而达到增强会计信息质量的目的。这个《第Ⅱ类交易表》将起到一个注解原会计报表中各项数据产生背景的作用。例如当上市公司通过公开或隐蔽的关联方交易，向上市公司输送利益或从上市公司挖掘利益的时候，第Ⅱ类交易的额度都会明显增大。

3. 在传统的借贷记账法的基础上，新增加交易分类这一要素，即根据交易的特性来判断每项经济业务是属于第Ⅰ类还是第Ⅱ类交易。相应的记账规则不是借贷记账法下只用借、贷二维，还要增加记为类的一维，即借、贷、类三维。也就是说，要想描述一项交易，应该用三维坐标来表示，而不是以前的只用二维坐标来表示。这一改良方案不仅对关联交易披露质量的提高有积极的作用，而且为金融工具会计、人力资源会计及社会责任会计信息从表外顺向转化到表内提供了一个全新的可行的思路，从而实现提高上市公司会计信息质量，保护投资者的合法权益，维护证券市场的繁荣与稳定。

毕 茜

2017年12月

目录

绪 论

1.1 问题展示

1.1.1 问题提出

关联交易是特定的社会经济发展产生的经济行为。社会分工的出现和提高交易效率的目标导致关联交易的产生与发展。在市场经济环境下一个公司与其关联方之间所形成的相容利益集团的博弈，是由契约安排与交易方式创新而形成的一种经济高效机制。它不仅可以取得规模经济效益，而且可以节约交易成本，达到反竞争效应，提高交易效率。随着股份公司的出现，尤其是公开上市筹集资金的公司出现之后，股权的流动性特征使得企业间的收购、兼并、重组等层出不穷，导致企业投资主体多元化和复杂化，进而导致企业中大量关联交易的存在，并可能直接或间接地影响到企业各利益相关者的利益，因此关联交易逐渐引起人们的广泛关注和重视。随着世界范围的公司组织形式和治理结构的演变，跨国集团公司常常运用关联交易，将税率高的国家的子公司的收入向税率低的国家的子公司转移，以降低税收负担。同时利用关联交易来调节利润是企业粉饰业绩的常用手法。企业为了融资，也通过关联交易来改善财务状况，粉饰经营成果。

企业关联交易的影响具有两面性。一方面，关联交易具有提高交易效率、改善公司财务状况、实现产业链条的整合等积极作用。另一方面，关联交易也有消极的一面，主要表现为违背市场公平竞争原则和导致企业的会计信息失真。正是基于关联交易作用的双重性，关联交易既为各国法律所认可，同时又受到各国法律的严格限制。

一般来讲，关联交易是人类商业智慧的表现。从经济史上可以发现关联交易的出现甚至早于资本市场的出现。从理论上说，我们实际上很难将所有交易限定在非关联方之间，我们其实就不应该设想限制关联交易——阉割人类的创造力。从我国的现实情况来讲，上市公司多系国有企业改制而成，与改组前的母体公司及其下属企事业之间存着千丝万缕的联系，所以关联交易也将长期存在。即使将来在我国的股票市场实行了“整体上市”这样的改造，由于上市公司的利益“边界”是动态的、变化的，随着上市公司的资本运作——资产重组、股权收购等，关联交易产生的条件和土壤仍会出现。我们更应该前瞻和预计到，在不久的将来我国资本市场对外开放了，很多外国公司来我国资本市场上募集资金，我们怎样防止像“安然”这样的事件发生？我们怎样保护国有资产，保护广大的中、小投资者？面对将来外国的、在华上市的公司所做的复杂的关联交易，我们用怎样的理由和规范来要求他们做出说明？所以认为关联交易会逐渐消失或淡化在学术上都是幼稚的、不负责任的。关联交易不会消失，我们必须面对它，研究它。

关联交易既然会长期存在，又具有正、反两方面的作用，那么如何建立相应的制度将关联交易的危害降低呢？面对关联交易非关联化的现象，应该如何完善相应的披露规则呢？

1.1.2 问题解析

1. 关联交易客观存在

最古老而广义的“关联交易”出现在远古的部落之间的竞争策略——“联姻”之中。“联姻”其实就是向竞争对手示威：随时可以进行“关联交易”以增强实力。这样的“关联交易”从来都是作为谋略载入史册的。当然这样的“关联交易”有时有利，有时有害，而对危害的预防基本就是一个“决策配套”的问题。因为这样的“关联交易”的决策者、受益人、风险承担人是同一人，不需要也不可能对将要执行的“关联交易”设计一套制度来避免、减轻其可能带来的危害。

有现代意义的“关联交易”同样很早就出现了。早在古希腊时期，为抵御古波斯人的入侵，雅典人建造了一支庞大的舰队。依靠这支舰队，雅典人取得了萨拉米斯海战（约公元前480年）的胜利。在关于这段历史的记载中我们看到古代“关联交易”发生的证据。当时的雅典实行古典民主政治制度，雅典城邦（Civitas）[①] 拥有、经营的产业（如矿业）属于全城邦，有相

---

① 古雅典城邦没有官僚制，没有固定的军队，也很少有现代国家的其他附属物。引自：《西方公民身份传统——从柏拉图至卢梭》［美］彼得·雷森伯格，第15页，吉林出版集团有限责任公司2009年版。

当于“国企”的功能。如劳里昂银矿，雅典城邦将其出租经营，每年把收入分配给雅典公民（Citizen）[①]——公民即“股东”，每年分红[②]。而雅典人在萨拉米斯击败古波斯人的舰队——包括200余艘最新式的三层划桨战船[③]，就是由雅典公民捐出（即不分红）几年从劳里昂银矿应得收入而建立起来的[④]。劳里昂银矿的雅典合伙承租人[⑤]与出租人雅典城邦，建造舰队的各雅典“承包商”与“发包方”雅典城邦的关系就类似于“关联方”。从当时雅典的政治制度来看，对于“重商”的雅典人“关联交易”并不罕见[⑥]。

这样的“关联交易”有现代的特征：决策者——雅典城邦的管理者、承租人、承包商（部分雅典公民），受益人——全体雅典公民，风险承担人——全体雅典公民，他们不是完全“同一的”。然而却没有记载“重商”的雅典人试图建立一种制度，去避免、减轻“关联交易”可能带来的危害。请注意在当时的雅典，每个公民对城邦事务都有发言权——“每个人都有一张选票参加选举，可以参与法庭、公民大会、五百人会议以及担当

① 不同于现在的市民。“雅典的全体公民相当于一个大型的俱乐部——在公元前5世纪后期大约有40000～45000名成员——但这仍然是一个拥有成员资格名单、公务员、仪式、权力和责任的俱乐部。”引自：《西方公民身份传统——从柏拉图至卢梭》［美］彼得·雷森伯格，第57页。

② 《经济通史》［德］马克斯·韦伯，第113页，上海三联书店出版。

③ 《全球通史》［美］斯塔夫里阿诺斯，第104页，北京大学出版社出版。

④ 见脚注②。

⑤ “所以，地面下的开采都是合伙进行的”。见脚注②，第112页。

⑥ “但是在阿提卡范围内的不同地区很可能有着不同的条件，公共财产和私人财产之间可能是相互交织的，所有这些条件表明，富人与穷人之间对于公共与私有的各种义务一直存在各种复杂关系。”引自：《西方公民身份传统——从柏拉图至卢梭》［美］彼得·雷森伯格，第30－31页，吉林出版集团有限责任公司出版。

烦琐的行政、陆军和海军义务”[①]，“不仅解决一般政策问题，而且还为政府在外交、军事和财政等一切领域的活动做出详细规定”[②]，并且决议是以投票方式做出的——“雅典人彼此协议，并按照一定的法律程序，自己管理国家大事；以多数人通过的法律为准绳，根据每个人自身的认识和判断，来决定各类事务”[③]。要扭曲、隐瞒事实是非常困难的。所以“关联交易”的危害如果存在，应该没有超出大多数人的预计、承受和认识的范围。

对此能够接受的解释是：相对于当时的社会生活、社会生产的规模，相对于当时的社会运行节奏，当时信息的传播是有效的。在古典民主政治制度的帮助下，所有将带来较大或明显危害的“关联交易”都因为信息的有效传播而被制止了，或者所有确实带来了较大或明显危害的“关联交易”人们事先都是知情并准备承受其结果的，没有理由将这样的危害归咎为缺乏一种制度性的安排。例如当时采矿业的经营规模和运行情况，可以从以下的描述中窥见一斑。“起初经营单位很小。在中世纪初期，在同一个竖井里进行劳动的不过二至五人”[④]，而“伯罗奔尼撒之战的司令官尼细阿斯想来有奴隶几千之多，他把这些奴隶都出租给了租矿人”[⑤]，所以承租经营采矿的单位有很多。签订承租协议时对少数经营单位的“关照”（恶意关联交易）给决策者所带来的利益或对公众的伤害很小，而对多数经营单位的“关照”就很难对公民保密。

① 《西方公民身份传统——从柏拉图至卢梭》［美］彼得·雷森伯格，第41页，吉林出版集团有限责任公司出版。

② 《全球通史》［美］斯塔夫里阿诺斯，第106页，北京大学出版社出版。

③ 《希腊的诞生——灿烂的古典文明》［法］皮埃尔·勒维克，第104页，上海书店出版社出版。

④ 《经济通史》［德］马克斯·韦伯，第113页，上海三联书店出版。

⑤ 见脚注④。

2. 关联交易的危害分析

关联交易既然会长期存在，又具有正、反两方面的作用，那么如何建立相应的制度将关联交易的危害降到最低呢？要回答这个问题我们必须首先弄明白关联交易为什么会造成危害，以及关联交易究竟危害到谁。

需要设计一套制度来避免、减轻其可能带来危害的，是指“关联交易”有可能对决策者、交易双方以外的第三方造成危害，不是指“关联交易”本身作为交易可能得不偿失。在资本市场，这种危害的基本特征是对投资者（第三方）“表决权”的剥夺或暂停，这样的剥夺或暂停让投资者（第三方）必须承担原本可以避免的责任与损失。而关联交易之所以能对决策者、交易双方以外的第三方[①]造成危害的原因是：（1）所有权与处置决策权（经营权）的分离；（2）企业经营的信息得不到有效的表达或传播。

对上市公司而言，所有权与经营权分离是常态。这使得任何决策（包括关联交易）的结果不仅涉及决策是否成功的问题，还涉及权利与义务相平衡的问题。在资本市场里，当认同企业的经营行为、经营决策时，投资者可以通过购入或继续持有该企业股票以获利并承担相应的风险——投赞成票；当不认同企业的经营行为、经营决策时，投资者可以通过卖出或不购入该企业股票以规避相应的风险——投反对票。这样的基本机制是投资者表决权的体现，也是提高资本效率的关键——有表决权才会有投资，才会有资本市场（赌场除外）。而这个基本机制能正常运行的前

① 按通常的观点，这里的第三方应拥有所有权。但在开放的资本市场里，对潜在投资者的信息屏蔽或误导，最终会影响现在所有权拥有者的利益或未来所有权拥有者的利益。所以本书中的第三方应理解为交易决策双方以外的所有投资者，无论是潜在投资者还是所有权拥有者。

提是充分、有效的信息传播。

关联交易对第三方造成的危害若得不到有效的抑制，不仅仅是资本市场制度建设的缺陷，还直接冲撞资本市场设立的初衷和根本，危及资本市场的信誉，严重时可能导致资本市场的崩溃。

3. 关联交易危害的防治

我们必须以确保信息在资本市场里能有效、充分地表达和传播为手段，以阻止、减轻关联交易对第三方（投资者）造成危害为目标，大力进行资本市场的制度建设。而上市公司财务信息的列报、披露就是资本市场最重要的制度化的信息公布（表达和传播）方式。

那么怎样进行上市公司财务信息的列报、披露，才能达到有效阻止、减轻关联交易对第三方造成危害呢？我们认为有效和充分的财务信息的列报、披露必须具有以下三个特征：区分性、直接性、时效性。

所谓区分性是信息表达的基本要素。从国际、国内的市场经验来看，市场交易的属性不是单一的。关联交易作为特殊交易的提出本身就是明证。一个现实的、可行的信息表达应该有这样的区分性：如果不能将所有不同属性的交易完全区分出来，那么至少应该设计出相应的方法，将特定的交易与其他交易可靠地区分开来。所谓可靠的区分是指：将特定的交易归入单一的分类里——本书关注的是将可能危害第三方权利的“特殊交易”（包括极少数正常交易）与绝大多数正常的交易区分出来。这是符合会计的谨慎性原则的，也是投资方（第三方）及时行使表决权的最基本保障。如果财务信息列报、披露的表达中没有可靠的区分性，要在资本市场中保障投资者（第三方）的表决权不被剥夺或暂停，就没有坚实的支撑。可靠区分与不可靠区分的示意图如图1－1、图1－2所示。

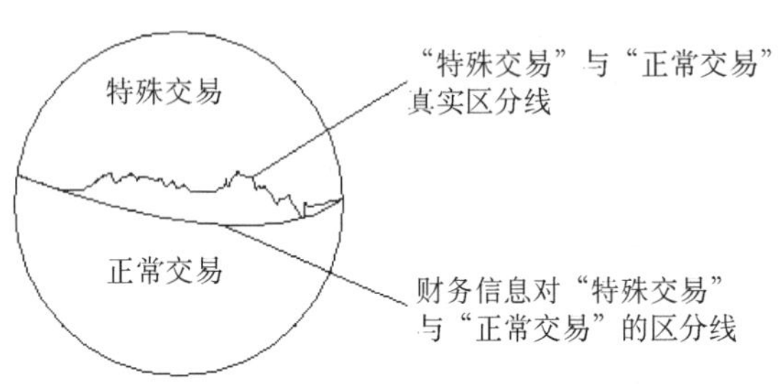

图 1－1　可靠区分示意图

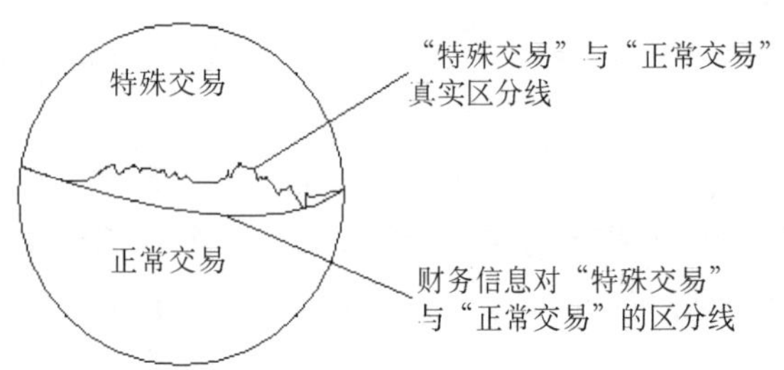

图 1－2　不可靠区分示意图

所谓直接性是指，财务信息披露具有区分性必须是一种责任。而根据权利与义务相平衡的原则，责任的承担者只能是财务信息的提供者（筹资方），不能是其他的中介机构或统计部门。如果没有责任的约束，财务信息的提供者混淆视听的行为就得不到制衡。换句话说，区分绝大多数正常的交易与其他交易（包括极少数正常交易）的方式应该设计在表内确认，即区分工作应该在表内直接完成。

所谓时效性是指，当有需要区分的交易发生时，在当期的财务信息列报、披露中就应有具备区分性和直接性的反映。并且财务信息的提供者在区分交易的准则中，找不到任何理由推迟这个反映，也找不到任何借口取消这个反映。

4. 关联交易现行披露方式的缺陷

那么现行的关联交易的信息披露方式是否具有上述的区分性、直接性、时效性呢?

现行关联交易的信息披露方式是建立在关联方的确认基础之上的，在企业会计准则中对关联方的确认缺乏具可行性的办法，也没有对因关联方的变动所带来的确认时间问题给出意见和指导。而在实际确认中依靠的是档案资料。这样对关联方的确认就直接受到档案资料的建立制度和档案资料的基本属性的影响。首先，建立工商管理登记档案资料时并不要求其具有区分关联方的作用，也不可能要求该档案资料罗列该公司的当前所有的关联方。工商管理登记档案资料本质上只是对投资作记载，是为权利和义务的分配做准备的，它既不记载各公司投资人之间是否有亲属关系，也不强制要求澄清谁是“真实的投资人”。因此，在这样的资料基础上建立起来的关联交易的信息披露方式不具有真正的“区分性”。其次，工商管理登记档案资料的更新与关联交易的发生在时间上既不同步也不具有匹配关系，无论在理论上还是在实践中，它们分属于两个完全不相关的体系。因此，在这样的资料基础上建立起来的关联交易信息披露方式不具有“时效性”。

学术界有一种观点或者说有一种潮流，试图用统计的方法，通过对同行业的公司的财务数据进行分析，来识别所谓“非公允的关联交易”。我们认为这样的做法是无效的。原因有三方面：其一，所谓“非公允的关联交易”并没有确切的定义，依据统计的方式至多只能得到一个相对的结果：找出“特别过分的关联交易”。这个相对的结果既在各行业之间没有可比性，在同行业的各财务周期之间可比性也很差。这样识别“非公允的关联交易”的结果在会计准则上怎么确认呢？又怎样在这样的结果基础之上来阻止、减轻对第三方造成的危害呢？换言之，统计的办法不具有真正可靠的“区分性”。其二，对同行业的公司的财务数据进行的分析由谁来进行？中介机构发布的分析结果谁会采信？管理部门发布分析结果由谁来承担由此产生的责任？那么由“统计结果的消费者”自己进行统计或向外购买统计服务是否可行呢？识别并进而防止、减轻关联交易造成的危害对资本市场健康运行来说是“必需品”，而非“奢侈品”；不能让“统计结果的消费者”根据自己的能力或财力，或多或少地减轻关联交易造成的危害；毋庸置疑，“统计结果的消费者”需要自己做出努力来识别关联交易可能带来的危害。但如果仅靠“统计结果的消费者”单方面的努力来完成识别的任务，那么财务信息的提供者就有可能随意提供数据，而把所有因无法识别关联交易从而带来的危害完全归于信息消费者自己“统计失误”“识别失误”，或者“因极度的贪婪与恐惧而导致贯彻统计结果的失误”。所以要识别并进而防止、减轻关联交易造成的危害需要信息提供者与信息消费者各自承担相应的责任，而统计方法本身不能解决这些责任之间应该如何取得平衡。换言之，统计的办法不具有“直接性”。其三，在资本市场上，众多信息的提供者并不可能按同一时间发布信息，这使得统计工作只能在时间上往后移。而资本市场的交易是随时进行的，不可能因为一家上市公司的财务信息没有公布，整个资本市场或与之同行业的公司全部停止股票交易。统计方法的“滞后性”使得其自身根本无助于阻止、减轻关联交易对第三方可能造成的危害。换言之，统计的办法不具有“时效性”。

5. 基础研究的必要性

本书作者认为，现行关联交易的信息披露方式中，以“特殊交易”的财务信息为特别披露对象的主导思想是正确的，问题在于界定“特殊交易”的方法不科学。我们要揭露的“特殊交易”是对第三方有危害的交易，这样的交易并不等同于完全根据经济学以外的依据确认的“关联交易”：因为我们发现按现行的标准，有的“关联交易”是合理的或“公允的”，而有的造成了危害的“特殊交易”却不被确认为“关联交易”。而要建立新的在经济学内部界定“特殊交易”的方法，必须深刻认识所谓“特殊交易”的经济学特性，在此基础之上才能建立起有针对性的信息披露方式，并使其符合“区分性、直接性、时效性”的要求。

那么从何处着手来认识所谓“特殊交易”的经济学特性呢？我们知道，“特殊交易”最基本的表现是“以相同的交易价格去掩盖不同性质的交易之间的差异，或者以不同的交易价格去粉饰、歪曲原本相同的交易”。由此可知，交易与价格的关系是最基本的问题。这包括：(1) 究竟是先有价格还是先有交易？或者说，价格是在交易中产生的吗？(2) 价格是怎样产生的？(3) 价格的“可比性”从何而来？有所谓“公允的”价格吗？这些都是艰难的经济学基础问题，但我们的讨论必须从此开始。

同时，我们还必须在交易与价格的关系中寻找依据，据此判定划分的信息提供者的义务与信息消费者的义务是否平衡。

最后，还涉及一个问题，如果市场是有效的，根据有效市场理论（EMH），市场上存在多个相互竞争的信息来源，或者说，信息披露的源头很多，单个信息源不可能主导市场。既然在有效市场里财务信息不能带来超额的利润，那么投资者就没有对更充分、更有效的财务信息的需求。如此说来，似乎讨论如何披露财务信息就成了毫无意义的付出，本书所展开的研究似乎也失去了意义。然而仅靠肤浅地思辨，并不能带来真知灼见。上述看法的错误在于：(1) 有效市场理论并没有讨论有效市场形成的条件，也没有断言说有效市场的形成只需通信工具的完善，不需要财务信息公开的内容、制度的进一步完善。而本书的宗旨正是讨论如何进行制度建设，才能使资本市场的运行更公平、更有效。（2）从逻辑和常识的角度讲，“在有效市场里财务信息不能带来超额的利润”这一命题成立，并不蕴含“在有效市场里财务信息不能防止超常的损失”这一命题成立①。而本书的出发点正是要防止通过不正当的手段侵害股东的合法权利。（3）有效市场理论本身可能有局限，或不准确的地方，对此国内外学者一直有很多的讨论。

所以，本书的研究严肃认真地从最基本的经济学问题开始，从对一般均衡理论、博弈学、博弈学习理论、有效市场理论等基础理论的讨论开始；利用创新的理论——价格共识的形成——作为理论的支持，提出了上市公司会计信息的披露的新规范、新尝试。

1.1.3 研究问题

根据在“问题的提出”、“问题的解析”中所做的讨论，本书的研究将从以下三个方面展开：

1. 商品交易的“公允价格”是否存在，以及能否成为市场的“共同认识”。因为上市公司的财务信息是否“真实”地反映其经营情况、与其他上市公司或其他财务周期是否有可比性、投资者投资上市公司是否合理的判断依据，都来源于商品交易的“公允价格”是“共同认识”。如果研究结果是否定的，那么投资者就不应该将资本“委托”上市公司经营，也就是说，如果

① “超额的利润”可以视为“超小的‘损失’”，而“超额的损失”则应视为“超大的损失”。

研究结果是否定的，资本市场存在的合理性就令人质疑。

2. 如果上述问题的研究结果是肯定的，研究怎样构造财务信息披露的模式，才能减轻关联交易造成危害。关联交易所造成的财务信息失真，其实质是信息有误而未被识破。这种现象也就说明了“公允价格”成为“共同认识”是有条件的。因此，本研究还要揭示商品交易的“公允价格”成为市场的“共同认识”的机制及其有效范围，据此才能设计出新的财务信息披露的模式。

3. 研究如何应对关联交易非关联化对现行财务信息披露方式的挑战。现行关联交易信息披露方式是以关联方的确认为基础的，也就是说，财务信息如何披露需要以工商行政管理等部门的反馈为依据才能确定，这就使“缓披露”“不披露”有机可乘，使上市公司有借口推卸本应由其完全承担的信息披露的责任。另一方面存在着刻意隐瞒或藏匿关联关系，拒不承认或通过第三方的中转作用将关联关系进行藏匿，这也是目前上市公司将关联关系非关联化的一种常见做法。而要克服上述缺点，必须进行基础经济学研究，建立完全以上市公司经营行为的经济学特性为依据进行确认的使信息披露的责任完全由上市公司承担，才能提高信息披露的质量。

1.2 研究背景及意义

1.2.1 研究背景

关联交易一直是我国上市公司监管的重点。为了规范上市公司关联方关系及其交易的披露行为，财政部于 1997 年 5 月 22 日颁布了《企业会计准则——关联方关系及其交易的披露》（以下简称《关联方关系及其交易的披露》），但该准则只是对关联方交易规定了一个大体的框架，与资本市场上发生的大量关联方交易相比，这个准则无论是在判断标准方面，还是信息披露的程序、内容与要求方面都没有形成对上市公司非正常关联方交易的强有力的实质性约束。而后为了防止滥用公允价值，在资产重组过程中从事不正当的关联方交易，人为操纵利润，影响我国证券市场的健康发展，所以于2001年财政部分别修订发布了《企业会计准则——非货币性交易》（以下简称《非货币性交易》）和《企业会计准则——债务重组》（以下简称《债务重组》）等具体准则。这次修订以可靠性较强的“账面价值”取代了主观性较强的“公允价值”，并且一般情况下不确认交易损益。财政部在2001年12月又发布了《关联方之间出售资产等有关会计问题暂行规定》（以下简称《暂行规定》），其核心是对上市公司与关联方之间的交易做了明确规定，对成本利润率超过20%的交易价格部分不得确认为收入，应作为资本公积处理，且不得用于转增资本或弥补亏损。证监会和国资委于2003年又颁布了《关于规范上市公司与关联方资金往来及上市公司对外担保若干问题的通知》（以下简称《通知》），针对上市公司与控股股东及其他关联方的关联资金往来频繁及上市公司与关联方之间的大量担保进行规范和控制，保护投资者的合法利益。

由于很多上市公司对很多关键因素“只披不露”，说了等于没说，例如我们的关联交易定价严格按照有关规定进行，从而逃避有关准则和监管。同时，当时执行的1997年《关联方关系及其交易的披露》准则中，不要求在企业报表附注中披露公司的关联方关系的性质、交易类型和交易要素，而且关联交易中不包括未结算应收项目的坏账准备金额等，当时会计报表附注的信息很少。在执行2001年企业会计准则《非货币性交易》和《债务重组》时，非货币性交易中和债务重组中换入的非现金资产等，均以换出资产或应收债权的账面价值为基础计算确定其入账价值，该项规定，虽然也许可以减少上市公司利用关联交易来操纵利润的空间，但可谓“上有政策，下有对策”，又出现了非货币交易货币化、资本公积利润化等新的操纵利润手段。因此，财政部于2006年又重新修订发布了《关联方披露》、《非货币性交易》和《债务重组》等企业会计准则。

众多恶性关联交易行为不仅损害了上市公司本身的利益，还严重损害了中小股东的利益，影响稀缺资源的有效配置，增加市场的运作成本和风险，不利于证券市场的健康发展，因此在当前国家实施经济结构调整以及完善资本市场基础制度建设的背景下，研究如何有效规范关联交易及其信息披露行为显得迫切而必要。

1.2.2 研究意义

众所周知，我国的很多上市公司是由国有企业改制而成的，所以上市后难免与改组前的母体公司及其下属企事业之间存在大量的联系，近年来我国上市公司的违规问题大多与关联交易有着直接或间接的联系。控股股东通过关联购销、资产重组、融资往来以及担保、租赁等行为，不论是隧道挖掘还是为了利益输送，最终都是为自身利益服务，以牺牲中小股东的利益为代价。国家审计署原审计长李金华一针见血地指出，近年来出现的很多国有资产流失的问题是通过关联交易完成的。

种种恶意关联交易的存在，造成上市公司披露的信息失真，损害了中小股东的合法权益，使得投资者投资意愿淡薄，严重影响了我国资本市场的健康发展，关联交易也因此成为相关监管机构关注的重点，我们的粗略统计表明，自1997年1月至今，财政部、证监会和国家税务总局关于关联交易问题发布20多项规定。然而，从“农凯”系到“德隆”系，一系列给投资者带来数亿元甚至上百亿元损失的事件表明，上市公司的关联交易问题仍然没有得到有效地控制[①]。

近年来一直被誉为世界上最健全的市场——美国资本市场却频频爆发震撼全球的会计造假丑闻，其中安然事件的导火索是关联交易。实际上，美国很多上市公司财务丑闻都程度不同地与关联交易有关，这些全球著名的上市公司，通过建立关系极为复杂的金字塔式的关联企业来操纵利润，这成为他们最主要的作弊手段之一。例如，安然公司在1997年到2000年间通过关联交易共虚报了5.52亿美元盈利，公司破产时，以498亿美元的金额创下美国公司破产金额的纪录[②]。至此，关联交易及其规范再次成为西方学者研究的热点问题。

因此，研究和规范上市公司关联交易，加强对关联交易会计信息披露的研究，对于维护国家利益，保护我国中小投资者的合法权益，提高证券市场的运作效率，维护证券市场的繁荣与稳定具有重要的现实意义。

① 陈晓，王琨．关联交易、公司治理与国有股改革——来自我国资本市场的实证证据．经济研究，2005（4）：77－86。

② 彭晓洁．信息不对称与非公平关联交易透视．会计研究，2005，8（214）：67－72。

1.3 研究目标及思路

1.3.1 研究目标

本研究将以商品价格共识形成的理论为基础，综合运用各种研究手段与方法，在对当前关联交易确认、计量和披露的研究基础上，分析了国内外目前关联交易信息披露中存在的不足，开展创新性的研究。为此本研究需要达到的目标是：（1）建立价格共识理论，为重构财务信息披露的模式提供理论基础。（2）重构财务信息披露的模式，使得当上市公司通过公开或隐蔽的关联方交易，向上市公司输送利益或从上市公司挖掘利益的时候，信息披露有所反映。（3）提出新的核算方法，把关联交易这种特殊的交易与一般交易区分出来。这一改良方案对关联交易披露质量的提高有积极的作用。

1.3.2 研究思路

本研究的思路是从基础问题入手展开研究，从而提出对上市公司关联交易信息披露的改进的全新思路，从而实现提高上市公司会计信息质量，保护投资者的合法权益，维护证券市场的繁荣与稳定。具体实施研究方案时的技术路线为：设计并完成“竞争性均衡价格存在，但不能成为‘共同认识’的实验”和“竞争性均衡价格存在且能成为‘共同认识’的实验”，为理论的研究提供必要性和可能性→提出价格共识的概念→采用分析式研究方法，构建理论模型，采用严格的数理逻辑对价格共识形成理论进行推演证明，提出并证明价格共识理论，找到商品价格共识形成的条件→基于价格共识的研究基础对关联交易的确认与计量进行分析→提出上市公司关联交易信息披露的重构。

1.4 研究方法及框架

1.4.1 研究方法

本书主要采用了规范研究、分析式研究和实验研究方法。规范研究散布在各章，分析式研究集中在第 3 章，而实验研究集中在第 3 章和第 4 章。

（1）分析式研究

分析式研究通过构建理论模型和严格数理逻辑推演，来解释现象并得出研究结论。国内现在的大多数实证会计研究，很大程度是模仿欧美学术研究的理论、做法，甚至包括选题。常常直接借用海外文献中的选题和理论，采用海外文献中的思路和方法，利用自己搜集的样本数据带入其理论模型，或者经过稍加修改的模型进行统计计算、检验、解释和分析，得出研究发现或结论。但是我们需要问的是我国的实证会计研究环境与欧美的实证会计研究环境相同或相似吗？因为借用理论就意味着接受共同的前提或假定，众所周知，我国的资本市场还是弱式的有效市场，却借用以有效市场假说为基础的西方档案式实证研究方法，然后运用 SPSS 等软件，代入我们自己都表示怀疑的财务数据，让电子计算机运算出一大堆参数估计值和检验值，在此基础上得出的结论要让人信服，显然比较困难。当然我们仍乐观地相信这种状况会随着实证研究环境的改善和研究质量的提高而逐渐改变。

作者很赞同李言[①]“我国学术研究中太缺少分析式研究，而跳过具有学术支撑力度的分析式基础研究，模仿应用性实证研究方法就显得理论支持力度不足”的观点。所以本书将采用分析式研究，通过构建理论模型，并用数学严格地加以证明，来解释现象并得出研究结论。

（2）经济学实验方法

经济学实验方法，或者说是实验经济学，是经济理论研究中实验方法的规范、系统和广泛应用，就是实验室里出的经济学。实验经济学有广义和狭义之分，广义的实验经济学还包括经济计量模型、系统动力学等传统的系统仿真模拟方法，而狭义的实验经济学则是对经济理论中难以用传统方法定量分析的问题采用人或计算机实验的方法进行研究。实验经济学起源自三个方面[②]：其一是起源于对人类决策行为和效用标准的研究；其二是经济学家张伯伦对市场竞争行为的模拟，其研究方法由其学生史密斯（V. Smith）信奉并潜心研究数十年，最终使实验经济学成为现代经济学的一个重要分支；其三是博弈论的形成发展，自冯·诺依曼（Von Neumann）和摩根斯坦（Morgenstern）的奠基性著作出版以来，博弈论成为分析经济行为的有力工具，两者结下了不解之缘，实际上，绝大多数经济实验都以博弈论为背景展开。经济系统与自然系统的最大不同在于前者有人参与，人是经济系统的主体，而人的利害关系决定了其行为，所以说，经济问题归根到底是一个博弈关系。实验经济学和行为经济学认为，只有通过对人类实际决策行为的观察和控制性实验，才能得到真正有意义

① 李言．走向实证研究：环境、过程和结果．中国会计评论，2003（7）：23－28。

② 王国成，黄涛．经济行为的异质性和实验经济学的发展．经济研究，2005（11）：125－128。

的实验结果，并与传统经济理论对比，由此来改造经济理论。

1.4.2 研究框架

本书分为八章。第一章，绪论，提出问题并对问题进行解析；对关联方、关联交易进行解释，对确认、披露及列报的概念进行辨析；分析了研究的背景及意义；介绍了研究方法及内容。第二章，国内外研究现状及理论借鉴，首先介绍了国内外关联交易研究现状，并进行评述；其次介绍了与本研究相关的有效市场理论、一般均衡理论、博弈及博弈学习理论、并对传统理论的不足进行了分析，为第三章价格共识形成理论的提出打下基础。第三章，价格共识的形成过程的理论证明，介绍了价格共识不能形成的实验和价格共识能形成的实验，然后提出了一个新理论——价格共识形成理论，构建理论模型和严格数理逻辑推演证明之。第四章，关联交易的确认与计量，陈述了关联交易的确认与计量的传统分析，然后基于价格发现过程理论进行了再分析，并用实验加以进一步的论证，最后基于价格发现过程对有效市场进行了再分析。第五章，关联交易披露的比较及完善，对新准则在披露上与旧准则、国际会计准则进行了比较，借鉴国际会计准则及其他国家会计准则中的合理成分，国内学者提出了一些改进的措施，本节就这些改进措施进行简单评述。第六章，关联方及关联交易披露规则缺陷：基于关联交易及关联交易非关联化案例分析，通过亚星化学、科达股份、紫鑫药业的案例分析，证实上市公司关联方及关联方披露规则的缺陷，为了重构上市公司财务信息披露提供现实基础。第七章，上市公司财务信息披露的重构，介绍了新模式的目的及上市公司财务信息披露，新模式的基本框架，新模式促进财务报告体系的革新。第八章，结论与政策建议，得出结论，提出政策建议，陈述了本书的局限性，提出后续研究的设想。

1.5 研究创新之处

本书对上市公司关联交易信息披露的研究是以价格共识形成为切入点。全书通过实验及分析式研究的方法，展开了对商品价格共识形成的理论研究，同时对会计的确认、报表披露的格式提出了新的见解。在以下方面有所创新和突破：

（1）提出并证明了价格共识理论。采用分析式和实验研究方法，设计并完成了价格共识不能形成的实验和价格共识能形成的实验，提出并证明了价格共识理论。首先提出了价格共识的概念，并构建理论模型，采用严格的数学模型对价格共识形成理论进行了推演证明，找到了商品价格共识形成的条件。据此我们发现，在传统的商品交易中比较容易形成价格共识，其相应的财务数据也比较容易“读解”。对关联交易（包括非关联化的关联交易）这样难于在其中形成商品价格共识的交易的相应财务数据，需要新的财务信息披露方式以增加对它的“注解”。

（2）提出增加《第Ⅱ类交易表》的披露模式。在原会计报表的基础上，通过增加一个《第Ⅱ类交易表》的方式，避免因原会计报表合并各种交易所产生的数据所带来的交易属性丢失，以及价格可比性的混淆，从而达到增强会计信息质量的目的。这个《第Ⅱ类交易表》将起到一个注解原会计报表中各项数据产生背景的作用。例如当上市公司通过公开或隐蔽的关联交易，向上市公司输送利益或从上市公司挖掘利益的时候，第Ⅱ类交易的额度都会明显增大。

（3）在传统的借贷记账法的基础上，新增加交易分类这一要素，即根据交易的特性来判断每项经济业务是属于第Ⅰ类还是第Ⅱ类交易。相应的记账规则不是借贷记账法下只用借、贷二维，还要增加记为类的一维，即借、贷、类三维。也就是说，要想描述一项交易，应该用三维坐标来表示，而不是以前的只用二维坐标来表示。这一改良方案不仅对关联交易披露质量的提高有积极的作用，而且为金融工具会计、人力资源会计及社会责任会计信息从表外顺向转化到表内提供了一个全新的可行的思路，从而可以提高上市公司会计信息质量，保护投资者的合法权益，维护证券市场的繁荣与稳定。

研究文献述评及基础理论分析

2.1　关联交易相关研究文献述评

从现有的文献来看，国内对于关联交易问题的研究源于第一个具体会计准则《关联方关系及其交易的披露》。1997 年，证监会首次要求上市公司在中期报告中按照会计准则的要求披露关联交易事项，此后，关联交易问题才引起人们的关注。国外学者对关联交易研究的历史比我国悠久，由于安然事件的发生，使得国际上关于关联交易问题再一次成为热点，国内外广大学者从各个不同的角度对关联交易进行深入挖掘研究，综合研究结论如下。

2.1.1　关联交易披露研究

最初，人们对关联交易披露问题的研究主

要通过上市公司信息披露的统计分析，揭示信息披露方面存在的问题。陆宇峰、李树华（1997）通过对 1997 年的半年报进行统计分析，发现在 678 份样本中，仅有 6 份能满足准则的披露要求，说明关联交易的披露质量亟待进一步加强。他们认为我国上市公司关联交易披露中存在的主要问题有：（1）披露含混，未分清交易类型；（2）敏感问题不披露。曾学波（1998）还发现以下问题：（1）在关联交易信息披露中重形式轻实质的倾向比较严重；（2）一些上市公司利用关联交易修饰财务报告；（3）关联企业侵占上市公司权益的问题比较严重。为此，他提出建议：（1）制定一套比较灵活的、操作性强的关联交易定价政策；（2）加大会计师事务所对重大关联方关系及其交易的审计力度；（3）不仅应对关联交易予以披露，而且还要披露其影响程度。原红旗（1998）对沪市 364 家公司的关联交易行为进行统计分析，发现关联交易在上市公司中非常普遍，在关联交易的披露方面存在的问题有：（1）对何为关联交易理解有偏差；（2）对关联方及其交易披露不全面。肖虹（2000）对关联方关系及其交易的披露规范进行了研究。她发现关联交易关键信息披露模糊不清，不愿披露交易数据或比例，例如定价政策往往用“协议价”这一含义不明的词语来说明。她在比较中外关联方关系及其交易信息披露会计准则的基础上，对完善我国关联方关系及其交易的信息披露提出了建议。向凯（2004）以 945 家被勒令整改的上市公司的关联方关系及其交易信息披露质量情况为对象，经过实证分析发现，上市公司信息披露除了不完整、不及时和避重就轻、流于形式，还有的上市公司披露虚假信息。王纪平（2007）对关联交易披露的国际比较，分析了我国准则与 IAS No. 24 以及其他国家准则在关联交易披露方面的差异，指出我国准则应澄清关联交易的披露目的，实行分类披露，完善关联交易的披露形式。

国际会计准则委员会（IASB）、美国财务会计准则委员会（FASB）、英国的会计准则委员会都先后出台了一系列针对关联交易的相关准则。国际会计准则第 24 号（1983 年）对关联交易会计信息披露的要求与规范是：在存在控制关系情况下，无论关联方之间有无交易都应披露关联方关系；如果关联方之间发生交易，应当披露关联方关系的性质以及为了解财务报表所必须了解的交易要素。国际会计准则除了第 24 号专门规范关联交易的披露之外，其他准则也对所涉及的关联交易做了相关披露要求。例如：第 5 号《财务报表与应揭示的信息》要求揭示公司之间重大的交易、对集团内公司和联营公司投资以及与集团内公司、联营公司和董事的往来余额；第 27 号《合并财务报表和对附属公司投资的会计》要求揭示重要的附属公司和联营公司的名称。FASB 第 57 号财务会计准则对关联交易的披露做了详细的规定：要求提示关联方关系的性质，即使他们之间没有交易，关联方的关系也应辨别。在实务中，该实体的名称和拥有的所有权比例要予以揭示，采用权益法核算普通股投资，要求揭示每一位投资者的名称以及普通股的所有权比例。除此之外，美国在证券法 S—K 规则中也有关于注册发行股票公司必须披露关联交易的内容，主要包括关联方关系的确定、交易的类型等。美国证监会（SEC）还要求披露董事、CEO 以及其他某些重要雇员（薪金最高的 5 位经理的姓名与薪金）；拥有公司相当数量的股票的持有者；与公司股票持有者之间的合同以及管理当局在某些交易中的利益等。英国的会计准则委员会分别于 1989 年、1995 年发布了 ED46《关联交易的披露》和 FRS8《关联方披露》。此外，日本虽没有制定单独的准则，但 1990 年 12 月发布的大藏省法令、1991 年 3 月发布的日本注册会计师指南对关联交易都要求揭示。

Chong 和 Dean（1985）假设将美国财务会计准则公报第 57 号（以下简称：SFAS No. 57）及国际会计准则第 24 号（IAS No. 24）的意见应用到 4 个案例中，以探讨这两个准则是否能克服关联交易的问题。经分析后指出，这两个准则对于关联方交易的规范都有不足之处，无法满足法院对关联交易案件进行裁决所需要的信息。同时指出，两个准则都没有涵盖非关联方之间的非公允交易的规范问题，也没有对关联交易的会计确认问题做出规定。披露要求中没有要求披露公允交易等价的替代价和关联交易的某些欺诈性条件。另外，SFAS No. 57 中也没有要求披露交易价格的决定基础。Nash（1988）认为关联交易与一般交易在本质上不同，应在财务报表中加以特别披露，以便报表使用者评估其影响。而且他认为会计师应依 SFAS 第 57 号准则的规定，设计完善的关联交易审计程序，深入了解关联交易的目的，并评估关联交易揭露的适当性。Hinton（1989）探讨了英国对于关联交易披露的规定，其主要特点如下：（1）将交易区分为常规和非常规两种，只要求披露非常规部分，不同于 SFAS 第 57 号和 IAS 第 24 号要求披露所有关联交易的实例；（2）要求披露具有控制能力或重大决策有影响力的关联方，不论交易是否发生；（3）披露具有经济依赖的关联方，虽然个体之间不具有控制能力或重大影响力的关联方，但彼此间可能有经济依赖关系，例如：主要客户、供货商、加盟者或出租者。Elizabeth A. Gordon、Elaine Henry 和 Darius Palia（2004）通过对 SOX 法案（Sarbanes – Oxley Act）颁布之前一段时间里具有代表性的公司进行分析发现，涉及执行和非执行董事的关联交易广泛存在；弱的公司治理机制往往伴随着更频繁和更巨额的关联交易。行业调整收益与对执行和非执行董事的贷款次数和额度呈负相关，行业调整收益和关联交易呈负相关。其研究结果为证明关联交易是股东和经理人、董事会成员之间的利益冲突的观点提供了支持，同时反驳了关联交易是有效率的交易的观点。Trmstrong（2004）还通过定义关联方和关联交易，总结了现在的计量和披露要求，特别注重了转移价格确定的问题，研究了关联交易在发展准确计量方法、披露标准和有效审计技术中的一些难题。

2.1.2　关联交易与盈余管理

关联交易是盈余管理的一种方式。我国学者在关联方盈余管理方面的文献较多。刘烨（2001）将关联交易分为利益输出型和利益输入型，他认为通过构造关联交易和对关联交易进行披露管理以变更财务报告，达到误导投资者的行为过程即是关联交易盈余管理。并且总结出我国关联交易盈余管理的三个特点：（1）双重实施主体；（2）收益主体的特殊性；（3）通过构造交易和会计报表附注相关的披露进行。阎达五和王建英（2001）以1996~1998年其净资产收益率在10%~11%之间的上市公司作为样本，假设在上市公司的关联交易和其他应收款之间有必然联系的情况下，通过统计检验发现，上市公司通过与关联方交易来提高利润[①]。该文是我国较早采用实证研究的方法研究关联交易和盈余管理之间关系的代表文献之一，对后续研究有一定的指导意义。杜滨和李若山（2002）以发生扭亏的公司为其研究样本，研究了上市公司关联交易在企业盈余管理行为中的作用，发现上市公司与大股东之间的关联资产重组主要是为了调节利润以达到配股资格。黄文锋（2003）认为，从形式上看关联交易是一种符合资本运营的交易，但其实质却完全是一种操纵行为，是

① 阎达五、王建英："上市公司利润操纵行为的财务指标特征研究"，载于《财务与会计》2001年第10期。

一种不能产生任何真实利润的数字游戏。刘建民和刘星（2007）以2002～2004年A股上市公司为样本，实证分析了控股股东型上市公司的关联交易规模与公司内部治理机制之间的关系。研究结果发现：（1）控股股东的持股比例越高和其控制公司的资产规模越大，则越偏好于利用更多的关联交易向上市公司输送利益，同时进行“隧道挖掘”的行为；（2）公司高层管理人员的薪酬激励可以抑制关联交易规模；（3）公司设置独立董事对关联交易行为的监督不明显。研究发现我国上市公司通过非公平关联交易进行盈余管理的现象较为严重。佟岩和王化成（2007）以2001、2002年中国上市公司为数据样本检验发现，当控股股东持股在50%及以下时，更多通过关联交易追求控制权私有收益，结果降低了盈余质量；而当控股股东持股超过50%时，偏好通过关联交易获取控制权共享收益，最终提高了盈余质量。陈蝉和陈晓（2007）通过对上市公司五粮液进行分析，发现其通过资产置换、瓶盖及酒瓶商标关联交易等方法，将资金输送给集团公司，为其进行多元化经营提供条件。市场对其关联交易的盈余管理行为给予了低价的处罚。高雷和宋顺林（2008）以中国上市公司2002～2004年的面板数据为样本，首次大样本检验了关联交易、线下项目与盈余管理的关系，并得出结论：计入线上项目的关联交易是上市公司为获得配股资格而进行盈余管理的重要手段；计入线下项目的关联交易是上市公司为避免亏损而进行盈余管理的重要手段。

郑国坚（2009）通过对我国2000～2005年5576家上市公司的研究发现：关联交易与盈余质量之间是一种直线关系，关联交易程度越高，盈余管理程度越大，价值相关性也越低，从而说明，关联交易主要表现为掏空效应。赵国宇（2011）研究发现：关联交易是上市公司盈余管理的重要手段，上市公司关联交易量越大，其盈余管理行为越弱。在我国，由于正处于经济转轨时期，市场经济体制没有完全建立，相关制度还不完善，上市公司存在“一股独大”“内部人控制”等明显特征。关联交易的主要作用不是为了降低代理成本，而是上市公司进行盈余管理、控股大股东利益挖掘、“掏空”上市公司的重要手段，但上市公司的盈余管理行为必须得到会计师事务所的“配合”才有可能顺利实施。看重声誉的大规模会计师事务所必然会认真权衡收益与风险，仔细计算准租金的可能流失，一般不会“配合”上市公司进行不合规的关联交易，因此小规模会计师事务所成为此类上市公司的选择目标。为盈余管理目的而进行关联交易的上市公司以付出更高的审计费用为代价，而承担更高审计风险的会计师事务所则以收取更高的审计费用作为补偿。为规范证券市场的正常交易，保证其健康运转，相关部门对上市公司因盈余管理、利益挖掘等动机进行的关联交易行为和审计师的异化行为必须加强管制。陈亮（2012）研究发现，上市公司在公平原则下进行关联交易可以减少企业之间的交易成本，但上市公司往往会利用关联交易对公开报表中的盈余信息进行调整，从而侵害了利益相关者的合法权益。从上海证券交易所获取上市公司披露的关联方销售总利润这一独特数据，对良好的公司治理结构是否有助于限制管理层通过转让价格操纵盈余进行了实证检验。结果表明，在董事会中有高比例的独立董事或低比例的代表母公司的董事、董事会主席与 CEO 的职位不相容以及在审计委员会中有财务金融专家的上市公司，不太可能进行转让价格操纵。因此，独立董事改善了董事会的监控作用，从而降低了通过转让价格实现盈余管理操纵的绝对数额；代表非上市母公司利益的董事与在关联交易中使用非市场价格相关联；CEO 和董事会主席是同一人的公司更有可能通过转让价格决策来操纵盈余；CEO 和董事会主席的重合有更多的权力，而董事会是不太能够抑制转让价格操纵的；审计委员会的财务金融专家的存在降低了通过转让价格操纵盈余管理的金额。与此相反，一个审计委员会的存在不足以减少扭曲的转让价格。我国上市公司有一个主导的股东（用股权比例反映），而主导股东没有对转让价格操纵的解释表现出显著性。

汪健和曲晓辉（2014）基于2007～2012年A股上市公司数据，检验了关联交易的发生概率、规模对上市公司盈余质量的影响。从应计和营业收入的角度可以发现，上市公司关联交易与操控性应计、操控性收入水平正相关，上市公司为掩盖关联交易带来的不利影响，存在实施正向盈余管理的行为。研究还发现，公司资本结构（资产负债率）与关联交易的发生概率和规模正相关，与盈余管理程度负相关，说明在我国的市场环境下，关联交易是高负债公司的融资途径之一，但也抑制了公司的盈余管理行为，即负债融资具有一定的治理效应。进一步的检验显示，关联交易类型对盈余管理的影响不均衡，单一类型的关联交易不会影响整体的应计水平。本书的研究结论表明，只有把全部关联交易作为整体来考察，关联交易对盈余管理的影响才具有显著性。由于我国的上市公司大多是国有企业从原集团公司剥离出部分优质资产“打包上市”，上市公司与控股集团之间存在着天然的紧密联系，不公平的关联交易时有发生，损害了中小投资者的利益。本书认为，要治理控股股东（集团）对上市公司的掏空行为，一方面要优化公司治理结构，强化关联交易信息披露；另一方面要坚持标本兼治，根除产生这种交易行为的土壤。当务之急是改革上市公司的准入机制，摒弃“打包上市”机制，促进集团整体上市，避免同业竞争。同时，要加强投资者保护，落实股东集体诉讼制度，切实维护中小股东的权益。王帆和武恒光（2014）研究表明：公司治理水平越高的上市公司，其控股股东占用资金越少，盈余管理水平与资金占用正相关。刘霞（2014）研究发现：上市公司会根据超额现金流的多寡采取不同类别的关联交易行为，为了掩饰关联交易掏空公司的负面影响，上市公司会实施正向的盈余管理。

Rajan 和 Zingales（1998）、Prowse（1998）认为，所有权的过度集中和无效的公司治理是导致亚洲金融危机的两个重要因素。Wolfenzon（1999）发现控股股东时常利用关联交易对中小股东进行剥削等。La Porta、R. Lopez - De - Silanes 和 Shleifer（1999）认为，世界上大多数国家的公司其主要的代理问题是控股股东掠夺小股东，而不是职业经理侵害外部股东利益。在现金流量权和控制权分离后，当法律对小股东的保护不到位时，控股股东的掏空行为更为严重。Johnson et al.（2000）通过分析一些著名的法律案件，说明发达市场同样存在公司利用关联交易转移资产和利润至其控股股东。美国的典型案例就是安然和其特别目的实体之间的交易。Chong - En Bai et al.（2002）认为，由最终所有者控制的中国上市公司，使得把上市公司资源转移到控股母公司或者其他关联方成为可能。William（2005）的研究发现，内幕交易和公司未来的获利能力正相关，和公司账面价值与市场价值的比率正相关，和近期的利润率负相关。因此他们支持关联交易，认为关联交易是既基于股票投机者信心又基于未来现金流量的内部消息的，并认为内幕交易将促使证券价格回归于其本来的价值，因此，不能因安然公司等一系列后续事件所暴露的问题就一味地禁止，应允许关联交易。Jian 和 Wong（2010）基于 1998 ~ 2002 年的上市公司的研究样本发现：为了避免亏损或获得增发配股资格，母公司首先通过异常的付现关联交易提升上市公司业绩，在得到支持后，上市公司再通过“其他应收款”方式向母公司贷款来转移利益。

2.1.3 关联交易的确认和计量

从各国准则制定机构对关联交易确认和计量的规定来看，大部分准则对关联交易采用与非关联方交易一样的确认和计量方法。但我国财政部发布的《关联方之间出售资产等有关会计处理问题暂行规定》和加拿大会计准则（CICA3840）对关联交易的确认和计量做出了特别规定。

应唯（2002）认为，关联交易的关注焦点在于交易价格，充分披露交易价格是关联交易的关键所在。显失公允的关联交易价格部分不允许确认收益是遏制非公允关联交易的强硬措施，实质重于形式是确定关联方关系的关键。清议（2002）认为《关联方之间出售资产等有关会计处理问题暂行规定》虽在利润确认方面向前迈了一步，但将显失公允的交易价格视为合理的入账基本，是倒退了一步。清议在承认关联交易行为本身的合理性的同时指出了交易的非公允性。其观点是坚持以公允价值计量关联交易，而不应该人为地规定一个利润率范围。黄文锋（2003）认为治理关联交易必须有新的视角，即发挥投资者对关联交易行为的信号甄别功能，强调以历史成本作为主要的计量基础。汪建熙（2005）论述了关联交易的确认和计量问题，对理论界有关关联交易的特殊确认法和正常确认法及关联交易计量等不同观点的优缺点进行了比较，试图展示各种方法和观点的合理性和不足。Robbins（1987）研究了 SFAS No. 57 号准则后指出，该准则未规范关联交易计量基础。当拥有控制权的公司将非现金资产移转至从属公司时，便产生应如何确认和计量交易金额的问题，究竟应采用公平市价、前手基础（Predecessor Basis）或者是交易价格，涉及所有者理论（Proprietary Theory）或主体理论（Entity Theory）的选择问题，当交易双方在共同控制之下或二者需编制合并报表时，所有者理论较适合，当双方之间存在重要的少数股权则较适合主体理论，而所有者理论认为关联交易的计量基础宜采用历史成本基础，主体理论则主张采用公平市价或交易价格。

2.1.4　关联交易与公司治理

上市公司关联方资金占用问题是近年来上市公司非公允关联交易的典型代表。上市公司的控股股东实际上已经控制了上市公司的日常经营和财务决策，将上市公司看作自己的“提款机”。李增泉、孙铮和王志伟（2004）研究了所有权结构对控股股东行为的影响，对我国上市公司 2000 年到 2003 年间的 4150 个以占用上市公司的资金作为控股股东“掏空”行为的观测点进行分析后得出结论：控制其他因素的影响后，控股股东占用的上市公司资金与第一大股东持股比例之间存在先正向后反向的非线性关系，但与其他股东的持股比例却表现出严格的负相关关系。另外，控股股东的控制方式以及产权性质也对其资金占用行为具有重要影响。Jian 和 Wong（2003）对关联交易的研究也比较深入，以 1997 年至 2000 年原材料行业共 131 家企业为研究样本，他们将上市公司的控股股东分为三类：政府、集团和其他，得出的结论是被集团控制的公司进行更多的关联交易，其关联交易主要与控股股东和集团内公司进行，当它们有动机操纵利润避免 ST 或要配股时更显著。当上市公司获得过多的自由现金流后，会通过大额交易为其他成员公司提供资金从而将其转回集团。研究还表明关联借款与公司价值负相关。余明桂和夏新平（2004）以 1999 ~ 2001 年的上市公司为样本研究后发现，由控股股东控制的公司，其关联交易显著高于无控股股东控制的公司，这隐含着控股股东确实能够借助关联交易转移公司资源、侵占小股东利益。陈晓、王琨（2005）以 1998 ~ 2002 年我国上市公司的数据为样本，从不同角度考察了关联交易与股权结构之间的关系。他们得出结论：关联交易的发生规模与股权集中度之间呈显著正相关关系，同时，控股股东间的制衡能力越强，发生关联交易的可能性越低、金额越小。洪剑峭、薛皓（2009）以 2002 ~ 2004 年上市公司数据，研究关联方应计的可靠性以及股权制衡对关联方应计可靠性的影响。结果发现相对于非关联方应计而言，关联方应计的可靠性比较低；研究结论支持了有效的公司治理在提高会计信息质量方面有着积极的作用，但更为重要的是，其揭示了股权制衡改进会计信息质量的一个具体途径。魏明海、黄琼宇、程敏英（2013）通过对 2003 ~ 2008 年家族上市公司的分析研究发现：关联大股东以关联交易为途径对企业价值产生负面影响。家族关联大股东持股越多、在董事会或董、监、高中所占席位的比例越大，家族企业的关联交易行为越严重，公司价值折损也越厉害。关联交易对公司价值影响不显著，关联大股东的持股和决策管理明显加深了关联交易对公司价值的损害效应。区别于由家族控股股东单一控股的家族企业，关联大股东的持股和参与决策管理为家族股东侵占中小投资者利益提供了更强烈的动机和更大的操作空间。汪健（2014）利用 2006 ~ 2012 年上市公司财务数据检验了关联交易与公司内部治理机制及外部治理环境的关系。研究发现：首先，股权集中度越高，控制权与现金流量权分离程度越大，关联交易越多。股权制衡度是对关联交易的有效制约，控股股东持股比例与关联交易存在倒 U 型关系；其次，机构投资者持股、两职合一对控制关联交易发挥了一定作用，独立董事比例对关联交易影响不显著；第三，国有控股和集团组织形式对关联交易影响显著。“四大”审计或者境外发行股票，可有效抑制关联交易；第四，受政府保护行业和竞争激烈行业的关联交易较多，减少政府对企业干预程度对关联交易影响不显著。Gordon

和 Henry（2004）以美国的上市公司为研究样本，探究关联交易与公司治理和企业价值的关系，发现关联交易出在美国的证券市场上被视为是一项潜在的利益冲突，股东并没有从中受益，投资者对此的反应也是负面的。Cheung et al.、Yan Leung、Rau、P. Raghavendra、Stouraitis、Ari（2003）以 1998～2000 年 328 个中国香港上市公司与其控股股东进行的关联交易为样本，发现关联交易会损害中小股东的利益，同时大陆公司为最终控制人更可能发生关联交易。

2.1.5　关联交易行为的监管和治理

关于关联交易行为的监管和治理问题的研究和文献较多。此类研究一般遵循的研究路径是，首先指出我国关联交易存在的问题，然后分析关联交易的原因，最后提出治理关联交易的对策。治理对策大多从《公司法》和《证券法》角度展开讨论。李高中（1998）[①] 从《公司法》《证券法》中关联人专章立法、关联人地位的确认、股东大会批准制度、股东表决权排除制度等若干方面提出了完善我国公司法的若干建议。张雅斌、蔡爱平（1997）[②] 引入“揭开公司面纱”的公司法立法原则，设立股东表决权排除制度、借鉴股东派出诉讼制度等[③]，按“公司法人格否认”法理对因非公允关联交易引起的利益失衡进行事后的个

① 李高中：“论关联交易与我国公司法完善”，载于《华东政法学院学报》1998 年创刊号，第 70 页。

② 参见张雅斌、蔡爱平：“论我国公司不公平关联交易行为的公司法规制”，载于《政治与法律》1997 年第 1 期，第 50 页。

③ 外国公司法上的股东派生诉讼制度（Shareholders' Derivative Suit）由英国、美国率先在衡平法上创设，它是指公司的正当利益受到他人侵害，尤其是控制股东、母公司、董事、经理的侵害而公司机关怠于追诉及实现其他权利时，股东可以以自己的名义代替公司行使诉讼，追究侵权人法律责任的一种诉讼制度。

案调整，可以在一定程度上解决非公允关联交易的问题。黄本尧（2003）借鉴海外对关联交易监管的经验，并在修订《公司法》时，对关联方、关联交易、控制公司及其负责人在关联交易中的法律责任进行界定，对我国证券市场关联交易的规范将起到积极作用。王来群（2004）认为关联交易市场监管的首要问题是关联关系的认定。对关联交易的市场监管也可以绕过关联关系的认定而直接监控交易价格，交易价格监管是对企业的交易行为的结果进行监管。如何消除关联交易中可能出现的价格操纵对会计信息公允性的影响，就成为会计面临的重要课题。李文莉（2011）研究我国上市公司关联交易的法律规制和监管后发现新时期我国关联交易的特点：一是从上市公司关联交易的总体规模来看，处于相对平稳态势，但总体规模及涉案金额巨大。二是从上市公司关联交易主体来看，显性化的关联交易主体，基于同一控股股东的大型企业集团下的兄弟企业、母子企业仍是操纵非公允关联交易的主体，但隐性化的关联交易主体不断涌现，使识别非公允关联交易难度增加。三是从上市公司关联交易的类型来看，日常经营性关联交易仍然广泛存在，此类关联交易除了因同一控股股东控制大型国有企业因素以外，还会出现分拆交易以规避监管的现象，要从根源上解决问题，还必须推动集团企业的整合和重组，最终实现集团整体上市；其次资产买卖类关联交易普遍存在，交易方式多体现为资产置换、资产置入、资产置出，支付方式多体现为现金或股权，一般都根据独立的评估机构出具的评估报告公允定价。此类资产买卖类的关联交易，一方面可以从根源上解决上市公司与控股股东之间同业竞争和关联交易现象，另一方面该交易本身作为关联交易也引起交易标的评估定价公允性问题。四是从上市公司关联交易的行业来看，产业链条长、股权结构“一股独大”的制造业、信息技术、批发零售、运输仓储业非公允关联交易严重。五是随着我国股权分置改革完成以及上市公司关联交易监管的加强，我国的上市公司关联交易均出现了隐性化、非关联化的新趋势。鉴于上市公司关联交易在中国近年来出现的新趋势新特点，应从上市公司关联交易监管与法律规制的价值取向、政策策略、路径选择、公司治理及司法救济等角度提出相应的法律及监管对策。具体来说：价值取向为平衡成本与效益；政策策略为引导上市公司整体上市，从源头上消除关联交易；路径选择为披露加批准双重监管路径；内部治理为完善上市公司治理，加强关联交易内部监管；司法救济为明确控股股东诚信义务，完善关联交易外部监管。

刘立燕、熊胜绪（2012）通过回顾其他国家和地区对上市公司关联交易规制的经验，分析我国上市公司关联交易的现状，政府应推动集团公司及其子公司的整体上市及民营上市公司的自然人持股，消除不合理关联交易的产生基础。对于暂时无法消除的关联交易，应确保交易的公允性。进一步加强信息披露监管和法律监管，以完善我国上市公司关联交易的规制。李江鸿（2012）基于商业银行关联交易监管的研究发现：关联交易是上市商业银行实施合法、合规管理的重要领域。在关联交易具体管理制度方面，我国对商业银行授信和非授信关联交易的管理都有需要改进之处。从国内关联交易监管制度的架构看，目前多套制度并行的格局，造成了监管资源重置、金融机构合规成本高等弊端，并且各监管规则之间也不尽协调。长远来讲，我国商业银行关联交易规则应当在监管程度上采取有所区别的精细化管理，在禁止类、限制类的规则之外，增加有关豁免监管的规定，以妥善处理监管制度的成本和效益的平衡。李莉（2012）研究我国上市公司关联交易政府监管制度，研究认为：非公平关联交易是控股股东对中小股东利益侵占的主要途径之一，对关联交易的治理是各国资本市场都面临的重大问题。上市公司关联交易的监管主要有会计管制和证券监管。财政部、证监会及证券交易所是我国资本市场主要的关联交易规制与监督机构。由于信息不对称和外部性导致的市场失灵，法律法规的不完备，因此需要政府监管关联交易。政府应该从以下几个方面入手监管我国上市公司的关联交易：协同改进对关联交易的会计管制和证券监管；强化各监管主体的行政责任和民事责任；降低监管成本，提高违规成本；发挥证券交易所的一线监管职能。陈艳利、赵琪娣（2013）从政府、注册会计师和公司内部监管三个层面分析上市公司关联交易会计监管中存在的问题，并选取沪深 A 股生物医药行业 2005 ~ 2011 年数据，运用实证研究方法分别从信息披露监管、注册会计师监管和公司内部监管方面研究上市公司关联交易的会计监管效果。实证结论表明，改进上市公司关联交易会计监管效果应从政府监管、注册会计师监管和公司内部监管三个层面着力。从政府监管方面来说，制定更为完善的关联交易信息披露规范，加强关联交易信息披露规范执行情况的监管，建立重大关联交易的事前审核制度，建立关联交易违规上市公司档案。从注册会计师监管方面来说，调整上市公司关联交易的审计时间和范围，加大注册会计师协会对其会员违规的惩罚力度。从公司内部监管来说，适度加大对高管人员的薪酬激励，积极推进上市公司的股权结构优化。陈艳利和李新彦（2013）以 2008 ~ 2010 年央企控股上市公司为研究样本，实证研究关联交易监管环境的强弱对关联方利益转移程度的影响，并分析了关联交易外部监管环境与内部股权制衡的关系。实证结果显示，当外部监管程度较高时，关联交易规模不会加剧关联方利益转移程度；当外部监管程度较低时，关联交易规模会加剧关联方利益转移程度。并且股权制衡能够抑制央企控股上市公司关联交易的发生，且在外部监管程度较高时，效果更为显著。针对央企控股上市公司关联交易监管应该遵循以下原则：同时期关联交易监管的侧重点应有所不同；提高关联交易监管的法律层级，加大违规处罚力度；规范关联交易协议定价信息披露；重视股权制衡对关联交易监管的补充作用。同时，采取以下具体措施：其一，引入其他所有权性质的持有人，比如可以通过股权投资基金和产业投资基金等形式鼓励民间资本参股、控股、收购央企，或通过股权激励办法，减持国有股，中国海诚和中国北车分别于 2011 年 12 月和 2012 年 5 月制定了股权激励计划草案，并分别于 2012 年 2 月 17 日和 2012 年 8 月 17 日获得国资委批复（国资分配〔2012〕93 号和国资分配〔2012〕673 号）。其二，引入战略投资者。引入战略投资者后，股权结构便会变得适度多元化，使得企业有了可以帮大股东操心的、也真正为企业操心的“二东家”“三东家”。拥有优秀资源的战略投资者（比如 QFII 基金），在保障自己收益的动力下，会与企业分享一些资源，促进企业价值增加，从而给企业带来一些额外的收益。

Berkman et al.（2008）通过研究为控股股东提供担保的上市公司，发现股权结构与股权身份影响着关联担保发生的可能性。Yan – Leung Cheung（2008）发现，除了审计委员会以外，公司的治理特征对于交易价格只有有限的影响。Wenxia Ge et al.（2010）对中国公司披露的关联交易的价值相关性进行研究，并把注意力主要集中在商品销售和资产处置两种类型的关联交易上。研究发现：1997 ~ 2000 年，与未发生类似交易的公司相比，向关联方销售商品或处置资产的公司，其报告收益呈现出较低的价值相关性；2000 ~ 2003 年，在关联交易中引入公允价值计量属性后，没有观察到这种趋势。研究表明，新的关联交易会计准则能够有效地减少以盈余管理为目的的关联交易的潜在滥用。Agnes W. Y. Lo 等（2010）发现，当上市公司的董事会独立董事比重较大、母公司董事（如代表上市公司母公司的董事）比重较小、董事长与执行董事由不同人担任或审计委员会有财务专家时，母公司操纵转移价格的可能性就较小。Adrian C. H. Lei et al.（2011）认为，公司利用享有披露豁免权的关联交易进行大股东掏空，而且披露制度对抑制关联交易尤为重要。

2.1.6 国内外研究现状述评

围绕关联交易进行研究的文献多数是从五个方面展开：(1) 关联交易披露研究；(2) 关联交易与盈余管理；(3) 关联交易的确认与计量；(4) 关联交易与公司治理；(5) 关联交易的行为监管与治理。其中有关关联交易与盈余管理和关联交易与公司治理的文章较多，这些文章大多从代理理论出发研究关联交易对企业价值的影响，研究显示关联交易降低企业价值，从而证明关联交易中存在代理问题。当然少许是从交易费用理论出发，表明关联交易提升企业价值。有大量的文献主要从股权结构、高管激励、董事会特征等方面研究分析公司治理对关联交易的影响。常将关联交易划分为与控股股东、非控股股东等交易，然后比较不同类型（或组别）关联交易对企业价值的影响，并提出对策。围绕盈余管理的研究主要集中在上市公司关联方之间的利益输送和利益输出，或者为避免亏损而进行盈余管理，或者为粉饰公司业绩，为再融资等而进行关联交易，无论是哪种方式，最终都将损害中小投资者的利益，动摇投资者的信心，妨碍证券市场的健康发展，因此如何减少关联交易所带来的问题就是无数人努力想解决的问题，一般从两方面展开，一方面是从会计的角度，一方面从政府监管的角度。两方面的文章都很多。比较有代表性的是黄本尧（2003）借鉴海外对关联交易监管的经验谈的一些思路。从会计的角度，其实也有两个方面的思路，一种观点认为会计最基本的职能就是反映，所以规范关联交易最好的办法就是充分披露，阳光是最好的防腐剂。但是另一种观点认为会计也应该为防止通过关联交易进行虚假会计信息披露作积极贡献，变相地要去做经济警察，不但要披露，还要把好人与坏人区分出来，把公允与非公允关联交易区分出来进行披露。从会计确认与计量方面研究的文章有，但不多，从国内外已有的文献也可发现这一点，也许是因为人们对交易本身的认识是不够的。

综上所述，目前的文献基本上都是针对关联交易基本理论、盈余管理、公司治理、会计报表粉饰等实际情况进行的，并以此为基础侧重于探讨如何规范、如何监管等问题。上述学者的研究较少专门涉及对“上市公司关联交易及其会计信息披露质量问题”进行研究，较少有对关联交易产生的机理进行分析，从而无法提出上市公司关联交易会计信息披露质量保障机制的完善和健全的思路和方法。

当然另一个根本的问题是，无论国内还是国外研究，对关联交易问题的思考局限在：为了界定关联交易，必须先界定关联方。也许我们从来就没有认清楚“交易”，为什么我们不从确认交易开始。本书尝试一个全新的角度，从确认交易开始，重构关联交易披露的方式。

2.2　关联交易及信息披露概念的现有解释

2.2.1　关联方的概念

（1）企业会计准则的定义

根据 2006 年财政部颁布的《企业会计准则第 36 号——关联

方披露》中第二章第三条关于关联方的定义是：一方控制、共同控制另一方或对另一方施加重大影响，以及两方或两方以上同受一方控制、共同控制或重大影响的，构成关联方。其中控制，是指有权决定一个企业的财务和经营政策，并能据以从该企业的经营活动中获取利益；共同控制，是指按照合同约定对某项经济活动所共有的控制，仅在与该项经济活动相关的重要财务和经营决策需要分享控制权的投资方一致同意时存在；重大影响，是指对一个企业的财务和经营政策有参与决策的权力，但并不能够控制或者与其他方一起共同控制这些政策的制定。

（2）广义的关联方①

根据《现代汉语词典》的解释，“关联”是指“事物相互之间发生牵连和影响”。这里的“事物”具体到我们的研究中可以限定在机构（企业、政府部门和组织）和个人两个大的方面。如果在机构之间、个人之间以及机构和个人之间存在着可以描述的相互牵连或影响，就可以认定为它们是关联的。“关系”是指事物之间相互作用、相互影响的状态，也指人和人或人和事物之间某种性质的联系。由此可见，事物之间发生牵连和影响的状态就是关联交易。本书并非研究所有机构及个人之间的这种影响或牵连，而是将研究范围限定在追求利润的机构内。与某个特定的机构存在“牵连或影响”的机构或个人与该机构是关联的。这种“牵连或影响”涉及诸多方面，比较典型的有：投资与被投资关系、雇佣与被雇佣关系、血缘关系等。

① 财政部会计准则委员会编：《关联方交易与以股份为基础的支付》，第20页。

（3）狭义的关联方[1]

狭义的关联交易是指前述“牵连和影响”中最常见、最直接的部分。具体来讲就是实质上的控制、共同控制及重大影响关系，两个不存在控制、共同控制和重大影响关系的机构之间不能称之为狭义的关联方。准则中所讲的关联方关系就是指这种狭义的关联方相互之间的牵连和影响。当关联方之间存在实质上的控制、共同控制关系和重大影响时，关联方之间的利益格局就可能会受影响。关联方之间可能会发生一些在非关联方之间不一定会发生的交易，而且关联交易所订立的条款可能与非关联方不同。

（4）新准则在关联方的确认上的变化

在关联方的确认上新准则比较原准则所规范的范围更广一些：①旧准则仅将受主要投资者个人、关键管理人员或与其关系密切的家庭成员直接控制的其他企业与该企业认定为关联方，而新准则将该企业主要投资者个人、关键管理人员或与其关系密切的家庭成员控制、共同控制或施加重大影响的其他企业认定为关联方。②新准则在关联方的认定中还包括该企业母公司的关键管理人及其关系密切的人员，而在旧准则中关联方的认定则不包括这一部分。

对于同受国家控制的企业，新准则规定仅仅同受国家控制而不存在其他关联方关系的企业，不构成关联方，也就是说只要存在其他关联关系就要认定为关联方，同样比旧准则中纳入关联方的范围要广一些。这些变化要比旧准则更加规范，更能充分地反映企业的关联关系，规范关联企业之间交易的披露，减少漏网之鱼。

① 财政部会计准则委员会编：《关联方交易与以股份为基础的支付》，第 20 页。

(5) 新准则在关于关联方认定上与国际会计准则的比较

与国际会计准则相比，新准则在关联方的认定上仅仅比国际会计准则少一项规定，即国际会计准则对主体或与之相关联的任何主体的雇员福利计划也纳入了关联方，即使是离职后的。国际会计准则将对主体具有共同控制的各方作为关联方，而在国内新准则中则不认定为关联方。

另外，国际会计准则解释到，尽管在“关联方”定义中认定该企业主要投资者个人、关键管理人员或与其关系密切的家庭成员控制、共同控制或施加重大影响的其他企业为关联方，但仅仅拥有一位共同董事或关键管理人员的两个主体未必一定是关联方，而在我国新的会计准则中则没有相关的解释。

关于与个人关系密切的家庭成员，IAS 的列举规定比较原则，我国的规定非常具体，严格地讲两者有一定的区别，没有血亲和姻亲关系但依靠个人或个人的家庭关系者生活的人（尤其指非直系亲属）在 IAS 似乎应当包括在内，而我国为了便于操作则强调直系亲属（血亲和姻亲）。

2.2.2 关联交易的概念

(1) 企业会计准则的定义

根据《企业会计准则第 36 号——关联方披露》，关联方交易，是指关联方之间转移资源、劳务或义务的行为，而不论是否收取价款。所以关联方的确认是认定关联方交易的前提，而资源和义务的转移是关联方交易的主要特征。

(2) 广义的关联交易概念

广义层面的关联交易是指在市场经济体系中，进行交易的每个经济利益主体之间将资金流、物流、信息流以及关系资源流作为交易的对象进行考虑，并予以交换与分配，从而产生了方方面面的关联交易的形式，并最终实现每个理性经济主体的利益最大化或效用最大化（管强，2003）。这种关联关系，并不是建立在单纯的关联企业之间，而是遍及经济生活中的各种利益主体之间。

（3）狭义的关联交易概念

狭义层面上的关联交易也就是人们通常所理解的会计学意义上的关联交易。关联交易就是存在于控制或被控制、共同控制或被共同控制或施加重大影响的各方之间的交易行为。在具体确认时，各国都强调实质重于形式的会计惯例，即考虑控制与影响的实质性而不论其法律形式如何，也不论通过何种途径。企业会计准则是规范关联关系及其交易在财务会计报表中披露的原则和方法，它提出了关联交易的一般判定标准。

（4）关联方交易列举

根据我国《企业会计准则第36号——关联方披露》所称，关联方交易的类型通常包括下列各项：①购买或销售商品；②购买或销售商品以外的其他资产；③提供或接受劳务；④担保；⑤提供资金；⑥租赁；⑦代理；⑧研究与开发项目的转移；⑨许可协议；⑩代表企业或由企业代表另一方进行债务结算；⑪关键管理人员薪酬。

我国2006年新准则中所称"关联方交易"，与《深圳证券交易所股票上市规则》《上海证券交易所股票上市规则》等所称"关联交易"，均是指关联方之间的交易。本书在陈述中对"关联方交易"与"关联交易"遂不做区分，统一称为"关联交易"。

2.2.3　确认、披露及列报的概念辨析

在研究之前，确认、披露及列报需要加以辨析，它们之间容

易引起歧义，而 FASB 与 IASB 除“确认”外，对其余的概念并没有加以界定，较难比较它们的差异，因此，本书将分别说明，理清概念。

在第 5 号财务会计概念公告中 FASB 指出，“确认是将某一项目作为资产、负债、收入、费用等正式记入或列入某一主体的财务报表的过程。它包括用文字和数字（金额）描述该项目，其金额包括在报表总计之中”。根据这一界定，凡是企业财务报表中出现的项目，一定是经过确认的，因而确认通常在表内，称为表内确认。与表内确认相对应，披露更多地在表外。由此看到确认的含义是既用文字又用数字描述一个项目。确认是解决会计数据如何进入财务报表表内，从而形成有用的财务信息的问题，这一点，会计界不会有多少争议。而披露有广义与狭义之分，广义的披露既包括表内确认，又包括表外披露。

而 FASB 第 5 号概念公告所说的“其他手段所做的披露不是确认”，而我们一般所说的“信息披露”既包括财务报告，也包括其他手段。狭义的披露是在表外附注及其他财务报告中列报，广义的披露是在财务报告中列报。

相比而言，披露（disclosure）一词何时被引入会计理论与实践，难以明确界定。但 1933 年的《证券法》和 1934 年的《证券交易法》就已经明确提到上市公司的信息披露问题。而按照《证券交易法》成立的证券交易委员会，有制定关于上市公司信息披露相应规则的权力。但是，究竟什么是披露或信息披露？信息披露的范围和边界在哪儿？总体上，法律类文献对这一问题讨论较多。比如，FASB 第 2 号概念公告附注 19（第 165 段）引用关于重要性与披露的文献，就是一篇 The Business Lawyer 上的文章；笔者在相关文献网上的检索也发现，大量关于信息披露讨论的文献主要来自一些法律类或公司法类的文献。

从会计角度看，披露是与会计确认①相对应而言的。通常，一份会计准则都要涉及会计确认（处理）与披露两个方面。比如，美国 FASB 第 2 号准则《研究与开发成本的会计处理》，不仅规定了研究与开发成本只能费用化，还要求让信息使用者知道实际已经费用化的研究与开发成本的数额，这就是披露。由于所有披露都与信息有关，因此，披露与信息披露是完全等价的。

在 1976 年 IASS《财务报表应披露的信息》中，国际会计准则委员会特别指出该准则不涉及会计信息在财务报表中列报的格式。但这份准则后来被 IASI《财务报表的列报》所代替。这样看来，列报与披露似乎可以互用。在 1995 年的 IAS 32 中，国际会计准则委员会指出“本准则不规定所要求披露信息的格式和其在财务报表中的位置”。

列报，是指交易和事项在报表中的列示和在附注中的披露。在财务报表的列报中，“列示”通常反映资产负债表、利润表、现金流量表和所有者权益变动表等报表中的信息，“披露”通常反映附注中的信息。《企业会计准则第 30 号——财务报表列报》（以下简称财务报表列报准则）规范了财务报表的列报，以保证同一企业不同期间和同一期间不同企业的财务报表之间相互可比。从目前笔者现有的资料来看，列报的概念没有界定清楚，它既是披露，又可用于确认。

本书只用确认和披露两个词，为了避免概念混淆，显示表内和表外的差别，一般用表内确认与表外披露两个词汇加以明确，如果提到披露，则是广义的概念，它既包括表内确认，又包括表外披露。而提到表外披露，则指披露的狭义概念，正是这个概

① 会计确认的含义包括：各种经济活动中，什么需要计入会计系统，按多少金额计入；会计数据有多少需要在财务报表中列示、按什么项目列示。

念，与确认相互区别与对应。

2.3 基础理论分析

2.3.1 有效市场理论

根据价格理论，在传统的确定条件下，竞争驱使经济利润趋于零。有效市场假说本质上是由零利润均衡状态扩展为不确定情况下竞争市场中的动态价格行为[①]。

有效市场假说源于20世纪50年代后期，是研究股票价格行为的随机游走理论。Gibson最早对有效市场假说的含义给予了清晰的阐释，Roberts（1967）最早明确应用“伦敦、巴黎和纽约的股票有效市场假说”这一概念。Fama、Fisher、Jensen将有效市场定义为：根据新信息迅速调整的市场，并将信息作为市场效率研究的核心内容。詹森（1978）把有效市场定义为：对于一组信息，如果根据该组信息从事交易，无法赚取经济利润，那么市场是有效的。当然这其中以Fama在1970年给有效市场所作的标准化的定义流传最广：“假定市场价格总是充分反映了可获得的信息，则这个市场就是有效的”。

Fama在1970年给有效市场作了一个标准化的定义：为了使得有效市场模型具备可检验性，Fama认为应对股票价格形成过程予以明确细化，即必须确切定义“充分反映”究竟是什么含义。为此，Fama运用Sharp的双因素模型，首先定义预期证券

① Ross L. Watts，Jerold L. Zimmerman：《实证会计理论》，东北财经大学出版社1999年版。

价格，将价格的形成过程由零利润均衡状态扩展为不确定性竞争市场中动态市场行为的过程。

考虑到人们可能会提出的疑问：即以明确规定的信息集为基础的交易能否获得超额收益？Roberts（1967）将与证券有关的信息分为三类，从而定义了三种不同程度的有效市场。Fama 推广了这一分类：

（1）弱式效率市场。在一个具有弱式效率的市场中，所有过去的证券价格变动的资料和信息都已完全反映在证券价格的现行市价中；证券价格的过去变化和未来变化是不相关的。由于有关证券的历史信息已经充分披露、均匀分布和完全使用，因此任何投资者均不能通过任何方法来分析这些历史信息以获取超额收益。

（2）半强式效率市场。这一假说是指证券股票价格不仅包含所有历史信息，而且也包含了所有公开的信息，如政治经济形式的变化、盈利宣告、红利宣告、股票分割、公司财务业绩发布、竞争对手信息、发行新股等。在半强式效率市场中，投资者无法利用公开信息获取超额收益。

（3）强式效率市场。证券的现行价格中已经反映了所有已公开和未公开的信息，即全部信息，因此，任何人甚至内线人也不例外，都无法在证券市场中获得超额收益。如果有人利用内线消息买卖证券而获利，则说明证券市场未达到强式效率市场。它是有效市场的最高形式。

主流的标准金融理论认为，由于投资者是理性的，任何可能得到无风险超额利润的投资机会都将会被迅速地利用而消失，所以股票价格将是均衡的，只反映企业自身的价值；如果证券市场中存在非理性的投资者，由于他们之间的交易行为是随机的，将被相互抵消；即使非理性投资者的行为没有相互抵消，他们的行为将被理性投资者的正确的投资行为矫正，不会对市场产生实质性的影响。有效市场假说意味着证券价格是随机游走不可预测的，任何可预测性是很快会从样本中消失的统计错误，技术分析因此是无用的；股市的波动性不变。

因此，如果有效市场假说成立，市场均衡价格本身已经包含了所有可能的信息，那么再依据在市场上可以公开得到的信息来预测价格的走势和运动方向（如技术分析），并不能产生高于市场平均水平的投资业绩。

尽管有大量的证据支持 EMH，但是同样值得注意的是，仍然有经验研究发现了一些与市场有效相违背的例子，即异象。具体如下：（1）过度反应与反应不足；（2）规模效应、市盈率效应；（3）日历效应。不过，应该看到，上述种种异象尽管研究角度不同，但都对有效市场假说形成了一定的挑战。这也促使学者去寻找解释这些异象的产生原因的相应理论，而当心理因素被大量引入之后，行为金融学这种新的研究方法便产生了，并引发了更加复杂的研究与争论。

2.3.2 一般均衡理论

一般均衡理论是人类经济思想宝库中最耀眼的成就之一。早期亚当·斯密“无形之手”的思想正是对经济均衡关系的诗意描叙。马歇尔首先论证了单个市场均衡状态（局部均衡）的存在：在市场竞争中，每个人或企业都要实现各自的利益最大化，同时所有经济当事人的行为都处于相互协调、相互兼容的状态之中，市场价格使供给和需求达到相等（均衡），即市场出清。马歇尔以消费者的效用最大化目标和厂商的利润最大化目标为出发点，分别说明两方面的情况：在产品市场上，当需求大于供给而导致某个产品价格上升时，消费者在既定的收入水平下会减少对这种产品的购买，因而需求减少；而厂商在价格上升时必然会增加对这种产品的生产，导致供给增加；通过这种价格机制的调整可以达到供求双方的均衡。无论消费者还是厂商都不再有改变自己行为的趋势。

瓦尔拉斯进一步将局部均衡扩展到一般均衡，即整个市场体系的所有行为主体的利益最大化和供求相等的状态。瓦尔拉斯像物理学家一样用数学形式进行论证，他把“无形之手”理解为价格体系，认为每一种商品的供给量和需求量不仅是其本身价格的函数，而且是整个价格体系的函数。当价格体系恰好使所有商品的供求都相等时，市场就达到了一般均衡。在这种均衡中，市场是一个整体，各种经济主体普遍地相互依存和协调，各种经济主体获得了最大的满足。所以，一般均衡的存在，就是利益最大化实现的可能性，也是价格机制自由传递供求信息的体现。而一般均衡的存在，被瓦尔拉斯以数学形式体现了出来，成为理性人假设和完全信息假设的逻辑必然，但瓦尔拉斯对一般均衡存在性的论证是不充分的。在瓦尔拉斯工作的基础上，帕累托引入了检验这种均衡是否最佳的标准，即我们现在常说的“帕累托最优”。这种最优状态表明，个人追求自身利益的活动是怎样最大限度地促进社会利益，从而达到个人理性与社会理性的和谐一致。在此之后，希克斯和萨缪尔森继续探讨一般均衡的稳定条件，研究它的运转规律。但一般均衡存在性问题还没有得到完整的解决。

在 1954 年经济学大师阿罗（Arrow，K.）、德布鲁（Debreu，G.）完成了这个任务。在被誉为阿罗 - 德布鲁一般均衡模型（Arrow - Debreu Model of General Equilibrium）中①，用集

① 阿罗（Arrow，K.）、德布鲁（Debreu，G.）因其对“一般均衡理论”研究的卓越贡献，荣获 1983 年诺贝尔经济学奖。大师德布鲁（Debreu，G.）已于 2004 年 12 月 31 日去世。在此向大师致敬。

合论公理方法重新阐述最大化假设，在此基础上严格地证明均衡的“存在性”“唯一性”“稳定性”，以及这种竞争均衡与帕累托最优的一致性等问题。此模型如此精妙绝伦，以至经济学界的整个注意力被吸引住了，至此经济学用数理方法对亚当·斯密“看不见的手”作了精确的表述。现代一般均衡理论中的一个非常重要的分析框架是由阿罗·德布鲁建立的，在这个经典框架下考虑了有限种商品、有限个消费者和厂商的情形，讨论了竞争性均衡（瓦尔拉均衡）的存在性和最优性①。

假设在不同时间、不同地点或不同状态下有各种的商品或劳务，如钢铁、汽车、小麦、苹果或旅游等计有 l 种，投入品用负号表示，而产出品用正号表示。任何两个消费品组合相加或倍乘都构成新的消费品组合。那么，我们可以把商品空间 E 看做一个有限维向量的空间 R^l。在市场上，商品 j 与商品 i 交换的条件可由价格比 p_i/p_j 来定义，其中 p_i 和 p_j 为非负的实数，且 $p_j>0$。也就是说，p_i/p_j 表示在价格向量为 $p=(p_1,p_2,\cdots,p_l)$ 时，用一单位的商品 i 所能够交换到的商品 j 的数量。给定价格向量 $p=(p_1,p_2,\cdots,p_l)$ 和一个商品向量 $x=(x_1,x_2,\cdots,x_l)$，则该商品向量的价值为 $p\cdot x=\sum_{i=1}^{l}p_ix_i$。除了要求商品空间具有线性结构之外，还要求向量的相加和数乘都是连续的（即 E 具有拓扑性质）。消费者总是趋向于消费较多的商品的假设在这里具有十分重要的意

① 关于存在性，有两种证明：第一种证明采用新古典的需求和供给函数形式，指出一个价格向量如果能够使得供给与需求相等，则它是一个均衡的价格向量。但是，在一个拥有无限种商品的经济中，不论是供给还是需求都可能没有得到明确定义。于是，第二种证明不依赖于供给或需求函数，在这个证明中，结合了德布鲁和斯加夫（Debreu & Scarf，1963）建立的等价性定理与斯加夫（Peleg & Yaari，1970）把论证扩展到无限维商品空间中，得出了更加具有一般性的证明。

义。一个结果就是均衡价格必须是正数。R^l 空间上的自然半序（natural partial ordering）恰好说明了消费组合 x 比消费组合 y “多”，即 $x > y$。欧式空间 R^l 加上自然半序，就构成了一个有序的向量空间。阿罗（Arrow，K.）和德布鲁（Debreu，G.）的研究主要在这样的空间中展开①。

2.3.3　博弈及博弈学习理论

（1）博弈理论

博弈即一些个人，面对一定的环境条件，在一定的规则下，同时或先后，一次或多次，从各自允许选择的行为或策略中进行选择并加以实施，各自取得相应结果的过程。规定或定义一个博弈需要设定下列四个方面：参与者（Players）、各参与者各自可选择的全部策略（Strategies）或者行为（Actions）的集合、进行博弈的次序（Orders）、参与者的得益（Payoffs）。以上四个方面是定义一个博弈时必须首先设定的，确定了上述四个方面就确定了一个博弈。博弈论就是系统研究可以用上述方法定义的各种博弈问题，寻求在各参与者具有充分或者有限理性、能力的条件下，合理的策略选择和合理选择策略时博弈的结果，并分析这些结果的经济意义、效率意义的理论和方法。

博弈论的出现与发展是一个逐渐演变的过程。19 世纪末是博弈论的萌芽阶段，当时研究对象主要是严格竞争博弈，如 Cournot（1838）的产量竞争模型、Bertrand（1883）的价格竞争模型②。真正将博弈规范化为一般理论是在 1944 年，美国数学家冯·诺伊曼与经济学家奥斯卡·摩根斯坦所出版的《博弈论

① 邹薇：《高级微观经济学》，武汉大学出版社 2004 年版。

② 侯光明、李存金：《管理博弈论》，北京理工大学出版社，第 2－3 页。

与经济行为》一书，是博弈论作为一门学科而确立的标志。它详尽地讨论了二人零和博弈，并对合作博弈作了深入探讨，开辟了一些新的研究领域。更重要的是，它还探讨了博弈论在经济学上的广泛应用，认为经济行为者在决策时应考虑到利益冲突性质。在冯·诺伊曼和摩根斯坦的基础上，Sharply（1952）将其发展为合作博弈的一般解，即它是一种所有成员都无法提升自身效用的稳定联盟状态。与 Sharply 不同，纳什（Nash）[①] 的研究跳出了合作博弈的思维框架，不再以联盟，而以个人作为利益分析的出发点。Nash（1950，1951）提出了非合作博弈解，为非合作博弈的一般理论奠定了基础，提出纳什均衡概念，向人们展示了一个全新的研究领域。在 20 世纪 50 年代初期纳什对博弈论的发展，被整个社会科学领域认为是里程碑式的。20 世纪 60 年代是博弈论的成熟期。不完全信息与非转移效用联盟博弈的提出，使博弈论变得更具广泛应用性。常识性的基本概念得到了系统阐述与澄清。博弈论成为完整而系统的体系。哈桑尼（Harsanyi）与塞尔腾（Selton）正是在这一时期开始他们的工作，哈桑尼提出了不完全信息理论，塞尔腾开始其均衡选择问题的研究。这两人后来与纳什一起获得了 1994 年的诺贝尔经济学奖。20 世纪 70 年代以后，博弈论在所有研究领域都得到重大突破。博弈论开始对其他学科的研究产生强有力的影响，例如生物学等，同时由于计算机的高速发展，使得设计大量复杂计算的博弈模型发展起来。到了 80 年代，进化博弈论的兴起，代表着博弈论的一个重要发展方向。在应用上，政治与经济模型有了深入研究。2005 年，诺贝尔经济学奖授予博弈论学者 Schelling 和 Aumann，以表彰他们通过博弈分析，促进了人类对合作与冲突的理解。

① Nash 因在非合作博弈领域的贡献荣获 1994 年诺贝尔经济学奖。

2007 年，Hurwicz、Maskin 和 Myerson 三人因在博弈论的一个重要分支——机制设计方面的贡献而共享诺贝尔经济学奖。如今，博弈论已经成为现代经济学、政治学（如选举）以及社会学（如群体行为与规范）等各类学科研究中基础性的分析工具。

（2）博弈学习理论

早期非合作博弈理论研究集中在讨论博弈均衡的存在性。研究不仅取得了极大成就，还有力地推动了博弈论方法在经济学研究中的应用。然而随之而来的问题是，这些博弈的均衡是如何成为大家的“共同认识”（Common Knowledge、Aumann、R. J. ）[①]的呢？传统解释是，均衡是在参与者的理性、参与者的收益函数以及博弈规则都是“共同认识”的情况下，由参与者的分析和反省所得出的结果。但 Drew Fudenberg 和 David K. Levine（1998）认为，这样的解释存在许多问题：

第一，当均衡不唯一的时候，仍然无法解释参与者“分析、反省”的结果为什么相同。若参与者利用一种共同选择过程，如 Harsanyi 和 Selton 的（1998）搜寻过程来“分析、反省”均衡时，参与者会找到相同的结果，这是可能的。而仍不能解释的是，这样一种选择过程是怎样成为共同知识的？或者说没有其他的选择过程吗？

第二，Drew Fudenberg 和 David K. Levine[②] 怀疑关于效用函数及“博弈参与者是理性的”是“共同认识”的假设过于理想化了。削弱“共同认识”这个假设将导致弱得多的结论［Dekel 和 Fudenberg（1990），Borgers（1994）］。这方面的研究在于

① Aumman 和 Schelling 荣获 2005 年诺贝尔经济学奖。Aumman 首先给出“共同认识”的一般定义。

② Fudenberg D、Levine D K：The theory of learning in games，Cambridge：MIT Press，1998.

2008年7月召开的“世界博弈学大会”（2008 Game，Evanston，USA）上依然是热点问题之一。

第三，均衡理论对博弈实验前提的由来缺乏解释，尽管它预计的实验结果多数与事实相符。但应该看到多数实验的均衡是唯一的。

Fudenberg和Levine在《博弈学习理论》（1995年第一版，1998年第二版）中提出了均衡成为“共同认识”的一种解释——均衡是作为“小于”完全理性的参与者寻求最优化的长期过程的结果。他们认为，在该书中讨论的“学习模型将为均衡理论提供基础”。当然，在某些情况下，大多数学习模型并不导致非常弱的可理性化概念以外的任何均衡，但“学习模型提出了改进传统均衡概念的有用方法”。学习模型导致纳什均衡精炼，例如，学习过程的长期随机特性的考虑说明在一些博弈中将观察到风险占优均衡。由于传统博弈均衡理论的缺陷和博弈学习模型的优点，对博弈学习理论的研究于20世纪90年代在西方博弈理论界迅速兴起，并成为现代博弈理论的一个重要分支。

当然，对博弈学习理论仍然存在一些不同的看法。其中之一就是利用博弈学习过程并不一定收敛（即使它们确实收敛，其收敛时间也相当长）的事实否定博弈学习理论，认为它们实现均衡可能是十分困难的，尤其在短期。Fudenberg等认为，这些观点是不能成立的。其原因在于：首先，博弈学习理论强调的是一些有意义的经济现象，而不是一些抽象的例子。大多数参与者似乎有形成每天预期的好主意，或许因为人们观察到的社会协议和社会规范反映了几千年来人们从过去的经验中学习的过程。其次，虽然存在社会规范突然变化的重要时期，似乎不能用博弈学习理论来解释人们行为。例如从管制经济向市场经济转轨时期，但迄今为止，已开发出的其他模型似乎也不能提供关于在此环境中可能发生的中期行为的更具洞察力的分析。其三，虽然博弈学习理论对于高度依赖学习过程的细节和事前信念的短期预测通常很少有所作为，但对长期预测分析则通常有效。

最后，从实证的观点看，收集充分数据以检验调整路径中的短期波动预测是困难的。因此，他们主要集中讨论其模型的长期特性。然而，学习理论也预测中期收敛速率和行为，即使限定进行长期分析，也存在给予收敛与不收敛动态的相对权重问题。在此强调收敛的结果，部分是因为它们更富挑战性，而且也因为，在此情况下，被限定的代理人行为是对他们实际行动的较好描述。

分析说明，迄今为止，被研究的学习模型关于人们对他人行为的认识模仿能力的研究，远未达到完全正确的地步。因而，当学习模型不能收敛时，模型的个体行为是典型幼稚的，例如，参与者可能忽视模型被锁定为持久循环的事实。他们怀疑，如果循环持续次数充分长，代理人将最终利用更老练的推理规则以发现它们。鉴于此，他们不相信学习循环模型是实际行为的有用描述。然而，这并不完全证明重点考察收敛结果是正确的：讨论更为老练的学习行为可能简单地导致更加复杂的循环。

2.3.4　传统理论的不足

全面分析有效市场理论、一般均衡理论、博弈论、博弈学习理论的缺陷不是本书的中心问题。我们所关心的是这些基础理论能否为本书研究的问题提供理论的支持。

在财务报表或披露中，财务信息对交易的区分能力来源于两个方面：(1) 财务信息的表达方式，即财务报表或披露的格式；(2) 商品交易价格的可比性——在相同的条件下，两批相同商品的价格均与其数量成正比，且比例系数相同。而其中最根本的是商品交易价格的可比性。因为在我们现行的财务报表或披露中，是把具有可比性的数据（由交易价格等所算出的）填入设定的栏目之内以备识别、研判，甚至可以说，财务报表或披露格式的设计就是基于财务数据的可比性。那么，交易价格确实具有可比性吗？我们常说“关联交易的价格明显有违正常的交易价格”，这“正常的交易价格”指的是什么价格？如何定量呢？如何成为大家的“共同认识”① 呢？——如果大家对“正常的交易价格”有“共同认识”，理论上信息提供者有能力提供、编撰正确的财务信息；信息使用者能识别错误的财务信息；且大家知道任何的欺骗都没有意义。我们带着这样的问题到基础理论里寻求解答。

在一般均衡理论里，竞争性均衡价格的存在性是得到严格证明的，并且由竞争性均衡价格所产生的配置是帕雷托最优的。竞争性均衡价格是一个价格向量或价格体系，它将交换市场中每件商品都标出了价格。在经济学里把由此产生的商品交换价格视为“正常的交易价格”。但问题是这些价格是如何成为市场的共同认识的呢？更为严重的是，我们发现问题早就出现在一般均衡理论的前提里。一般均衡理论假设：市场上每件商品都有主导价格(prevailing prices)②。但这在市场经济里可不是一个简单的假设，人们怎么会有这样的共同认识？

R. Aumann（1966）讨论了一种有“无穷多”③ 参与者的市

---

① “共同认识”，R. Aumann（1976）定义。甲、乙对事实 A 有“共同认识”是指：甲知道事实 A；乙知道事实 A；甲知道“乙知道事实 A”；乙知道“甲知道事实 A”；……直至无穷。

② 从字面上讲，是“主导价格”的意思。但在一般竞争性均衡理论里，只是抽象的概念。

③ 较严格的说法是，参与者能与［0，1］区间内的所有点构成一一对应。

场的竞争性均衡的存在性问题。R. Aumann 认为：在有如此多的参与者的市场里，每位参与者对商品价格的影响力几乎为零，他无法讨价还价，只能是价格的接受者。这样主导价格（prevailing prices）显得似乎合理。但这里依然有一个缺陷，依然有一个未解之迷：所有的参与者为什么会面对同一个价格（体系），或者说接到相同的“报价”？不要忘记此刻的市场里有如此众多的参与者。

也许对“正常的交易价格”的认知是以被动的方式，通过总结“经验教训”，通过渐近的方式获得的。

Keisler（1995，1996）研究了在“小市场”[①] 里，当“经济”在均衡之外时，价格会怎样变化，以及“经济”是如何达到均衡的。通过构造一个特殊的过程（decentralized process），Keisler 证明了价格与“经济”都会收敛。但是 Keisler 的模型的前提是，均衡是存在的而且在整个过程中保持“稳定”，所有参与者的偏好都保持不变，而其特殊的过程不像是市场经济的模式。

Rustichini、Satterthwaite 和 Williams（1994）的研究相当有影响。他们发现在“小市场”里，参与者试图改变价格（即偏离出清价格）使其对自己更有利的“行为”（bargaining behavior），会随着市场规模的变大而逐渐消失。换句话说，一个商品的“价格”（即便它们原来各不相同）随着市场规模的变大收敛于出清价格。但在他们的模型里，假设不管市场规模如何变化，出清价格保持不变。这是个不小的缺陷。

一般地讲，在一个过程（decentralized process）中或随着市

① 与 R. Aumann 所讨论的有“为数众多”的参与者的市场不同，这里的市场里只有“有限”的参与者。

场规模的变大，交换经济中的各要素，如初始禀赋、偏好、参与者人数等都可能会发生变化；这样竞争性均衡、出清价格也会发生变化；它们所构成的序列自身甚至可能不收敛。这时的竞争性均衡、出清价格是否仍会迫使各种经济“行为”“收敛”就是问题了。

如果将一般竞争性均衡视为一个完全的静态博弈均衡，那就要求所有参与人的初始禀赋、所有参与人构成的集合都是市场的共同认识，所有参与人都是有各自偏好的，甚至有不太理性的偏好的——分析者等①。难怪科斯会置疑价格机制的有效性②，一般均衡理论确实是一个过于理想化的体系。

能否用博弈学的其他模型来改造其过于理想化的缺陷呢？Akerlof（1970）、Spence（1973）和 Stiglitz 利用博弈论的方法，讨论研究了不完全信息市场的均衡③；而动态博弈模型可以讨论参与人的理性具有多样性表述的情况，还有不完美信息的动态博弈模型，以及不完全信息博弈模型等。然而早期的博弈模型均只回答均衡是否存在的问题④，不解释均衡如何能成为参与人的共同认识。早在 20 世纪 40 年代，George Brown 提出了一种可行的运算方法（fictitious play）求解二人零和博弈，但是不知道该方法是否收敛。为此兰德公司提出了悬赏，直到 Julia Robinson 才成功解答。由此，Fictitious Play 模型成了进化和学习模型的基础。

---

① 严格地讲，“所有参与人都是理性的”不等同于“所有参与人都认为其他参与人是理性的”。除非所有人对何为理性持有完全相同的标准。

② Coase, R. H., The nature of the firm, Economica, 4 (3): 386 - 405.

③ Akerlof、Spence 和 Stiglitz 荣获 2001 年诺贝尔经济学奖。

④ 即使只关心均衡的存在性，所有博弈模型依然是有缺陷的。因为这些模型都或多或少要求有共同知识作为前提。

博弈学习理论的目的，正是力图解释博弈均衡如何成为参与人的共同认识。其基本思想是：通过在重复博弈中学习，参与人能认识博弈的均衡。然而迄今为止，大多数有关博弈学习理论的文献集中研究重复进行的相同博弈，而不是更为复杂的问题，即两个博弈足够相似以至于一个博弈的结果对另外一个博弈有暗示作用①。无论是在虚拟行动模型（fictitious play）中，还是在局部最优反应动态模型（partial best - response dynamic），或模仿者动态模型（replicator dynamic）之中都是如此。因而要利用博弈学习理论来解释我们在一般均衡理论中所产生的疑问："正常的交易价格"是如何能成为市场的共同认识的时候，同样需要假设在交易（决策）之前，市场中的商品有主导价格（prevailing prices），以及假设所有参与人的初始禀赋、所有参与人构成的集合都是市场的共同认识——这是一个逻辑循环。如此说来，在实际的市场经济活动中，当上述条件不能都满足的时候②，不仅"正常的交易价格"是如何能成为市场的共同知识得不到解释，就连"正常的交易价格"是否存在都成了问题。那么这时价格的可比性及财务信息的"区分性"都成了空中楼阁。

因此，要建立对财务信息可信的信心，必须证实即使没有主导价格（prevailing prices），市场也没有其他共同认识的前提下，有"正常的交易价格"存在——我们称其为"价格的共识"③，并且通过一个机制能成为全市场的共同认识——我们称其为

① Fudenberg, D. and Levine, D. K. The Theory of Learning in Games.

② 从理论的角度，在市场经济中，参与人有权自己决定交易所涉及的所有问题，所以 prevailing prices 如果存在，一定是有原因的。不应将 prevailing prices 直接作为讨论的前提。而相关统计数据要成为所有参与者决策的根据（共同认识），就必须假设市场上有一个公正、权威、全能、不计报酬的统计者。这与自由市场经济的内涵并不协调。

③ 准确的定义见第 3 章。

“价格共识的形成”。据此才能设计出满足“三性”要求的财务信息的披露方式。当然这样的基础问题研究是一个庞大的工程，限于篇幅及本书的核心问题——财务信息的披露方式，我们这里只展开一个局部的经济学理论研究：在两个商品的交易中，“价格共识”是否存在及“价格共识”是如何形成的。

需要特别指出的是，将要展开的基础研究针对在没有主导价格（prevailing prices）时进行的交易。作为交易的基本构件，商品交换的比例并不具有我们通常所说的价格那样的性质[①]，而只是个性化的交换比例，我们称其为“前价格”（prices before prevailing prices），记为$\mathscr{B}$－价格。所以“价格共识的形成”就是“前价格”演变为“正常的交易价格”的过程。

一个与主导价格（prevailing prices）相关的概念是单一市场价格。现实经济活动中的单一市场价格通常被认为是套利行为的结果，但这个传统的观点至少是不准确的。

例如一个地区有6个地点出售相同的商品甲（如图2－1所示），假如每位商人在任意时刻只能出现在一个地点进行交易，每个地点商品甲的原供求关系只受套利行为的影响而改变。那么在套利行为的作用下，在一段时间之后[②]，全地区商品甲的售价将会统一。例如在地点5商品甲的售价在套利商人介入前一直很低，由套利行为的影响最终上升与全地区售价相一致。

但如图2－2所示，如果每个地点商品甲的原供求关系在套利行为出现前就波动很大，且波动的幅度大于套利行为的量或波动的规律无法掌握。那么即使在套利行为的作用下，全地区商品

① 正如一般均衡理论和所有经济理论所假设的那样，通常所说的商品价格具有线性的特征：商品的价格与商品的数量成正比。

② 即套利交易量足购大，并持续足购的时间，或常态化。

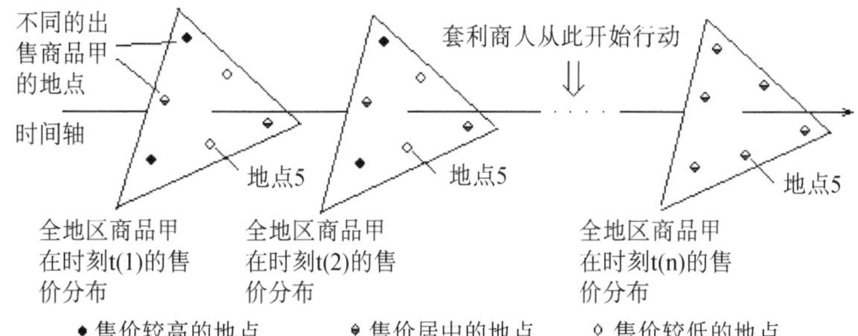

图 2-1　套利导致单一价格

甲的售价仍不会统一。同样例如地点 5，商品甲的售价在套利商人介入前一直起伏不定；只要造成售价起伏的原因不消除，只要每个地点售价起伏的规律不被套利商人所掌握，只要套利交易的量不足以平衡地点 5 供需量的起伏，地点 5 的商品甲的售价仍会起伏不定。

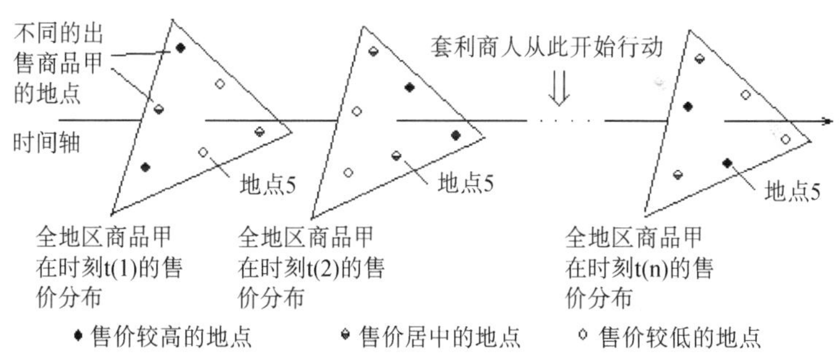

图 2-2　套利不导致单一价格

因此，单一市场价格的出现是一系列相当复杂的原因导致的——如果没有强制性的法令约束，不能将其作为讨论、研究的前提假设。尤其是在资本市场，有大量关联交易出现的市场，商品的单一市场价格很难出现。

最后，在对商品没有主导价格（prevailing prices）（或单一市场价）的市场——我们称其为“经济活动的史前时代”——展开研究的时候，有效市场理论已无法提供理论的支持。因为在“通常意义下的价格”尚未形成的时候，财务信息本身就没有可比较的意义，而这时讨论财务信息是否已经或怎样反映在“尚未形成的”单一市场价格里就更是“海客谈瀛洲”，描画空中楼阁了。

第3章

价格共识的形成——实验及理论证明

本章研究商品的“正常价格”如何成为市场的共同认识这个问题。限于篇幅和本书的侧重，我们将讨论局限在两个商品的交换这样相对简单的情形[①]。而在阿罗—德布鲁模型里，这个情形里所包含的存在性问题被称为简单的局部均衡问题。在新的模型中，由于放宽了（或者说削弱了）条件，出清价格的存在性变得非常复杂。至于如果出清价格存在是怎样成为市场的共同认识这个问题，在传统理论中无法解释或者认为没有必要解释——似乎存在必然导致被认识或已知。所以无论用阿罗—德布鲁模型、博弈模型或博弈学习模型都不能解释出清价格是怎样成为市场共同认识的。如果将上述模型中所蕴含的，参与者在决策前必

① 对市场中多种商品的交换是否存在出清价格，以及如何成为市场的共同认识这个问题，我们将专文另行阐述。

需的所有共同认识替换为弱一些的存在性条件，还是不能解释出清价格是否存在。

讨论在既没有主导价格（prevailing prices），市场也没有其他共同认识的前提下商品交易的特性之前，我们先来进行一个实验。这个实验说明，当没有主导价格（prevailing prices），且参与者的集合只是存在并没有共同认识的时候，即便其他条件都成立，出清价格、竞争性均衡存在，也可能不会成为参与者的共认知识；换句话说，这时市场不能发现出清价格、竞争性均衡。

3.1 实验设计的一般原则

实验方法为经济学研究提供了可重复、有针对性的验证方法。从严格意义上讲，实验是一种“证伪”的方法。经济学家普洛特认为，理论若经受不住简单实验的考验，就不要相信其能在更为复杂的社会活动中成立。但实验设计应注意如下要求：实验中可用适当的手段诱发被试者，观察其行为的经济学特征；被试者个人的特质应与被观察的经济学特征无关；如果使用“酬谢”手段应满足单调性、突显性、优超性这三个条件。

（1）单调性。即被试者的偏好应追求更高的“酬谢”，不存在“先验的”饱和状态。用公式表达即是：设 $\mathscr{U}(x,y)$ 是被试者偏好的函数，其中 x 是“酬谢”的量，y 是其他无法观测到的因素的量，则当 $x_1>x_2$ 时，即有 $\mathscr{U}(x_1,y)>\mathscr{U}(x_2,y)$。这个条件容易满足，例如用货币作“酬谢”。

（2）突显性。在实验中被试者所得到的“酬谢”，应与被试者和其他被试者的行为有关，并由所有被试者能理解的规则所确定。如在实验中每位被试者一律给予相同的“酬谢”，就不满足突显性，因为每位被试者的“酬谢”与其行为无关。如果按每位被试者的行为结果给予不同的“酬谢”，就满足突显性。

(3) 优超性。在实验中被试者的效用多少应完全来自“酬谢”。由于无法观测到偏好 $\mathscr{U}(x,y)$ 以及 y，这个条件是三条件中最难保障的。

有了单调性，可以利用“酬谢”为手段调动被试者的行为；有了突显性，可以在被试者的行为与“酬谢”之间建立特殊的关系，从而实现观察被试者特定行为的目的；有了优超性，就可以肯定所观察到的规律没有受到，或几乎没有受到其他因素的影响。在本书的三个有关价格共识形成的实验中可以看到作者设计的实验完美地满足了这些要求。

3.2 竞争性均衡价格存在但不能成为“共同知识”（价格共识不能形成）的实验

当然要在现有的市场中找到没有主导价格（prevailing prices）的商品交易是比较困难的，似乎这仅出现在个别的小型的或相当遥远时代的交易市场中。然而“明码定价”的规定似乎并不来自交易的自然属性，它只是设定的市场规则。换句话说，我们所常见的交易是被“捆绑”在市场规则上的交易。那么阿罗—德布鲁一般均衡模型所假设的价格的“线性特征”是否也来自市场的规则，而并不与交易的自然属性相容？如果真如此，所谓商品的“正常价格”是否同样产生于市场的规则，并因而成为市场的共同认识？商品的“正常价格”是否会因为交易方式的变化、创新，或市场规则的改变而发生变化？还是先观察一下实验。请注意当剔除了交易身上“捆绑”的“定价销售”

的限制，同时又没有其他的共同认识的存在，那么交易就会以没有主导价格（prevailing prices）的形态进行。

本书设计的实验是关于两个“虚拟商品”的交易，因为“虚拟商品”是没有定价的，所以我们可以通过两个“虚拟商品”的交易来重现商品交易的自然、原始状态，帮助我们认识商品的“正常价格”是如何产生，并成为市场的共同认识的。

大家知道，当一名青年人通过一定的程序，交纳一定的费用成为一名大学生后，他便拥有了接受一系列既定程式教育的权利。通常可以认为他拥有一系列的“听课证”①，当他将“听课证”交给授课教师后，教师按照相关的规定，必须在期末给出该学生的成绩（得分）。这样的“交换”经过适当的改造，可以形成两个“虚拟产品”——“听课证”与成绩（得分）——之间的“交易”②，并且是没有主导价格（prevailing prices）的交易。

3.2.1　实验Ⅰ：分组评分实验（分组竞争交易实验）

本实验为参与学生的一个重复评分（竞争交易）实验③。之所以重复进行实验是因为：如果我们所期待的“正常交易价格”在重复交易中都无法出现，甚至连出现的趋势都没有，那么在一次交易中就根本不可能出现。

实验的假设：在商品交易中，只要交易的竞争性均衡价格

① 在多数的大学里，每个院系用将全班学生名单交予授课教师的办法，发出“集体听课证”。

② 我们将这样的改造仅限于产生学生的平时成绩。

③ 这样的评分在“交互的决策”（Aumman）的意义下是一种博弈。但却不能用任何一种现有的博弈模型来分析，因为参与者（A组、B组）的集合不是共同的认识。

（出清价格）存在，就一定能成为所有参与者的共同认识。

（1）参加实验Ⅰ的人员

由西南大学工商管理专业 2004 级全体学生参加，共 100 人；评分在每堂课课后进行一次，共重复 10 次历时 8 周。

（2）实验Ⅰ的具体设计

①每次评分博弈均分为 A、B 两个组进行，学生每次均可自由选择其中一组参加；②由教师设定、公布每组全体学生得分总和的上限配额，然后由学生自我评分，最后由教师按如下的得分规则确认为学生的得分；③每个小组所有学生得分总和上限配额为 500 分，自我评分只能是整数；④每次评分前宣布：上次评分的本组总得分、本组最低的被确认为零的评分或本组最高的被确认有效的评分；⑤在实验中采取什么策略由学生自己决定；⑥学生被告知每位学生每次评分的确认得分总和，以实验次数取平均后，将按比例记入该生《会计学基础》课程的平时成绩。

（3）每次评分确认为得分的规则

对每位学生给自己的评分，由教师按该评分的高低，在学生自己选定的小组内，依次从低到高的顺序进行确认。只要已经确认的评分总和与该同学评分之和不超过上限配额，该位学生的评分即是其得分。

若有多名学生自己的评分相同，而该小组在配额上限中剩余的分数额不能全部满足时，由随机排队的办法排出一个次序，按该次序确认学生的评分。

按次序轮到确认某学生的评分时，若直接确认该学生的评分即为其得分，则该得分与其所在小组的其他学生已被确认的得分之和便会超过 500 分的上限配额，那么该学生的得分被确认为零。

（4）实验Ⅰ的几点说明

作者曾经考虑，以给予物质报酬的方式来组织实验，但由于学生参加的人数较多，且学生目前物质消费水平较高，些微的奖励很难保证学生认真参与实验；并且可能有的学生会用漠视实验奖励来显示自己的不同一般的物质消费水平，从而影响实验的真实与准确。最后决定选用成绩评分替代物质报酬来组织实验。之所以选用成绩替代物质报酬作为学生参与实验的效用回报，是因为学生十多年的学生生活养成的对成绩的重视这样的意识来保证这样的替代有效，从而满足实验设计的一般原则，即单调性、突显性和优超性。实际实验中学生自主评分的积极性很高。虽然仍不能排除可能有学生漠视实验的成绩，但至少漠视实验成绩并不能给学生带来多少回报（好处），从而使这样的漠视行为受到抑制。另外，由于学生每次自我评分被确认为零时对该生的课程平时成绩影响轻微，所以本实验是对可替代产品的市场交易行为的模拟。

100 名学生来自于 3 个自然班，将实验设计为两个小组是为了打破学生的思维定式，以确保每次实验中每个小组的参与人数是随机的。

（5）实验 I 的特点

经过上述的“改造”，每次“听课证”[①] 与成绩（得分）之间的“竞争交易”具有如下的特点：

①每次“竞争交易”是听课学生之间的“静态博弈”[②]；

① “听课证”也可以被视为每堂课一张，教师课后评出每堂课的平时成绩。本书中不作详细的区别。

② 这种“竞争交易”最一般的情形应该是听课学生之间、多名讲授同一课程的教师之间、听课学生与教师之间的复杂的博弈。在实验 I 中，教师只有一名，并且采取一个不变的、公开的策略。所以实验 I 是一个简化版的“竞争交易”。不过就我们希望通过实验来揭露的问题而言，这个简化版已经足够了。我们将在稍后价格共识的形成理论研究中，讨论最一般意义下的竞争交易。

②交易的"虚拟商品"的所有特性都是共同的认识；

③每位学生的决策空间是共同的认识；

④所有参与"竞争交易"的学生总的集合是共同的认识，但 A、B 两组的具体参与者集合存在却不是参与者共同的认识；

⑤所有参与者的初始禀赋是共同的认识；

⑥所有参与者的偏好是共同的认识；

⑦每位学生的效用函数是（仅存在）：学生 i_0 自我评分 t（即 $Y_{i_0}=t$ 时）的效用：

$$g_{i_0}(Y_{-i_0},t,)=\begin{cases} t & \text{当} \sum\limits_{\forall j\in\Omega_{i_0},Y_j\leqslant t} Y_j \leqslant 500 \\ 0 & \text{当} \sum\limits_{\forall j\in\Omega_{i_0},Y_j<t} Y_j + t > 500 \\ tm_0/n_0 & \text{当} \sum\limits_{\forall j\in\Omega_{i_0},Y_j<t} Y_j + t \leqslant 500,\text{且} \sum\limits_{\forall j\in\Omega_{i_0},Y_j\leqslant t} Y_j > 500 \end{cases}$$

其中 Y_{-j}表示学生 j 以外的其他学生的自我评分向量，$\Omega_{i_0,t}$表示所有与 i_0 选择同一组参加评分的、自我评分 t 的学生的集合，Ω_{i_0}表示所有与 i_0 选择同一组参加评分的学生的集合。由于 Ω_{i_0}仅存在，不是参与者共同的认识，所以 $g_{i_0}(Y_{-i_0},t,)$存在而非参与者共同的认识。

$$n_0=|\Omega_{i_0,t}|,\ m_0=[T],\ T=\Big(500-\sum_{\forall Y_j<t,j\in\Omega_{i_0}} Y_j\Big)/t$$

⑧每次"竞争交易"中，无论 A 组、B 组都存在竞争性均衡。A 组的评分（听课证的"竞争性均衡价格"）为：$500/|\Omega_A|$，B 组的评分（听课证的"竞争性均衡价格"）为：$500/|\Omega_B|$，其中所有选择参加 A 组评分"竞争交易"的学生的集合为 Ω_A，所有选择参加 B 组评分"竞争交易的"学生的集合为 Ω_B。

（6）实验Ⅰ的结果

实验结果否认实验假设。即在商品交易中，当交易的竞争性均衡价格（出清价格）存在时，所有交易参与者不一定能认识到这个价格。

3.2.2　实验Ⅰ的分析

图3－1、图3－3是两组学生10次评分中，每次自我评分的平均分与均衡分（相当于出清价格）的比较图。这里平均分是指被确认为非零的得分的平均分，类似于通常市场交易的成交价。而均衡分是指将每组配额上限500分平均分给每位参加该组评分的学生时（包括参加该组但其评分被确认为零的学生），每位学生的得分。

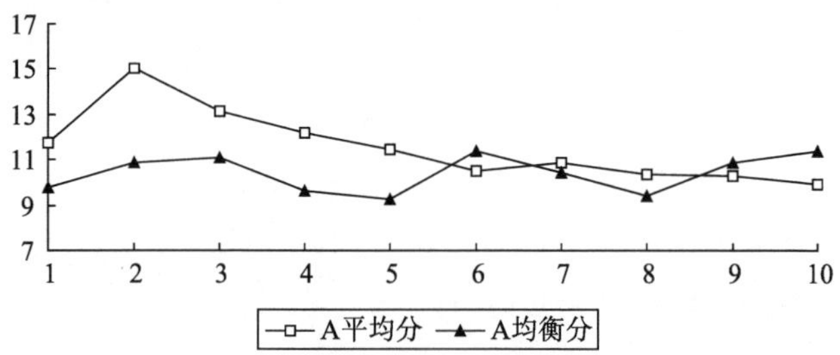

图3－1　A组评分的平均分与均衡分的比较

图3－2、图3－4是两组学生10次评分中，每次评分结果每组学生"听课证"剩余率与上限配额分数剩余率比较。所谓学生"听课证"剩余率是指在每组每次评分中，因自我评分太高无法满足而被确认评分为零的学生人数（这些学生可视为未能完成"听课证"与成绩的交易，所以这些学生的人数也可称为学生"听课证"剩余数），占该次评分中该组参与学生总数的百分比；所谓分数上限配额剩余率是指在每次实验中，每组500

分的上限配额与每组所有参与学生被确认的评分总和之差，占500 分的上限配额的百分比。这两个剩余率是对每次评分学生“听课证”与成绩（得分）交易情况的刻画。

从图 3－1 至图 3－4 我们看到：无论 A 组或 B 组，每次评分竞争性均衡都没有成为该组的学生的共同认识，每组的上限配额的剩余和评分被确认为零的学生人数此消彼长，“需求”始终没有出清，得分“配置”也不是帕雷托最优的。即使是重复了10 次，从图 3－2、图 3－4 无一例外地看出“市场”上“供需”始终没有趋于出清的趋势，所以即便图 3－1、图 3－3 中平均分与均衡分之差有时似乎会小一些，平均分有围绕均衡分波动的迹象，但不会稳定下来，也不会趋于一致。可以断言：只要参加 A组、B 组评分的学生人数是随机的，无论在 A 组或 B 组中，竞争性均衡、“市场出清价格”都不会成为所有参与者的共同认识。

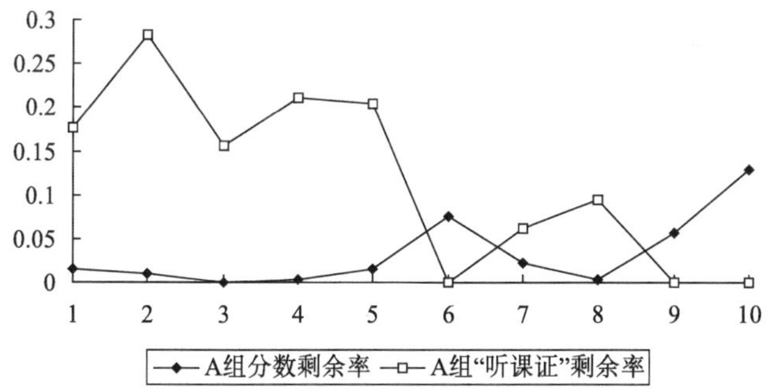

图 3－2　A 组学生“听课证”剩余率与分数上限配额剩余率

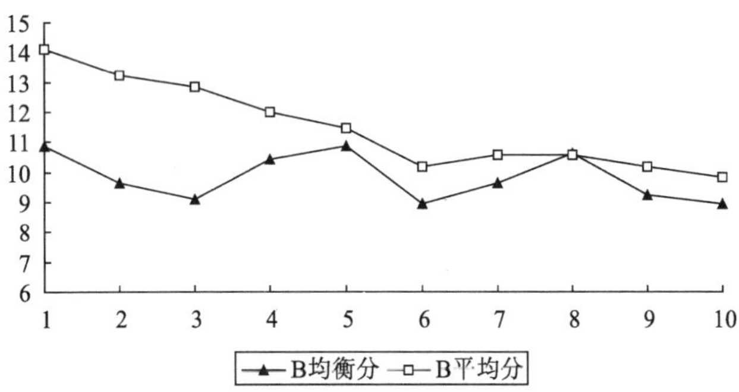

图 3-3　B 组评分的平均分与均衡分的比较

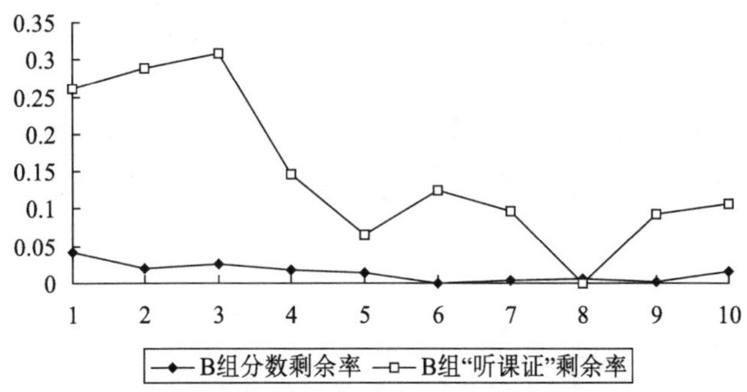

图 3-4　B 组学生“听课证”剩余率与分数上限配额剩余率

3.2.3　多角度的分析（不分组的统计）

将 A、B 组的数据汇总从整体分析：实验中“商品”的信息是共同认识，参与者的人数及禀赋是共同认识，参与者的策略空间是共同认识，参与者的效用函数是存在的，交易的规则也是共同认识，“竞争交易”存在总的评分竞争性均衡：10 分（前两次评分有学生缺席，故图 3-5 中前两次评分均衡稍高于 10 分）。但从图 3-5、图 3-6 中可以发现，与在对 A 组、B 组的分析中得到的结果一样，竞争性均衡、“市场出清价格”同样不会成为所有参与者的共同认识。实验Ⅰ说明在现实经济活动中，当没有主导价格（prevailing prices），且参与者的集合只是存在并不是共同认识的时候，即便其他条件都成立，在一次交易中出清价格、竞争性均衡可能不会成为参与者的共同认识。

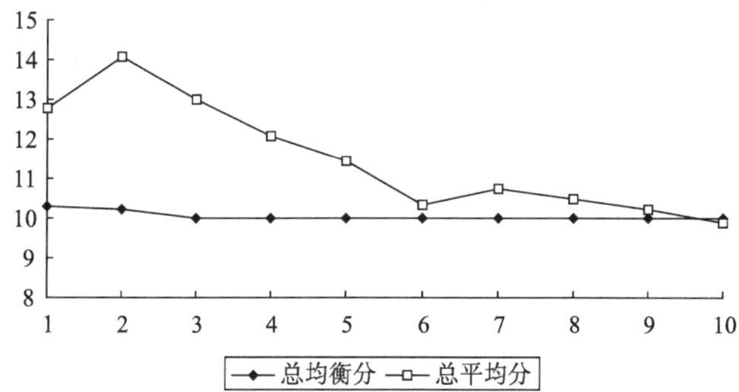

图3-5　总评分的平均分与均衡分比较

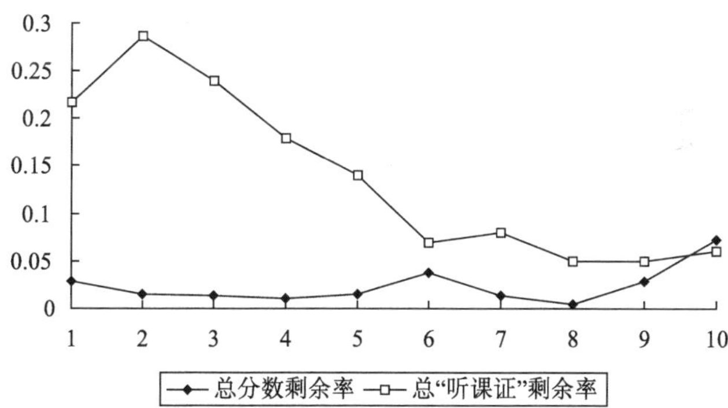

图3-6　总学生"听课证"剩余率与总分数上限配额剩余率

换句话说，只通过一次交易市场参与者不能发现出清价格、竞争性均衡，也不总会出清市场的供求。当然实验Ⅰ也说明商品的"正常价格"是否存在，如何成为全市场的共同认识需要全新的解释。

3.3 竞争性均衡价格存在且能成为“共同知识”的实验
——价格共识形成机制的设想及实验验证

3.3.1 实验Ⅰ的再分析

也许在前价格的基础上，当参与交易者的禀赋等只是存在而并不是共同认识时，能出清市场需求的价格均衡等根本不会成为共同认识。现在用下面的实验Ⅱ来解除这个疑惑，并提出市场“共识”形成机制的新设想。

再来分析实验Ⅰ。图3－7、图3－8是实验Ⅰ中两组学生自我评分分布的变化图。图3－9是实验Ⅰ中被确认为非零的自我评分的绝对偏差变化图。从这三个的变化图发现：起初由于参加实验的学生不知道每组的参与人数，也不具有博弈论的相关知识，更不知道参与人数对竞争性均衡的影响，评分分歧严重，且有严重背离理性的个体行为。但因为每次交易的结果是公开的信息，学生的博弈学习现象明显，评分迅速趋于相似，绝对偏差也迅速变小。这说明在反复进行的交易中参与者之间孕育着“共同认识”，虽然这个孕育着的“共同认识”因缺少条件而无法达到通常所说的出清市场“供求”的“精度”，却也指出了“共识”孕育并产生的机制。

实验Ⅰ中反复进行的交易形成一个交易序列。需要特别指出的是，这样的交易序列虽然也可称为一种重复博弈，但每次每小组博弈的参与者人数是不确定的，因而不同于通常的动态博弈学习模型里的重复博弈。根据对实验Ⅰ的进一步分析，作者设想：

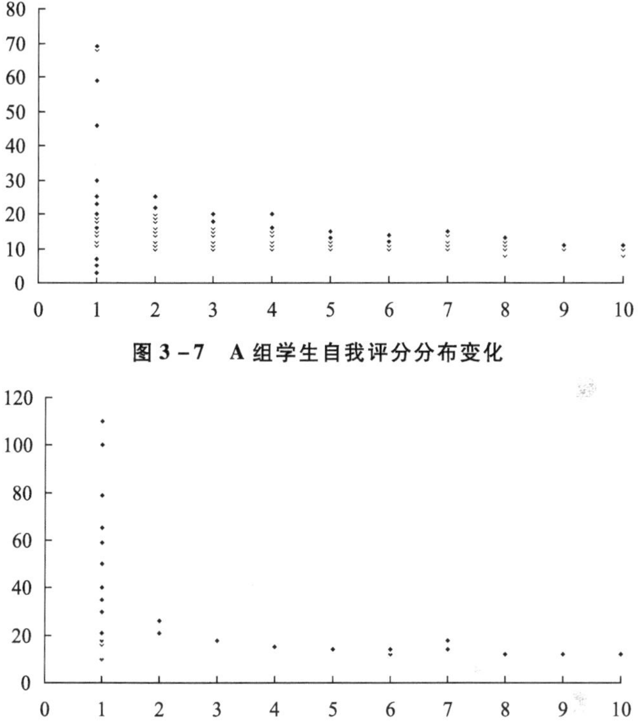

图 3－7　A 组学生自我评分分布变化

图 3－8　B 组学生自我评分分布变化

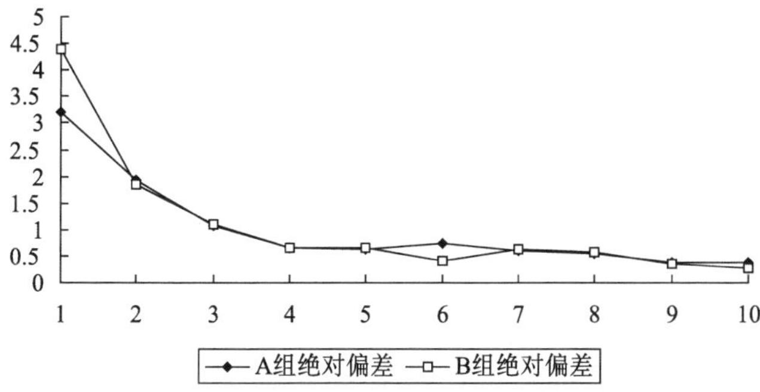

图 3－9　A、B 组学生自我评分的绝对偏差变化

"共同认识"的形成机制、竞争性均衡的实现都不应该限制在一次交易中进行讨论，而应该在一个 $\mathscr{G}$-过程里来讨论这些问题。关于 $\mathscr{G}$-过程的严格定义，将在"价格共识的形成"的理论研究中给出。这里只给出一个描述性的解释。

$\mathscr{G}$-过程（$\mathscr{G}$-process）。所谓 $\mathscr{G}$-过程指关于两个商品交换的、依次进行的交易序列 $P_n, n \in N^+$。这些交易的结果是公开的，并且交易 P_n 在交易 P_{n-1} 的结果公开之后进行。

作者设想：$\mathscr{G}$-过程的每次交易中，每一位参与者的"前价格"构成一个数列，在一定条件下所有这些数列的极限会存在并且相等。就称这个极限为 $\mathscr{G}$-过程的价格共识，也称这个 $\mathscr{G}$-过程形成价格共识。

很明显，本书将阿罗—德布鲁模型中的出清价格、竞争性均衡，解释成需要通过一系列的市场行为才能成为全市场的共同认识——而不是仅仅靠理性分析求出存在性。而这种特殊的市场行为被称为为求解一个 $\mathscr{G}$-过程的共识问题。有时将这个问题称为 $\mathscr{G}$-过程的非初值问题，这是因为通过实验Ⅰ及下面的实验Ⅱ，我们发现 $\mathscr{G}$-过程共识的形成不完全由构成 $\mathscr{G}$-过程的交易的规则、参与者的偏好、参与者的禀赋、效用函数等交易的初始条件所决定。

3.3.2　实验Ⅱ：评分实验（竞争交易实验）——价格共识的形成

再研究一个实验，可以说明本书对"共识"形成机制的新设想是合理的。

实验假设：当交易参与者的初始禀赋等不是所有参与者的共同认识的条件下，竞争性均衡价格（出清价格）不会成为所有参与者的"共同认识"。

本实验同实验Ⅰ相似，也是参与学生的自我评分竞争交易实验。

（1）参加实验的人员

由西南大学工商管理专业 2005 级（二专业）全体学生和虚拟学生参加，共 80 人，其中学生 66 人、虚拟学生 14 人，实验重复 10 次。这里所谓虚拟学生是指：在实验中设定的、按设定分数自我评分的虚拟学生；学生不知道虚拟学生的存在，更不知道虚拟学生人数被设定为多少；学生被告知每次评分均由在场所有学生和另一个班的学生一起来完成；评分在每堂课课后进行一次，共重复 10 次历时 4 周。

（2）实验Ⅱ设计

①评分不分组进行；②教师设定全体学生得分总和的上限配额为 1000 分，然后由学生自我评分，自我评分只能是整数，最后由教师按如下的得分规则确认学生的得分；③在实验中采取什么策略由学生自己决定；④每次评分前宣布：上次评分的本组总得分、本组最低的被确认为零的评分或本组最高的被确认有效的评分；⑤虚拟学生的自我评分由教师设定为 12 分，其他学生不知道虚拟学生的评分设定；⑥学生被告知每位学生每次实验的得分总和，以实验次数取平均后，将按比例记入该生《财务会计》课程的平时成绩。

（3）每次评分确认为得分的规则

①对每个学生给自己评分，由教师按该评分的高低，依从低到高的顺序进行确认，所有学生得分总和限定不超过 1000 分的上限配额；

②若有多名学生自己的评分相同，而配额上限剩余的分数不能全部满足时，由随机排队的办法排出一个次序，按该次序确认学生的评分；

③按次序轮到确认某学生的评分时，若确认该学生的评分为得分，则该学生的得分与已确认的其他学生的得分总和相加将超过 1000 分，该学生的得分确认为零。

（4）实验Ⅱ的几点说明

在设计实验Ⅱ时，将虚拟学生人数定为 14 人是为了避免与通常一个自然班的人数相巧合，从而检验实验中是否真的发生学习行为，以及信息能否得到传播等有关人群能形成“共识”的基本条件是否出现。

（5）实验Ⅱ的特点

①每次“竞争交易”是听课学生之间的“静态博弈”；

②交易的“虚拟商品”的所有特性都是共同的认识；

③每位学生的决策空间是共同的认识；

④所有参与“竞争交易”的学生（包括虚拟学生）的集合存在但不是共同的认识；

⑤所有参与者的初始禀赋是共同的认识；

⑥所有参与者的偏好是共同的认识；

⑦每位学生的效用函数是（存在）：学生 i_0 自我评分 t（即 $Y_{i_0}=t$ 时）的效用，

$$g_{i_0}(Y_{-i_0},t)=\begin{cases} t & \text{当} \sum\limits_{\forall j\in\Omega, Y_j\leqslant t} Y_j\leqslant 1000 \\ 0 & \text{当} \sum\limits_{\forall j\in\Omega, Y_j<t} Y_j+t>1000 \\ tm_0/n_0 & \text{当} \sum\limits_{\forall j\in\Omega, Y_j<t} Y_j+t\leqslant 1000,\text{且} \sum\limits_{\forall j\in\Omega, Y_j\leqslant t} Y_j>1000 \end{cases}$$

其中 Y_{-j}表示学生 j 以外的其他学生的自我评分向量，Ω_t 表示所有自我评分 t 的学生的集合，Ω 表示所有参加评分的学生的集合。

而 $n_0=|\Omega_t|$，$m_0=[T], T=\left(1000-\sum\limits_{\forall j\in\Omega, Y_j<t} Y_j\right)/t$

⑧每次评分“竞争交易”中存在竞争性均衡。评分竞争性均衡为：$1000/|\Omega|$。

图 3－10 中第二次评分交易中，因有学生缺席竞争性均衡稍有变化。

（6）实验Ⅱ的结果

实验结果否认实验假设。即在交易参与者的初始禀赋等不是所有参与者的共同认识的条件下，竞争性均衡价格（出清价格）仍然有可能通过重复交易成为所有参与者的“共同认识”。

3.3.3　实验Ⅱ的分析

图 3－10 是学生 10 次评分中，每次平均得分与均衡分的比较图。这里平均得分是指被确认非零的评分的平均分，类似于通常市场上的平均成交价。而均衡分指将上限配额分数 1000 分平均分给每位参加评分博弈的学生时（包括其评分被确认为零的学生），每位学生的得分。图 3－11 是学生 10 次评分中，每次评分结果学生“听课证”剩余率与上限配额分数剩余率图。所谓学生“听课证”剩余率是指在每次评分中，因自我评分太高无法满足而被确认评分为零的学生人数（这样的学生可视为未完成“听课证”与成绩的交易）占学生总数的百分比；所谓上限配额分数剩余率是指在每次评分中，1000 分的上限配额分数与所有参与学生被确认的评分总和之差，占 1000 分上限配额分数的百分比。这两个剩余率是对每次评分结果学生自我评分与上限配额分数交易情况的刻画，相当于对通常市场中供需满足的描述。图 3－12 是实验Ⅱ中学生自我评分分布的变化图，其中有效偏差是被确认为非零的自我评分的绝对偏差，总偏差是所有学生自我评分的绝对偏差。

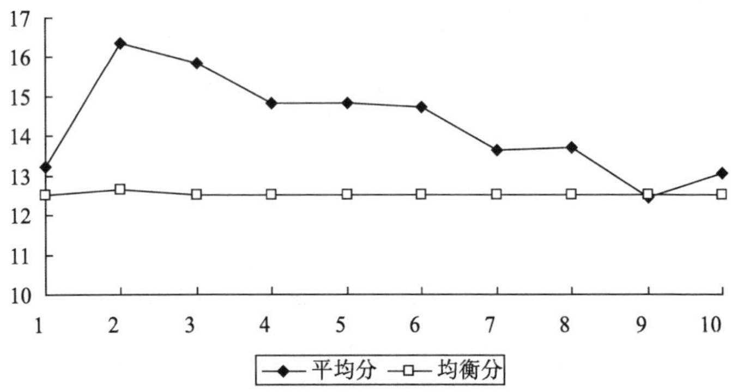

图 3－10　学生评分的平均分与均衡分的比较

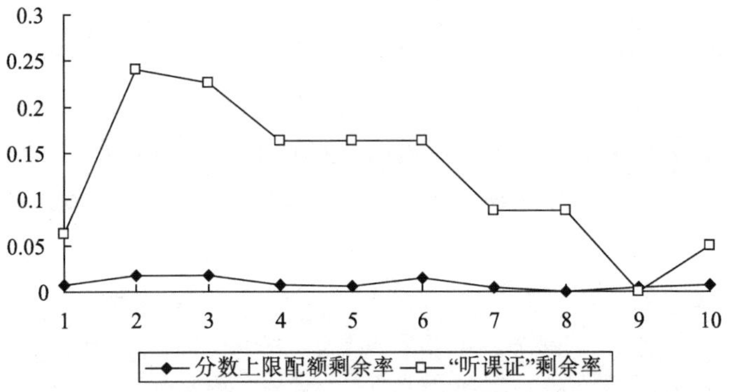

图 3－11　学生"听课证"剩余率与分数上限配额剩余率

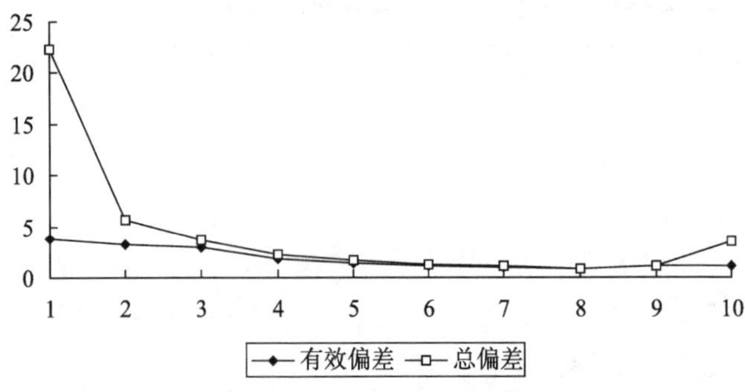

图 3－12　有效偏差与总偏差比较

从图 3－10、图 3－11、图 3－12 这三个图中我们可以看到：在第一次评分交易中，虽然实验Ⅱ中参与者的集合只是存在，并不是参与者的共同知识，但实验Ⅱ中参与者集合没有不确定性。学生对所谓“另一个班”的人数做出了各自的猜测，最初根据自己对风险、效益的平衡所做出的决定从总体上讲，与均衡分相差不大，学生“听课证”剩余率与配额上限分数剩余率也不高。但从有效偏差和总偏差来看分歧很大，所以第一次评分博弈的结局是一个不稳定的结局。不过与实验Ⅰ中的情况不同，不稳定的局面并没有长久维持，随着反复地学习和信息的传播，实验Ⅱ中交易的结局呈现出逐渐稳定的迹象：自我评分的平均得分与均衡分的差、学生“听课证”剩余率与配额上限分数剩余率、绝对偏差与总偏差都一致出现趋于零的现象。实验Ⅱ如果持续进行下去，最终将达到一个稳定的共识，并出现帕雷托最优的竞争性均衡，出清市场的“需求”。图 3－13、图 3－14 是从实验所模拟的交易双方的“交易剩余”（即学生“听课证”剩余率与配额上限分数剩余率）这个角度，对实验Ⅰ、实验Ⅱ做的比较。从图中清楚地看到，实验Ⅱ最终能达到出清市场需求的均衡局面，而实验Ⅰ不能出清市场需求。

对照实验Ⅰ、实验Ⅱ，我们发现价格共同认识的形成不等同于其存在性，也不可能瞬间完成，而是需要一定的过程和条件。当决定价格共同认识的条件稳定的时间短于价格共同认识形成所需时间时，价格共同认识实际上无法形成。在一定的“稳定”条件下，即使参与交易者的禀赋等条件只是存在而并不是共同认识，通过在一个 $\mathscr{G}$－过程中的学习，价格的“共识”、能出清市场需求的竞争性价格均衡等都会成为共同认识。

当然，实验Ⅱ的条件是很特殊的。不过它可以帮助我们提炼出一般的模型；在完成一般模型的建立之后，它又是一个最好的

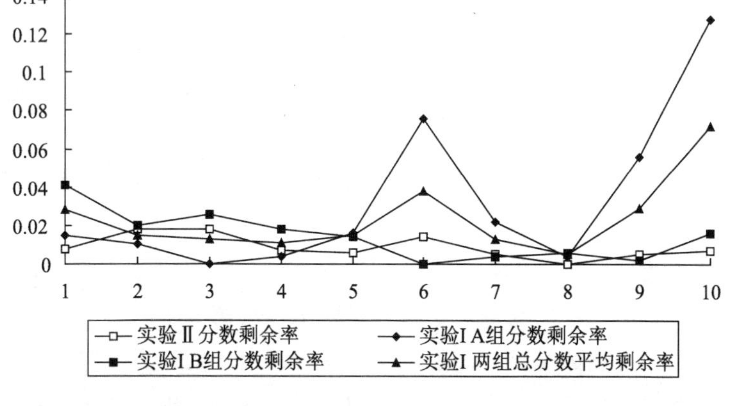

图 3－13　分数上限配额剩余率比较——实验Ⅰ与实验Ⅱ对比

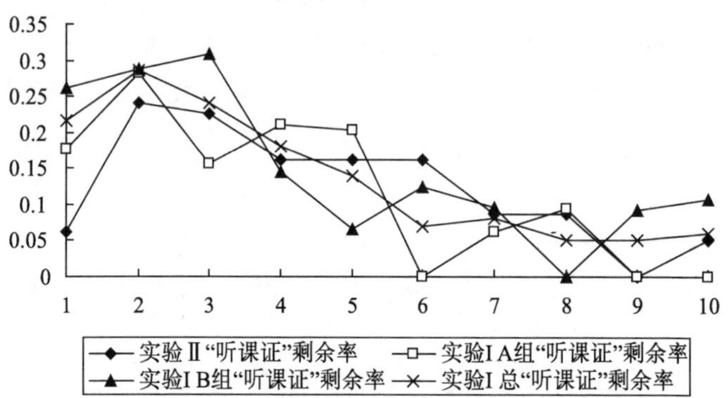

图 3－14　"听课证"剩余率比较——实验Ⅰ与实验Ⅱ比较

实例。

关于价格共识（严格的定义在下一节）形成的一般模型将在下面来讨论。

3.4　价格共识形成理论描述及证明①

3.4.1　重要的概念

设有一个时间序列：$t_{1,1}, t_{1,2}, t_{2,1}, t_{2,2}, \cdots, t_{k,1}, t_{k,2}$，其中 $t_{1,1} < t_{1,2} < \cdots < t_{k,1} < t_{k,2}$；又设有一连串相应的市场，即：在时刻 $t_{1,1}$ 与 $t_{1,2}$ 之间进行的，在时刻 $t_{2,1}$ 与 $t_{2,2}$ 之间进行的，……，在时刻 $t_{k,1}$ 与 $t_{k,2}$ 之间进行的，简称市场 1（记为 $\mathscr{M}_1$），市场 2（记为 $\mathscr{M}_2$），……，市场 k（记为 $\mathscr{M}_k$）。$\mathscr{M}_k$ 的参与者的集合为 $J(k)$——有限集合②。在每个市场 $\mathscr{M}_k$ 中参与者交易的都是商品 A 和商品 B。在交易之前参与者 j [$j \in J(k)$] 拥有商品 A 共 $u_{j,1}(k)$ 单位、商品 B 共 $v_{j,1}(k)$ 单位；交易之后参与者 j [$j \in J(k)$] 拥有商品 A 共 $u_{j,2}(k)$ 单位、商品 B 共 $v_{j,2}(k)$ 单位。为进一步讨论定义如下：

定义 1：称在 $\mathscr{M}_k$ 中商品 A、B 的交易（函数）是满足下列条件的函数：

$$F_k(u,v,t): R^+ \times R^+ \times J(k) \to R^+ \times R^+ \times J(k)$$

$$[u_{j,1}(k), v_{j,1}(k), j] \overset{F_k}{\mapsto} [u_{j,2}(k), v_{j,2}(k), j]$$③

① 本节的部分内容，参加了 2008 年 7 月在美国芝加哥西北大学 Kolloge 学院（Evensten）召开的第三届世界博弈学大会（game 2008）。

② 有可能 $J(k) \cap J(k+1) = \varnothing$。

③ 函数 $F_k(u,v,t)$ 是对所有参与者 j [$j \in J(k)$] 交易的描述。需注意的是，可能 $j_1 \neq j_2$ 时，$[u_{j_1,1}(k), v_{j_1,1}(k)] = [u_{j_2,1}(k), v_{j_2,1}(k)]$，但 $[u_{j_1,2}(k), v_{j_1,2}(k)] \neq [u_{j_2,2}(k), v_{j_2,2}(k)]$。

并且对所有的 j、k：$[u_{j,1}(k)-u_{j,2}(k)][v_{j,1}(k)-v_{j,2}(k)]<0$[①]。

其中，R^+ 为正实数集。我们称 $\{\mathscr{M}_k\}$ 为一个 $\mathscr{G}$- 过程，称 $P_k(A,B)=\{F_k,A,B\}$ 为 $\mathscr{G}$- 过程中的交易，以便突出交易的是商品 A 和商品 B。

在 $\mathscr{G}$- 过程中，记 $J_1(k)\equiv\{j\mid u_{j,1}(k)>u_{j,2}(k)\}$，$J_2(k)\equiv\{j\mid u_{j,1}(k)<u_{j,2}(k)\}$；

在交易 $P_k(A,B)$ 中，$b_{j,k}$ 表示交易者 j $[j\in J_2(k)]$ 为买入一个单位的商品 A 所愿意支付商品 B 的最大的量；$a_{j,k}$ 表示交易者 j $[j\in J_1(k)]$ 卖出一个单位的商品 A 所必须赚回商品 B 的最小的量[②]；类似地，$\tilde{b}_{j,k}$ 表示交易者 j $[j\in J_1(k)]$ 为买入一个单位的商品 B 所愿意支付商品 A 的最大的量；$\tilde{a}_{j,k}$ 表示交易者 j $[j\in J_2(k)]$ 卖出一个单位的商品 B 所必须赚回商品 A 的最小的量；记 $b_k^*=\max\limits_{j\in J_2(k)}\{b_{j,k}\}$，$a_k^*=\min\limits_{j\in J_1(k)}\{a_{j,k}\}$，$\tilde{b}_k^*=\max\limits_{j\in J_2(k)}\{\tilde{b}_{j,k}\}$，$\tilde{a}_k^*=\min\limits_{j\in J_2(k)}\{\tilde{a}_{j,k}\}$，容易知道，$b_k^*\geqslant a_k^*$ 和 $\tilde{b}_k^*\geqslant\tilde{a}_k^*$ 对所有的 k 成立。否则交易就不会发生。

假设 b_k^*,a_k^* 和 $\tilde{b}_k^*,\tilde{a}_k^*$ 是已知的，这意味着所有参与交易的人对商品 A 和商品 B 的交易有着最基本的共同认识。下面要讨论的是：所有参与交易的人是否能够形成对商品 A 的相对价格和商品 B 的相对价格的一致认识；在什么条件下能形成这样的

① 这个不等式意味着，在交易中既没有"掠夺"也没有"赠予"。

② 例如，在橄榄油（商品 A）与水稻（商品 B）的交易中：如果要用两公斤以上的水稻才能换回一公斤的橄榄油 j $[j\in J_2(k)]$ 就会放弃买入橄榄油（不买了），那么 $b_{j,k}=2$；如果卖出一公斤的橄榄油只能换回 1.8 公斤的水稻 j $[j\in J_1(k)]$ 就会放弃卖出橄榄油（不卖了），那么 $a_{j,k}=1.8$。

一致认识；以及这两个相对价格一致认识是否有代数的联系。

引理 1：在 $\mathscr{G}$- 过程中，如果 $a_k^* b_k^* \tilde{a}_k^* \tilde{b}_k^* \neq 0$，那么 $a_k^* \tilde{b}_k^* = 1$，$\tilde{a}_k^* b_k^* = 1$。

这个引理的证明是简单的。

定义 2：在 $\mathscr{G}$- 过程中，如果 $a_k^* b_k^* \tilde{a}_k^* \tilde{b}_k^* \neq 0$，则称交易 $P_k(A,B)$ 是原始公平的，并称 $[a_k^*, b_k^*]$、$[\tilde{a}_k^*, \tilde{b}_k^*]$ 为交易 $P_k(A,B)$ 的基础区间。

如果一个交易不是原始公平的，则其中必含有“掠夺”或“赠予”。显然，$\mathscr{G}$- 过程是一个所有交易都是原始公平的市场的序列。因此对所有 j $[j \in J_1(k) \cup J_2(k)]$ 有 $[u_{j,n}(k) - u_{j,m}(k)] \neq 0, [v_{j,n}(k) - v_{j,m}(k)] \neq 0$，$n \neq m; n, m = 1, 2; \forall k$。

记：$\alpha_k \equiv \min\limits_{j \in J_1(k)} \{(v_{j,2}(k) - v_{j,1}(k))/(u_{j,1}(k) - u_{j,2}(k))\}$，

$\beta_k \equiv \max\limits_{j \in J_1(k)} \{(v_{j,2}(k) - v_{j,1}(k))/(u_{j,1}(k) - u_{j,2}(k))\}$，

$\tilde{\alpha}_k \equiv \min\limits_{j \in J_2(k)} \{(u_{j,2}(k) - u_{j,1}(k))/(v_{j,1}(k) - v_{j,2}(k))\}$，

$\tilde{\beta}_k \equiv \max\limits_{j \in J_2(k)} \{(u_{j,2}(k) - u_{j,1}(k))/(v_{j,1}(k) - v_{j,2}(k))\}$①。

那么，$b_k^* \geqslant \beta_k \geqslant \alpha_k \geqslant a_k^*$，$\tilde{b}_k^* \geqslant \tilde{\beta}_k \geqslant \tilde{\alpha}_k \geqslant \tilde{a}_k^*$。

特别指出：

$[v_{j,2}(k) - v_{j,1}(k)]/[u_{j,1}(k) - u_{j,2}(k)] = p_{k,j}(A)$
$\neq \text{Constant}(k), \text{for } \forall j \in J_1(k)$，

$[u_{j,2}(k) - u_{j,1}(k)]/[v_{j,1}(k) - v_{j,2}(k)] = p_{k,j}(B)$
$\neq \text{Constant}(k), \text{for } \forall j \in J_2(k)$。

其中，$p_{k,j}(A)$ 是在第 k 次交易中交易者 j $[j \in J_1(k)]$ 卖出商

① 假设商品 A 和商品 B 都可以分成任意小的单位。

品 A 的相对价格；$p_{k,j}(B)$是在第 k 次交易中交易者 j $[j \in J_2(k)]$ 卖出商品 B 的相对价格。因此下面的定义是有意义的。

定义 3：在 $\mathscr{G}$-过程中，如果：

(A.1) $\lim\limits_{k\to\infty}\alpha_k, \lim\limits_{k\to\infty}\beta_k$，$\lim\limits_{k\to\infty}\widetilde{\alpha}_k, \lim\limits_{k\to\infty}\widetilde{\beta}_k$ 存在

(A.2) $\lim\limits_{k\to\infty}\alpha_k = \lim\limits_{k\to\infty}\beta_k$，$\lim\limits_{k\to\infty}\widetilde{\alpha}_k = \lim\limits_{k\to\infty}\widetilde{\beta}_k$

(A.3) $\lim\limits_{k\to\infty}\alpha_k = 1/(\lim\limits_{k\to\infty}\widetilde{\alpha}_k)$

那么，称在这个 $\mathscr{G}$-过程中将形成商品 A、商品 B 交易的价格共识。我们称其中 $\lim\limits_{k\to\infty}\alpha_k$ 为关于商品 A 的相对价格的价格共识，称其中 $\lim\limits_{k\to\infty}\widetilde{\alpha}_k$ 为关于商品 B 的相对价格的价格共识。简称 $\lim\limits_{k\to\infty}\alpha_k$、$\lim\limits_{k\to\infty}\widetilde{\alpha}_k$ 为价格共识①。

式（A.2）和（A.3）所描绘的代数性质②，在传统经济学里（如一般均衡理论）是当然成立的，是（单一）价格所固有的特性，是一切讨论的前提。如果没有这个前提，那么价格向量 p 与商品数量向量 x 的“内积”：p · x 就没有意义了。而在本书的讨论里却是有待证明的命题。

显然，$\exists K, \bigcap\limits_{k>K}[a_k^*, b_k^*] \neq \varnothing$ 不是形成价格共识的充分条件。但它是否是价格共识形成的必要条件呢？定理 1 告诉我们问题比想象的更复杂，按定理 1 的指示，很容易给出反例说明 $\exists K, \bigcap\limits_{k>K}[a_k^*, b_k^*] \neq \varnothing$ 不是价格共识形成的必要条件。

① 本书没有采用 Aumann 的方式定义“价格共识”，因为用认识论的模式不方便展开讨论。本书用对交易者行为的客观描述来重建相似的概念。如果交易者都自愿地按照同一个比例来交换某两件商品，那么他们对这两件商品的交换有一致的认识，可称有“价格共识”。

② 例如，一个苹果换两个梨，那么四个梨需要用两个苹果来换。

定理1：在 $\mathscr{G}$-过程中，如果存在商品 A 的价格共识，那么下面的结论中必有一个是成立的：

(A.4) $\exists K, \bigcap_{k>K}[a_k^*, b_k^*] \neq \varnothing$

(A.5) $\underline{\lim}_{k\to\infty} b_k^* = \overline{\lim}_{k\to\infty} a_k^* = \lim_{k\to\infty}\alpha_k$

证明见附录。

那么，价格共识形成的充分条件是什么呢？需要引入如下的概念。

定义4：在交易 $P_k(A,B)$ 中，规定：

(A.6) $R_k[a_k^*, b_k^*] \equiv \sum_{j\in J_1(k)} u_{j,1}(k)$，简记为 $R_k(A)$ 或 R_k

(A.7) $L_k[a_k^*, b_k^*] \equiv \sum_{j\in J_2(k)} v_{j,1}(k)$，简记为 $L_k(B)$ 或 L_k

(A.8) $r_k[a_k^*, b_k^*] \equiv \sum_{j\in J_1(k)} u_{j,2}(k)$，简记为 $r_k(A)$ 或 r_k

(A.9) $l_k[a_k^*, b_k^*] \equiv \sum_{j\in J_2(k)} v_{j,2}(k)$，简记为 $l_k(B)$ 或 l_k①

称 R_k 为商品 A 的供应量，称 L_k 为商品 B 的供应量，r_k 为商品 A 的剩余量，称 l_k 为商品 B 的剩余量。显然，$R_k \geq r_k$，$L_k \geq l_k$。

定义5：称 $\mathscr{Res}_k \equiv \{\alpha_k, \beta_k, \tilde{\alpha}_k, \tilde{\beta}_k, r_k, l_k, R_k, L_k\}$ 为交易 $P_k(A, B)$ 的结果，如果：

(A.10) $R_k - r_k = \sum_{j\in J_2(k)}[u_{j,2}(k) - u_{j,1}(k)]$

$L_k - l_k = \sum_{j\in J_1(k)}[v_{j,2}(k) - v_{j,1}(k)]$

(A.11) $\{R_k\}$ 和 $\{L_k\}$ 是有界的。

作为记录，交易 $P_k(A,B)$ 的结果是客观的、相对可观察的和易于传播的。本书将序列 $\{\mathscr{Res}_k\}$ 视为参与者在 $\mathscr{G}$-过程中，

① 由引理1，$[\tilde{a}_k^*, \tilde{b}_k^*]$ 被 $[a_k^*, b_k^*]$ 所确定。所以本书用 $L_k[a_k^*, b_k^*]$ 代替 $L_k[\tilde{a}_k^*, \tilde{b}_k^*]$，用 $l_k[a_k^*, b_k^*]$ 代替 $l_k[\tilde{a}_k^*, \tilde{b}_k^*]$。

思考、行动的“足迹”。因为过去的交易结果是交易者思考未来如何行动的依据，而未来的交易结果又是对现在思考的印证。参与者的“集体”智慧能通过这串“足迹”表现出来。

作者认为，价格共识形成的原因（或机制）理论上是这样的：(1) 商品的价格完全由供求关系决定；(2) 只要价格共识尚未形成，一定有参与者能以更便利的价格买到同一个商品；(3) 其他的参与者愿意，也能够在其后的交易中“效仿”“成功的经验”。由此看来，剖析 $\mathscr{Res}_k$ 和 $\mathscr{Res}_{k+1}$ 之间的联系就非常重要了。在以下的讨论中，将利用 $\{\mathscr{Res}_k\}$ 的性质，去描绘参与者的行为和理性，并指出价格共识形成的原因。

定义 6：在 $\mathscr{G}$-过程中，如果存在函数 $H_k(x,y)$，$I_k(x,y)$ 对所有 k 满足：

(A.12) $H_k(x,y):R\times R\rightarrow R,(r_k,l_k)\mapsto H_k\alpha_{k+1}-\alpha_k$

(A.13) $I_k(x,y):R\times R\rightarrow R,(r_k,l_k)\mapsto I_k\beta_{k+1}-\beta_k$

那么，称 $H_k(x,y)$ 和 $I_k(x,y)$ 为 $J_1(k)$ 的 $\mathscr{B}_{A,B}$-行为函数。

类似的，如果存在函数 $\widetilde{H}_k(x,y)$，$\tilde{I}_k(x,y)$ 对所有 k 满足：

(A.14) $\widetilde{H}_k(x,y):R\times R\rightarrow R(l_k,r_k)\overset{\tilde{H}_R}{\mapsto}\widetilde{\alpha}_{k+1}-\widetilde{\alpha}_k$

(A.15) $\tilde{I}_k(x,y):R\times R\rightarrow R(l_k,r_k)\overset{\tilde{I}_R}{\mapsto}\widetilde{\beta}_{k+1}-\widetilde{\beta}_k$

那么，称 $\widetilde{H}_k(x,y)$ 和 $\tilde{I}_k(x,y)$ 为 $J_2(k)$ 的 $\mathscr{B}_{B,A}$-行为函数。

其中，$\mathscr{Res}_k=\{\alpha_k,\beta_k,\widetilde{\alpha}_k,\widetilde{\beta}_k,r_k,l_k,R_k,L_k\}$ 交易 $P_k(A,B)$ 的结果。

行为函数是一个重要的概念。它显示了 $P_k(A,B)$ 的结果与 $P_{k+1}(A,B)$ 中参与者行为中“极端”结果变化的联系。例如，(r_k,l_k) 和 $(\alpha_{k+1}-\alpha_k)$，以及 (r_k,l_k) 和 $(\beta_{k+1}-\beta_k)$ 的联系。实际上对 j $[j\in J_1(k)]$，在交易 $P_k(A,B)$ 中，β_k 是最成功的交易结果；

α_k 是最失败的交易结果。

定义7：如果有函数 $Z_k(x,y)$，对所有 k 及 $(x,y) \in R \times R$ 有如下的性质：

(A.16) $Z_k(0,0) \equiv 0 \quad Z_k(x,0) = -Z_k(-x,0) \; Z_k(0,y) = -Z_k(0,-y)$

(A.17) $\exists x_1, y_1 \in R^+$ 使得 $\varlimsup\limits_{k\to\infty} Z_k(x_1,0) \neq 0 \quad \varlimsup\limits_{k\to\infty} Z_k(0,y_1) \neq 0$

(A.18) $\partial Z_k(x,y)/\partial x > 0 \quad \partial Z_k(x,y)/\partial y > 0$

$\{\partial Z_k(0,0)/\partial x\}$ 和 $\{\partial Z_k(0,0)/\partial y\}$ 有界。

那么称 $Z_k(x,y)$ 为一般理性函数。

下面的定理证实了行为函数与一般理性函数的存在性，并给出了在 $\mathscr{G}$-过程中它们的联系。根据这个定理，可以利用行为函数与一般理性函数所构成的序列，去刻画 $\mathscr{G}$-过程的性质。详见定义8至定义10。

定理2：设有 $\mathscr{G}$-过程 $\{P_k(A,B)\}$，$\mathscr{Res}_k$ 是 $P_k(A,B)$ 的结果。那么存在 $\mathscr{B}_{A,B}$-行为函数 $H_k(x,y)$，$I_k(x,y)$，对所有的 k 满足：

$\alpha_{k+1} - \alpha_k = H_k(r_k, l_k)$，$\beta_{k+1} - \beta_k = I_k(r_k, l_k)$；

同时存在一般理性函数 $Z_k(x,y)$，及 $C_k^{i,j}(C_k^{i,1} \geqslant 0, i,j = 1,2)$，对所有的 k 满足：

$H_k(x,y) = C_k^{1,1} Z_k(x,y) + C_k^{1,2}$，$I_k(x,y) = C_k^{2,1} Z_k(x,y) + C_k^{2,2}$。

类似的，存在 $\mathscr{B}_{B,A}$-行为函数 $\widetilde{H}_k(x,y)$，$\tilde{I}_k(x,y)$，对所有的 k 满足：

$\widetilde{\alpha}_{k+1} - \widetilde{\alpha}_k = \widetilde{H}_k(l_k, r_k)$，$\widetilde{\beta}_{k+1} - \widetilde{\beta}_k = \tilde{I}_k(l_k, r_k)$，

同时存在一般理性函数 $\widetilde{Z}_k(x,y)$，及 $\widetilde{C}_k^{i,j}(\widetilde{C}_k^{i,1} \geqslant 0, i,j = 1,2)$，对所有的 k 满足：$\widetilde{H}_k(x,y) = \widetilde{C}_k^{1,1} \widetilde{Z}_k(x,y) + \widetilde{C}_k^{1,2}$，$\tilde{I}_k(x,y) = \widetilde{C}_k^{2,1}$

$\widetilde{Z}_k(x,y)+\widetilde{C}_k^{2,2}$。

定义8：设有 $\mathscr{G}$ - 过程 $\{P_k(A,B)\}$，$\mathscr{R}es_k$ 是 $P_k(A,B)$ 的结果，$\mathscr{B}_{A,B}$ - 行为函数 $H_k(x,y)$，$I_k(x,y)$，一般理性函数 $Z_k(x,y)$，及 $C_k^{i,j}(C_k^{i,1}\geqslant 0,i,j=1,2)$，

对所有的 k 满足：

(A.19) $H_k(x,y)=C_k^{1,1}Z_k(x,y)+C_k^{1,2}\quad I_k(x,y)=C_k^{2,1}Z_k(x,y)+C_k^{2,2}$

则又称一般理性函数 $Z_k(x,y)$ 为 $\mathscr{R}_{A,B}$ - 理性函数。

类似的，如果 $\mathscr{B}_{B,A}$ - 行为函数 $\widetilde{H}_k(x,y)$，$\tilde{I}_k(x,y)$，一般理性函数 $\widetilde{Z}_k(x,y)$，及 $\widetilde{C}_k^{i,1}(\widetilde{C}_k^{i,1}\geqslant 0,i,j=1,2)$，对所有的 k 满足：

(A.20) $\widetilde{H}_k(x,y)=\widetilde{C}_k^{1,1}\ \widetilde{Z}_k(x,y)+\widetilde{C}_k^{1,2}$

$\tilde{I}_k(x,y)=\widetilde{C}_k^{2,1}\ \widetilde{Z}_k(x,y)+\widetilde{C}_k^{2,2}$

则也称一般理性函数 $\widetilde{Z}_k(x,y)$ 为 $\mathscr{R}_{B,A}$ - 理性函数。

定义9：在定义8中，如果 $\sum_{k=1}^{\infty}C_k^{1,2}$ 和 $\sum_{k=1}^{\infty}C_k^{2,2}$ 是收敛的级数，则称这个过程是单纯过程，记为 $\mathscr{P}_{A,B}$ - 单纯的①。

类似的，如果 $\sum_{k=1}^{\infty}\widetilde{C}_k^{1,2}$ 和 $\sum_{k=1}^{\infty}\widetilde{C}_k^{2,2}$ 是收敛的级数，则称

---

① 若 $\sum_{k=1}^{\infty}C_k^{1,2}$ 和 $\sum_{k=1}^{\infty}C_k^{2,2}$ 不收敛，那么一般地，价格共识是不能形成的，即使有 $r_k\equiv 0$、$l_k\equiv 0$（事实上，由定理2可知，$\alpha_{k+1}-\alpha_k=H_k(r_k,l_k)=C_k^{1,1}Z_k(x,y)+C_k^{1,2}$，所以 $\alpha_{k+1}=\sum_{i=1}^{k}C_i^{1,1}Z_i(r_i,l_i)+\sum_{k=1}^{k}C_i^{1,2}$；当 $r_k\equiv 0$、$l_k\equiv 0$ 时，有 $\alpha_{k+1}=\sum_{i=1}^{k}C_i^{1,2}$）。这说明在此情况下，除了供求关系外，还有其他的因素影响价格共识的形成。

这个过程是单纯过程，记为 $\mathscr{P}_{B,A}$ - 单纯的①。

从定义7、定理2到定义9，作者将行为函数分解为两个部分。例如将 $H_k(x,y)$ 分解成：$C_k^{1,1}Z_k(r_k,l_k)$ 和 $C_k^{1,2}$。其中 $Z_k(r_k,l_k)$ 代表理性对 r_k、l_k 的反应，而 $C_k^{1,1}$、$C_k^{1,2}$ 代表与 r_k、l_k 无关的其他因素，如文化、环境，制度等对行为的影响。

定义10：$\mathscr{G}$ - 过程中，$Z_k(x,y)$ 是 $\mathscr{R}_{A,B}$ - 理性函数，若存在 $a_0 \geqslant 0, b_0 \geqslant 0$ 满足：

（A.21）对任意 a,b 及 $\{k_m\}$，当 $\lim\limits_{m\to\infty} Z_{k_m}(a,0)=0$，$\lim\limits_{m\to\infty} Z_{k_m}(0,b)=0$ 时，有 $|a| \leqslant a_0, |b| \leqslant b_0$；

（A.22）当 $|a| < a_0, |b| < b_0$ 时，则 $\lim\limits_{k\to\infty} Z_k(a,0)=0$，$\lim\limits_{k\to\infty} Z_k(0,b)=0$。

那么记 (a_0,b_0) 是这个 $\mathscr{G}$ - 过程的 $\mathscr{R}_{A,B}$ - 敏感度，称为 $\mathscr{R}_{A,B}$ - (a_0,b_0) 敏感的。特别的，如果 $(a_0,b_0)=(0,0)$ 则称这个 $\mathscr{G}$ - 过程是 $\mathscr{R}_{A,B}$ - 敏感的。

下面的定理3是关于 a_0、b_0 的存在性的。有了这个定理本书就能用 a_0、b_0 作为描述 $\mathscr{G}$ - 过程特性的工具。详见定义11至定义13。

定理3：在 $\mathscr{G}$ - 过程中，设 $Z_k(x,y)$ 是 $\mathscr{R}_{A,B}$ - 理性函数。那么，存在 a_0、b_0 使这个 $\mathscr{G}$ - 过程是 $\mathscr{R}_{A,B}$ - (a_0,b_0) 敏感的。

不同的参与者在 $\mathscr{G}$ - 过程中有不同的交易行为和交易结果是正常的、可以接受的。但如果总是有人能以更低的价格买到相同的商品，并且这种价格上的差距永不消失，那么在市场里就有特权阶层了。这样当然不可能有价格共识，这是我们在理论讨论中必须排除的情况。

---

① 为了节省篇幅，我们在下面的定义、定理和引理中，我们只叙述了与参与者 $j \in J_1$（k）相关的部分，省略了与参与者 $j \in J_2$（k）相关的部分。

定义 11：在 $\mathscr{G}$- 过程 $\{P_k(A,B)\}$ 中，$\mathscr{Res}_k$ 是 $P_k(A,B)$ 的结果，$Z_k(x,y)$ 是 $\mathscr{R}_{A,B}$- 理性函数。若存在常数 $C(C>0)$ 满足：

(A.23) $\underline{\lim}_{k\to\infty} Z_k[C(\beta_k-\alpha_k),0]=0$

那么，称这个 $\mathscr{G}$- 过程是 $\mathscr{R}_{A,B}$- 公平的[①]。

定义 12：在 $\mathscr{G}$- 过程 $\{P_k(A,B)\}$ 中，$\mathscr{Res}_k$ 是 $P_k(A,B)$ 的结果，$Z_k(x,y)$ 是 $\mathscr{R}_{A,B}$- 理性函数；若存在 $\{k\}$ 的子列 $\{k_m\}$，$\{\tilde{k}_m\}$ 及 $t_0(t_0>1)$，$t_0^*(t_0^*>1)$，使得

对 $\{k_m\}$ 的任意子列 $\{k_{m_n}\}$，及 $\{\tilde{k}_m\}$ 的任意子列 $\{\tilde{k}_{m_n}\}$，有：

(A.24) $\lim_{n\to\infty} Z_{k_{m_n}}[t_0|(R_n-r_n)-(R_{k_{m_n}}-r_{k_{m_n}})|,0]=0$

$\lim_{n\to\infty} Z_{\tilde{k}_{m_n}}[0,t_0^*|(L_n-l_n)-(L_{\tilde{k}_{m_n}}-l_{\tilde{k}_{m_n}})|]=0$

则称这个 $\mathscr{G}$- 过程是 $\mathscr{R}_{A,B}$- 有界的。

定义 13：在 $\mathscr{G}$- 过程 $\{P_k(A,B)\}$ 中，$\mathscr{Res}_k$ 是 $P_k(A,B)$ 的结果，$Z_k(x,y)$ 是 $\mathscr{R}_{A,B}$- 理性函数；若存在 r_0、l_0 满足：

(A.25) $\lim_{k\to\infty} Z_k(R_k-r_k-r_0,0)=0$，$\lim_{k\to\infty} Z_k(0,L_k-l_k-l_0)=0$

则称这个 $\mathscr{G}$- 过程以 r_0、l_0 为基准渐趋平稳，记为 $\mathscr{R}_{A,B}$-(r_0,l_0) 渐趋平稳。并称 r_0 为商品 A 的 $\mathscr{R}_{A,B}$- 成交估量，称 l_0 为商品 B 的 $\mathscr{R}_{A,B}$- 成交估量。

下面是关于 r_0、l_0 存在性的定理。有了这个定理就能用 r_0、l_0 作为描述 $\mathscr{G}$- 过程特性的工具。详见定义 13 至定义 14。

定理 4：在 $\mathscr{G}$- 过程 $\{P_k(A,B)\}$ 中，$\mathscr{Res}_k$ 是 $P_k(A,B)$ 的结果，$Z_k(x,y)$ 是 $\mathscr{R}_{A,B}$- 理性函数；若这个 $\mathscr{G}$- 过程是 $\mathscr{R}_{A,B}$- 有界

① 从另一个角度看，$\underline{\lim}_{k\to\infty} Z_k$ [C ($\beta_k-\alpha_k$)，0] $=0$ 意味着没有什么阻止参与者在交易中相互学习、摹仿，使他们的行为逐渐趋同。

的，则存在 r_0、l_0，使这个 $\mathscr{G}$- 过程是 $\mathscr{R}_{A,B}-(r_0,l_0)$ 渐趋平稳的[①]。

在 $\mathscr{G}$- 过程中，参与者对 r_0、l_0 的感知能力会影响到价格共识的形成。在定理 4 中证明，r_0、l_0 能被某些参与者通过 $\mathscr{G}$- 过程所察觉，并通过 $\mathscr{R}_{A,B}$ - 理性函数列的性质反映出来。因此，利用 $\mathscr{R}_{A,B}$ - 理性函数列作为工具去汲取 r_0、l_0，尽管用这样的方法得到的 r_0、l_0 不是唯一的。

定义 14：设一个 $\mathscr{G}$- 过程是 $\mathscr{R}_{A,B}-(r_0,l_0)$渐趋平稳的，令：

(A. 26) $I_r=\{r_0\,|\,r_0$ 是商品 A 的 $\mathscr{R}_{A,B}$ - 成交估量$\}$

$I_l=\{l_0\,|\,l_0$ 是商品 B 的 $\mathscr{R}_{A,B}$ - 成交估量$\}$

记 $R_0=\inf\limits_{r_0\in I_r}\{r_0\}$，$L_0=\inf\limits_{l_0\in I_l}\{l_0\}$。则称 R_0 为商品 A 的 $\mathscr{R}_{A,B}$ - 成交量，称

L_0 为商品 B 的 $\mathscr{R}_{A,B}$ - 成交量。并且，如果 $R_0>a_0$，$L_0>b_0$，则称这个 $\mathscr{G}$- 过程是 $\mathscr{R}_{A,B}$ - 常规的。

依靠分解 j ［$j\in J_1(k)$］ 的行为函数得到的 $\mathscr{R}_{A,B}$ - 理性函数，已经建立起了从 j ［$j\in J_1(k)$］ 的角度描述 $\mathscr{G}$- 过程特性所必需的概念；还可以通过分解 j ［$j\in J_2(k)$］ 的行为函数得到的 $\mathscr{R}_{B,A}$ - 理性函数，建立起相似的概念从 j ［$j\in J_2(k)$］ 的角度描述过程特性，限于篇幅，我们省略了这段描述。

3.4.2　主要的引理与定理

现在，开始讨论在什么条件下能形成价格共识。首先叙述下面重要的引理：

引理 2：如果一个 $\mathscr{G}$- 过程是 $\mathscr{R}_{A,B}-(a_0,b_0)$敏感的，$\mathscr{R}_{A,B}$ -

① 定理 4 意味着，即使没有直接的统计数据，参与者能通过其他间接数据对 r_0、l_0 做出推测。

(r_0, l_0)渐趋平稳的，

$\mathscr{R}_{A,B}$ - 常规的，那么 $\underline{\lim}_{k\to\infty}(R_k - r_k) = C_0 > 0$。

这个引理说明，在上述条件下，$\mathscr{G}$ - 过程中交易始终有成交，而且不会逐渐消失①。引理证明均详见附录。

引理3：如果一个 $\mathscr{G}$ - 过程是 $\mathscr{R}_{A,B}$ - (a_0, b_0)敏感的，$\mathscr{R}_{A,B}$ - (r_0, l_0)渐趋平稳的，$\mathscr{R}_{A,B}$ - 常规的，那么存在 α_0 使得 $\alpha_k \leqslant \alpha_0, \forall k$。

这个引理说明，在上述条件下，在 $\mathscr{G}$ - 过程中始终有“理性”的参与者；这些“理性”的参与者进行交易的成交价都在一个“合理的”范围之内。

引理4：如果一个 $\mathscr{G}$ - 过程是 $\mathscr{R}_{A,B}$ - (a_0, b_0)敏感的，$\mathscr{R}_{A,B}$ - (r_0, l_0)渐趋平稳的，$\mathscr{R}_{A,B}$ - 常规的，$\mathscr{R}_{A,B}$ - 公平的，那么存在 β_0 及 $\{\beta_{k_m}\}$，使得：$\beta_{k_m} \leqslant \beta_0, \forall m$。

这个引理说明，在上述条件下，在 $\mathscr{G}$ - 过程中始终有“理性”的“回归期”；在这个“理性”的时期，所有参与者交易的成交价都在一个“合理的”范围之内。

引理5：设有一个 $\mathscr{G}$ - 过程是 $\mathscr{R}_{A,B}$ - (a_0, b_0)敏感的，$\mathscr{R}_{A,B}$ - (r_0, l_0)渐趋平稳的，$\mathscr{R}_{A,B}$ - 常规的；如果 $\lim_{m\to\infty}\alpha_{k_m}$ 存在，并且 $\lim_{m\to\infty}\alpha_{k_m} > C$，那么存在 m_0，

当 $m > m_0$ 时有：$(R_{k_m} - r_{k_m})\alpha_{k_m} \geqslant (r_0 - a_0)C$。

引理6：设有一个 $\mathscr{G}$ - 过程是 $\mathscr{R}_{A,B}$ - (a_0, b_0)敏感的，$\mathscr{R}_{A,B}$ - (r_0, l_0)渐趋平稳的，$\mathscr{R}_{A,B}$ - 常规的；如果 $\lim_{m\to\infty}\beta_{k_m}$ 存在，并且 $\lim_{m\to\infty}\beta_{k_m} < C$，那么存在 m_1，

当 $m > m_1$ 时有：$(R_{k_m} - r_{k_m})\beta_{k_m} \leqslant (r_0 + a_0)C$。

① 作者努力对每个引理都做出直观的、有经济学意义的解释。但不总是成功。

利用引理 2 ~ 引理 6，可以证明定理 5。详细证明见附录。

定理 5：如果一个 $\mathscr{G}$ - 过程是 $\mathscr{R}_{A,B}-(a_0,b_0)$ 敏感的，$\mathscr{R}_{A,B}-(r_0,l_0)$ 渐趋平稳的，$\mathscr{R}_{A,B}$ - 常规的，$\mathscr{R}_{A,B}$ - 公平的，那么，下面两个不等式成立：

$$(l_0+b_0)/(r_0-a_0)\geqslant\overline{\lim_{k\to\infty}}\alpha_k，\text{及}\underline{\lim_{k\to\infty}}\beta_k\geqslant(l_0-b_0)/(r_0+a_0)。$$

一般的，在一个敏感度是 $\mathscr{R}_{A,B}-(a_0,b_0)$ 的 $\mathscr{G}$ - 过程中，如果 $a_0\neq0$ 或 $b_0\neq0$，那么价格共识是不能形成的①。在证明定理 6 之前，再叙述几个引理。这些引理描述了敏感的 $\mathscr{G}$ - 过程的特殊性质。

引理 7：设一个 $\mathscr{G}$ - 过程是 $\mathscr{R}_{A,B}$ - 敏感的，$\mathscr{R}_{A,B}-(r_0,l_0)$ 渐趋平稳的，

那么，这个 $\mathscr{G}$ - 过程是 $\mathscr{R}_{A,B}$ - 常规的，当且仅当 $\lim_{k\to\infty}(R_k-r_k)\neq0,\lim_{k\to\infty}(L_k-l_k)\neq0$。

这个引理说明，在上述条件下，“常规的” $\mathscr{G}$ - 过程，就是“始终”有交易发生的过程。

引理 8：设一个 $\mathscr{G}$ - 过程是 $\mathscr{R}_{A,B}$ - 敏感的，$\mathscr{R}_{A,B}-(r_0,l_0)$ 渐趋平稳的；若这个 $\mathscr{G}$ - 过程同时又是 $\mathscr{R}_{A,B}-(r_1,l_1)$ 渐趋平稳的。那么，

$$r_0=r_1,l_0=l_1，\text{且}\lim_{k\to\infty}(R_k-r_k)=r_0=R_0,\lim_{k\to\infty}(L_k-l_k)=l_0=L_0。$$

这个引理说明，在 $\mathscr{R}_{A,B}$ - 敏感的 $\mathscr{G}$ - 过程中，渐趋平稳的基准 r_0、l_0 不仅对同一个 $\mathscr{R}_{A,B}$ - 理性函数是唯一的，而且对不同的 $\mathscr{R}_{A,B}$ - 理性函数也是唯一的。

引理 9：设一个 $\mathscr{G}$ - 过程是 $\mathscr{R}_{A,B}$ - 敏感的，$Z_k(x,y)$ 是 $\mathscr{R}_{A,B}$

① 例如，贩卖樱桃的小贩，在小孩买了樱桃离开时，若总是再随手抓几颗樱桃送给他喜欢的小孩，那么就没有严格精确的樱桃价格共识。

-理性函数，$\{x_k\}$是

有界的数列；如果$\lim\limits_{k\to\infty} Z_k(x_k,0)=0$，那么$\lim\limits_{k\to\infty} x_k=0$。

引理10：设一个$\mathscr{G}$-过程是$\mathscr{R}_{A,B}$-敏感的，$Z_k(x,y)$是$\mathscr{R}_{A,B}$-理性函数，$\{y_k\}$

是有界的数列；如果$\lim\limits_{k\to\infty} Z_k(0,y_k)=0$，那么$\lim\limits_{k\to\infty} y_k=0$。

定理6：设一个$\mathscr{G}$-过程是$\mathscr{R}_{A,B}$-敏感的，$\mathscr{R}_{A,B}$-(r_0,l_0)渐趋平稳的，$\mathscr{R}_{A,B}$-常规的，$\mathscr{R}_{A,B}$-公平的，$\mathscr{P}_{A,B}$-单纯的；同时这个$\mathscr{G}$-过程又是$\mathscr{R}_{B,A}$-敏感的，$\mathscr{R}_{B,A}$-$(\widetilde{l_0},\widetilde{r_0})$渐趋平稳的，$\mathscr{R}_{B,A}$-公平的，$\mathscr{P}_{B,A}$-单纯的。那么在这个$\mathscr{G}$-过程中能形成价格共识；且这个共识是：

商品A的相对价格　$p(A)=\lim\limits_{k\to\infty}\alpha_k=\lim\limits_{k\to\infty}\beta_k=l_0/r_0=\widetilde{l_0}/\widetilde{r_0}$，

商品B的相对价格　$p(B)=\lim\limits_{k\to\infty}\tilde{\alpha}_k=\lim\limits_{k\to\infty}\tilde{\beta}_k=\tilde{r}_0/\tilde{l}_0=r_0/l_0$。

定理6的证明：

因为这个$\mathscr{G}$-过程是$\mathscr{R}_{A,B}$-敏感的，$\mathscr{R}_{A,B}$-(r_0,l_0)渐趋平稳的，$\mathscr{R}_{A,B}$-常规的，根据定理5知：

(T.6.1)　$l_0/r_0\geqslant\overline{\lim\limits_{k\to\infty}}\alpha_k$ 且 $\underline{\lim\limits_{k\to\infty}}\beta_k\geqslant l_0/r_0$。

由定义11，存在$\{\beta_k-\alpha_k\}$的子列$\{\beta_{k_m}-\alpha_{k_m}\}$及常数$C(C>0)$，使

$\lim\limits_{m\to\infty} Z_{k_m}[C(\beta_{k_m}-\alpha_{k_m}),0]=0$。根据引理9，有：

(T.6.2)　$\lim\limits_{m\to\infty}(\beta_{k_m}-\alpha_{k_m})=0$。

又因为根据引理3知$\{\alpha_k\}$有界，所以$\{\alpha_{k_m}\}$亦有界，故$\{\alpha_{k_m}\}$有收敛子列。设任一收敛子列为$\{\alpha_{k_{m_n}}\}$，由（T.6.1）和（T.6.2），有：

(T.6.3)　$l_0/r_0\geqslant\lim\limits_{n\to\infty}\alpha_{k_{m_n}}=\lim\limits_{n\to\infty}\beta_{k_{m_n}}\geqslant l_0/r_0$，故：

(T. 6. 4) $\lim\limits_{m\to\infty}\alpha_{k_m}$，$\lim\limits_{m\to\infty}\beta_{k_m}$存在，且 $\lim\limits_{m\to\infty}\alpha_{k_m}=\lim\limits_{m\to\infty}\beta_{k_m}=l_0/r_0$。

根据定义 8、定义 9、定理 2 知：

(T. 6. 5) $\alpha_k=\alpha_1+\sum_{i=1}^{k}H_i(r_i,l_i)=\alpha_1+\sum_{i=1}^{k}C_i^{1,1}Z_i(r_i,l_i)+\sum_{i=1}^{k}C_i^{1,2}$。

而这个 $\mathscr{G}$-过程是 $\mathscr{P}_{A,B}$-单纯的，所以，

(T. 6. 6) $\sum_{i=1}^{\infty}C_i^{1,2}$ 是收敛的级数。

同时，由 $\lim\limits_{m\to\infty}\alpha_{k_m}$存在，及（T. 6. 5）知 $\lim\limits_{m\to\infty}\sum_{i=1}^{k_m}C_i^{1,1}Z_i(r_i,l_i)$ 存在；而 $\sum_{i=1}^{\infty}C_i^{1,1}Z_i(r_i,l_i)$ 是正项级数，所以 $\sum_{i=1}^{\infty}C_i^{1,1}Z_i(r_i,l_i)$ 收敛。

故由（T. 6. 4）、(T. 6. 6) $\lim\limits_{k\to\infty}\alpha_k=\alpha_1+\sum_{i=1}^{\infty}C_i^{1,1}Z_i(r_i,l_i)+\sum_{i=1}^{\infty}C_i^{1,2}$ 存在，且

(T. 6. 7) $\lim\limits_{k\to\infty}\alpha_k=\lim\limits_{m\to\infty}\alpha_{k_m}=l_0/r_0$。同理，

(T. 6. 8) $\lim\limits_{k\to\infty}\beta_k=\lim\limits_{m\to\infty}\beta_{k_m}=l_0/r_0$。又由引理 8，

(T. 6. 9) $\lim\limits_{k\to\infty}(R_k-r_k)=r_0,\lim\limits_{k\to\infty}(L_k-l_k)=l_0$。

而这个过程同时也是 $\mathscr{R}_{B,A}$-敏感的，$\mathscr{R}_{B,A}-(\widetilde{l_0},\widetilde{r_0})$渐趋平稳的；所以，

(T. 6. 10) $\lim\limits_{k\to\infty}(L_k-l_k)=\widetilde{l_0},\lim\limits_{k\to\infty}(R_k-r_k)=\widetilde{r_0}$。故：

(T. 6. 11) $r_0=\widetilde{r_0}$，$l_0=\widetilde{l_0}$。

又因为这个过程是 $\mathscr{R}_{A,B}$-常规的，由引理 8 及（T. 6. 11）知：

$\widetilde{R}_0=\inf\limits_{\tilde{r}_0\in\tilde{I}_r}\{\tilde{r}_0\}=\inf\limits_{r_0\in I_r}\{r_0\}=R_0>0$，$\widetilde{L}_0=\inf\limits_{\tilde{l}_0\in\tilde{I}_l}\{\tilde{l}_0\}=\inf\limits_{l_0\in I_l}\{l_0\}=L_0>0$。

故这个过程也是 $\mathscr{R}_{B,A}$-常规的。而已知这个过程是 $\mathscr{R}_{B,A}$-

敏感的，$\mathscr{R}_{B,A}-(\widetilde{l_0},\widetilde{r_0})$渐趋平稳的，$\mathscr{R}_{B,A}$-公平的，$\mathscr{P}_{B,A}$-单纯的；由定理5，按类似于从（T.6.1）到（T.6.8）的方法，有 $\lim\limits_{k\to\infty}\widetilde{\alpha}_k=\lim\limits_{k\to\infty}\widetilde{\beta}_k=r_0/l_0$。

关联交易的确认与计量

4.1　关联交易的确认与计量的传统分析

正确地进行关联交易的确认和计量是判断关联交易公允性的基础和前提，但是传统会计在怎样对关联交易的确认和计量做出特殊规定以及是否应该做出特殊规定方面一直存在着争论。

一种观点认为会计规范采取的手段之一是从关联交易的确认和计量角度尽可能地减少其利润操纵的会计处理空间，约束利用非公允关联交易进行利润操纵行为，将关联交易带来的额外收益不确认为收益。另一种观点认为会计不需要去做判断，而应让会计信息使用者去判断关联交易的公允性及其对公司财务状况和经营成果的影响，所以会计只需将关联交易予以及时充分地披露就可以了。于是就会产生在关联交易的确认和计量的问题上不同的两种观点。

一种观点认为在会计确认上，对显失公允的关联交易应做特殊的会计确认。对于关联交易首先应判断其是否公允，如果是非公允的，就要按照特殊的会计处理方法进行核算。另一种观点认为对待关联交易与非关联交易应该一视同仁，不应采用特殊方法来把关联交易区别于一般交易，关键的问题在于披露足够的关联交易信息，至于公允与否应让投资者自己判断。

4.1.1 关联交易的确认

（1）特殊确认法

特殊确认法认为，如果企业与股东之间的关联交易明显缺乏公允性，这时就不应该确认为损益，或只应部分确认损益，而应将其之间非公允的交易所形成的损益，视为股东出资或对股东的分配。因此，赞同对关联方采取特殊确认法的人认为，对于显失公允的关联交易应使用特殊的会计确认方法，对显失公允的关联交易的非公允收益部分确认为权益，而不是当期损益。

一般而言，在公平交易的前提下，非关联方之间的交易可以采用公平交易基础，双方的目的都在于使自己的企业的利益最大化，在市场中双方的交易地位是平等的，不存在一方对另一方强买强卖，本着双赢的目的达成交易，这时的交易价格是公允的，即是双方市场主体都接受的价格，这时采用会计中的一般确认方法来确认会计要素是合理的。

而对于关联交易来讲，由于关联方关系的存在，双方的交易地位常常是不平等的，它们之间的交易更多的时候是服从或倾向于其中一方的利益，或者服从或倾向于二者的共同利益。这时，很可能出现一方操纵另一方进行非公允的关联交易的情况，或者狼狈为奸，于是它们之间的交易价格与正常市场条件下形成的价格是不一样的，它不是平等的市场主体所能接受的价格。

如果这时仍然按照会计理论框架的一般的方法来确认关联交易的结果，将不能反映交易的真实情况，财务报表提供的信息将是扭曲的，将不利于投资者决策。

促使企业的会计信息公允地反映企业的真实经营状况是会计准则的主要功能，如果对关联方之间的非公允交易还是采用与通常交易一样的确认方法，形成会计信息的制度性失真，表明会计准则没有发挥应有的作用。因此，应该对非公允的关联交易采用不同于公平交易的特殊的确认方法，从而使这种非公允关联交易对企业财务状况的影响在会计报表中能够反映出来。

我国财政部于 2001 年制定并发布了《暂行规定》，对关联交易产生差价在会计处理上进行了特别的规范。即对上市公司与关联方之间的交易，如果没有确凿证据表明交易价格是公允的，对显失公允的交易价格的部分，一律不得确认为当期收益，而作为捐赠性质，计入资本公积。并且规定对显失公允的交易形成的资本公积，不得用于转增资本或弥补亏损；为此还在资本公积账户下单独设置关联交易差价明细科目。

除了我国以外，国际上有些国家将关联方为上市公司支付费用、承担债务等视为对上市公司的捐赠。例如，加拿大有类似的规定，加拿大特许会计师协会《CICA3840：关联交易》对关联交易的会计处理进行了区分。它规定对正常生产经营活动中的关联交易，按照实际价格进行确认和计量。对于非正常活动过程中的关联方交易，如果不满足以下两个条件的，关联交易应以账面价值计价。这两个条件分别是：一是资产的转让、服务的提供具有实质性；二是交易价格有独立的证据支持。关于实质性通常是指与资产、劳务相关的风险和报酬大部分已经转让给关联方。

(2) 正常确认法

正常确认法认为应对关联交易采用和普通交易一样的确认方法。会计的基本职能是反映，在会计确认时，将关联交易和非关联交易按照同样的方法确认就可以了，会计不必对关联交易的公允性做出判断。对关联交易的确认就按照相关的具体准则确认，涉及收入确认的，按照《收入准则》执行，不需要再另行对其进行规范，因为关联方之间的交易和非关联方之间的交易，无论从权利、义务还是法律后果上均没有本质的区别，因此按照一般的确认方法进行确认是适当的。当然为了有助于报表使用者理解关联交易对企业财务状况、经营成果和现金流量的影响，通过披露更多的交易细节，进而判断关联交易公允性与否。

美国 SFAS 第 57 号、IAS 第 24 号及世界多数国家的会计准则基本上采用这种观点。虽然这些特定交易主体之间的交易价格往往和市场的公允价格有一定差异，但实际上这种差异在关联交易中是有其合理性的方面。会计准则应该做的是如实、充分地披露这种差异，而不是担起消灭关联交易价格和公允价格之间的差异的责任。会计准则应让报表的使用者获得有助于判断关联交易公允性的信息，为投资者决策服务。

4.1.2 关联交易的计量

关联交易的计量是指关联方按照什么金额记录和报告会计要素。按照 FASB 的观点，广义的确认，应该包括计量。因此关联交易的计量问题是重点要讨论的话题。一般认为非关联交易之间的价格是公允价格，而关联交易由于各种原因，关联方之间可以根据需要选择计量方法。因此了解关联交易公允与否的关键是交易价格。

对于关联交易是否应该适用特别的计量方法，学术界也有不同的观点。一种观点认为，关联交易的计量应采用特殊的计量方法，即关联交易应采用公允价值计量。为了捍卫交易公允的原则，必须与公允价值的要求保持一致，无论实际的交易价格是公允还是非公允，应选择公平交易等价来计量关联交易。另一种观点认为，一般来讲，关联交易能在一般商业条款中使参与双方受益，母公司与其子公司之间的交易在使用其他条款没有有利之处时，经常以这种条款进行，这时按照实际交易价格作为计量基础是适当的。IAS 第 24 号和 SFAS 第 57 号都没有做出特别的规定，也就是默许了关联交易按照其交易价格计量的做法。

（1）交易价格

交易价格计量是指对关联交易采用其成交价格作为计量属性，不考虑关联交易的公允性及交易条件。假设市场上充满了理性的生意人，买卖双方在每宗交易中都平等地知情，并平等地具有贸易天赋，则应采用交易价格作为计量方法。市场是充分竞争的，市场是有效的。交易各方经过讨价还价形成的交易价格最终就是公允价值。在公平的交易中，公允价值的直接证据就是交易中的交换价格。SFAS 第 57 号没有要求对非公平关联交易按照和其交易价格不同的价格计量，即对关联交易的价格公允与否并未作区分对待，而是采取了披露的办法来解决。IAS 第 24 号也曾经采用了相同的方式，只要求披露交易价格形成的基础。

（2）公平交易等价

公平交易等价是指相似的商品在相似的条款和环境下最接近公允价值的价格。考虑到与传统会计实务的一致性，通常对关联交易可以用这个类似公平交易价格作会计处理。

利用公平交易等价的基本思路是，通过比较关联交易与非关联交易之间的交易条款、交易价格、交易方式、付款方式等交易要素是否可比，以此来判断关联交易价格是否公允。如果在同类商品的交易中，上述交易要求相同或相似，则认为关联交易是公允的。通常，在交易要素可比的情况下，如果其他交易要素，例如交易条款、交易方式、付款方式等相同或相似，而交易价格却存在明显的差异，则可认为关联交易是显失公允的。

我国会计准则和国际会计准则在计量方法上的规定基本相似。但在 2001 年财政部《暂行规定》中，对关联交易采用了公平交易等价的计量方法，将关联方之间出售资产交易分为正常商品销售、非正常商品销售及其他销售。对销售收入的确认，采用了类似公平交易等价的方法，对关联方之间正常商品销售确认的收入不能超过对非关联方销售的加权平均价格或商品账面价值的 120%。而对于非正常商品销售及其他销售，似乎既没有采用交易价格，也没有采用公平交易等价，规定高于账面价值的部分将全部计入资本公积，不能在当期利润中予以反映。

一般认为非关联方之间的价格是公允价格。这种方法从会计技术规范的角度保证会计信息公允，为投资者分析企业的财务状况的真实性提供了直接依据。但缺点是公平交易等价的替代价格的确定程序比较复杂，为企业的财务管理带来一定的难度。另外，在市场发育不完全或信息不对称的情况下，仍然存在无法准确得出公平交易等价的情况。

4.2 关联交易确认、计价的再分析：基于价格共识形成理论

4.2.1 关联交易确认的再分析与新的确认视角

作者认为“特殊确认法”“正常确认法”都有不足。

（1）“特殊确认法”不足分析

对关联交易采用“特殊确认法”，从定性分析角度看，判定关联交易是否公允的统一标准，不容易达成。即使从定性的角度可以获得，如何从定量角度，对显失公允的关联交易进行界定仍是个难题。判断显失公允的关联交易是否需要确定一个标准，比如我国《暂行规定》中就采用了所谓的特殊的确认法，关联方之间销售的毛利率超过 20% 视为非公允关联交易。这样将一项交易“拆”成两段来定性的做法缺乏合理性，且这种“明线”检验法反而会为管理层规避准则的行为提供“安全标准线”。并且为什么是 20%，依据是什么？可是如果仅制定一条原则，各参与方的判断可能不一致。所以执行特别确认法加大了会计师判断、记录和披露的工作量，使关联交易的确认复杂化。

（2）“正常确认法”不足分析

正常确认法没有体现关联交易的特殊性。由于关联交易不符合经济研究中最基本的公平交易原则，关联交易双方不独立且具有共同的利益是关联交易与非关联交易的本质区别之所在，特殊的关系使双方的利益最大化不需要通过交易价格来体现，这就导致定价基础不公允。其表现的形式通常是“同样的商品，不同的价格”，也可能是“同样的价格，不同的商品”。关联方利用其特殊关系进行交易，尽管交易采用了表面“公平”的价格，但却形成大量债权债务。例如，关联方之间的贷款，利率是正常而公平的，但却可能长期占款，实质上对资产负债的质量产生影响。

（3）新的确认视角

作者认为上市公司关联交易有两面性，其危害性在于对投资人进行信息屏蔽，而不在于关联交易的毛利是否太高。若关联方交易时以“劣”充“好”，从财务信息看毛利不高却可能掩盖上市公司产品低劣的事实。所以依据毛利是否过高对关联交易进行不同的确认，并不能消除关联交易可能带来的危害，甚至也无法起到提醒投资人的作用。更为重要的是，关联交易的非关联化使得我们讨论关联交易的特殊确认问题变成了幼稚的“儿戏”。因此我们要讨论的问题应是：财务信息读解、识别困难的交易的确认。它包括关联交易，也包括非关联化的关联交易等。那么这样的确认依据什么呢？作者认为第三章所做的研究和提出的价格共识理论，提供了一个可操作的原则。

如果上市公司所经营、交易的商品有价格共识或能够形成价格共识，投资者应该自己读解、识别、判断上市公司的财务信息；如果上市公司所经营、交易的商品中有的商品没有价格共识或很难形成价格共识，会计准则就应该要求上市公司将该项交易与其他交易相区别，以提醒投资人关注、判明该交易的实质及相应财务信息的真伪——具体的做法将在第六章来讨论。

这样做坚持了会计的中立性原则，会计信息应该与所反映的客观经济事实的价值运动一致，不带有任何一方的偏见，有什么交易，反映什么会计信息，会计应该是反映客观经济现实的核算工具。

4.2.2 关联交易计价的再认识与新确认基础上的计价

(1) 交易价格计价法与公平交易等价计价法的缺点

以上两种计价方法都存在问题。交易价格计价法的优点似乎是简化了会计核算过程。但根据第二章价格共识形成理论我们知道，市场对有些商品的交易价格有共同认识，而对有些商品的交易价格却没有共同认识。在会计计价时，如果不首先对上述两种交易进行不同的确认，一律按交易价格计价就会造成商品交易的属性丢失、财务信息混乱，从而使投资者无法识别上市公司经营的实际情况。

公平交易等价法认为非关联方之间的价格是公允价格的观点是不严格的，或纯理论的。因为有不少的关联交易非关联化了，即便是若干真正的非关联方之间的交易也未必有价格共识。况且公平交易等价的替代价格的确定程序比较复杂，由于实际交易的价格和会计最终计量的价格不一致，使得对同一经济业务进行不同的确认，造成会计信息没有客观反映企业经济活动的过程和结果，为企业的财务管理带来一定的困难。另外，在市场发育不完全的情况下，会计信息的可核性较差，仍然存在无法准确得出公平交易等价的情况。

（2）新确认基础上的计价

由于“公允价格”实际上不可求得或很难求得，那么会计准则中交易的计价只能按交易价格进行。为了客观反映企业经济活动的过程和结果，必须将计价建立在准确的交易确认基础之上。我们已经讨论并提出了对商品交易确认的新视角，由于新的确认方法将商品交易分两种类型进行确认，这使得在此后按交易价格进行计价所得到的财务信息具有两个视角去描述、解释商品的交易和上市公司的经营情况。从而使财务信息的清晰度大为增加，反映能力大为增加；使投资者能识别关联交易，包括非关联化的关联交易可能带来的风险。我们将在第六章详细讨论具体的做法。

4.3　非关联化的关联交易影响价格共识形成的实验

4.3.1　关联交易影响价格共识的分析

我们来讨论关联交易对价格共识形成的影响问题。根据对价格共识形成过程理论的研究，我们发现：首先，市场上所有发生的商品交易都含有“前价格”作为其基本构件；其次，商品交易的“前价格”在一定条件下可以演变成为通常意义的商品价格（价格共识）；其三，价格共识的形成过程能否完成是由该市场所有交易的“共同性质”[①] 决定的；若市场中交易的性质是不同的，那么市场的“共同性质”可能因此而不同，进而可能导致价格共识无法形成。实验Ⅰ就是一个例证。而在没有价格共识的市场里，公司经营的优劣是无法完全依据财务信息来公正地判别的，即财务信息不具有“区分性”，因此投资者的表决权便名存实亡。

那么关联交易与“正常的交易”有什么本质的区别呢？如果有区别的话，会导致价格共识无法形成吗？我们认为，关联交易与“正常的交易”是有本质不同的，这种差异会带来两方面的后果：

（1）关联交易会影响商品的价格共识的形成

其实关联交易可称为“不完全交易”，即关联交易中商品所有权的交换不完全。一方面，由于关联关系的存在，某些被换出的商品的所有权仍部分或全部属于原拥有者。那么原拥有者的利益最大化不一定会通过交易的“前价格”表现出来，这就与“正常的交易”有了质的区别。这些关联交易的“前价格”一旦破坏了市场交易总体理性的条件（$\mathscr{R}_{A,B}$ - 理性），或者干扰了市场对 $\mathscr{R}_{A,B}-(r_0,l_0)$ 的识别，那么商品的价格（共识）将无法形成，或者商品的价格共识的形成将被推迟。

（2）关联交易会造成财务信息的“区分性”不高，从而影响这些企业的股票价格共识的形成

① 详见§3.4 中的定理。

两个商品的关联交易会造成所有经营该两个商品的企业的财务信息的可比性降低，财务信息的“区分性”不高，从而影响这些企业的股票价格共识的形成。在股票市场上股价是变动的，但希望股价能在瞬间反映财务信息的内容实际上是一个梦想。大家思考一下，当财务信息的“区分性”不高，市场对其的看法尚无共识的时候，股价如何与之对应或反应？当财务信息的提供者有意模糊信息的“区分性”时，如安然事件中的情况，市场总是能识破骗局并给出正确的股价吗？要多久之后市场可以识破骗局呢？如果市场一旦从骗局中清醒，股价重新调整，虚假财务信息的始作俑者岂不是能从市场的清醒中获得超额利润了吗？为了不被人利用，市场只能拒不从骗局中清醒，这就是“瞬间反应”吗？

如图 4-1 那样股价能瞬间反映财务信息的“市场”是不存在的。股票价格共识的形成同样需要一个过程，因为市场对财务信息的看法需要通过“投票”（即买卖交易）才能表现出来。另外实验 I 说明当财务信息不具有“区分性”，市场对这个企业“看空”的投资者禀赋总和与“看多”的投资者禀赋总和也因此不满足“渐趋稳定”时，股票价格是可能无法形成共识的。即使股票价格能形成共识，代价也会增大、周期也会加长、波动也会加剧，甚至可能被人利用来操纵股价而非法获利，影响资本市场的效率和投资者对资本市场的信心。

所以必须以区分交易为基础，将不同性质的交易（如关联交易与“正常交易”）所产生的财务信息区别出来——价格共识形成的必要条件。我们认为上市公司（财务信息的提供者）应该有保证必要条件成立的义务。而投资者（财务信息的使用者）应承担寻求价格共识的义务，即参与价格共识的形成过程——价格共识形成的充分条件。根据我们进行的实验与价格共识形成理

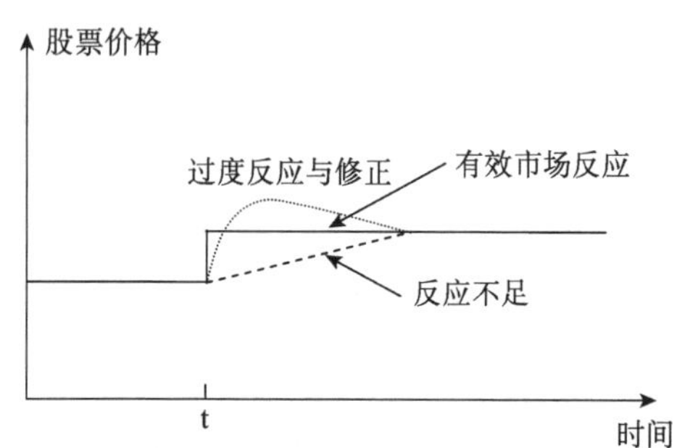

图 4-1　传统股价瞬间反映财务信息理想图

论的研究，这是资本市场各方权利与义务很好的平衡。

本书所关心的如何区别交易的问题我们将在第七章讨论，下面先给出一个利用“特殊交易”操纵“价格”的实验。这个实验说明：将不同性质的交易相混淆，会严重影响价格共识的形成。

4.3.2　实验Ⅲ：评分干扰实验（有关联交易的竞争交易实验）

本实验也是参与学生的自我评分“竞争交易”实验，模拟没有主导价格（prevailing prices）时的商品交易。

实验假设：关联交易与非关联交易属性相同，不会影响商品价格共识的形成。

（1）参加实验的人员

由西南大学工商管理专业 2005 级（二专业）全体学生和虚拟学生参加，共 125 人，其中学生 95 人，虚拟学生 30 人[①]，自我评分重复 14 次。这里所谓虚拟学生是指：在实验中由教师设定的、按教师的策略自我评分的虚拟学生。学生不知道虚拟学生

① 由于学生人数统计的错误，实验Ⅲ中虚拟学生的总数作了两次调整。详见实验Ⅲ的几点说明。

的存在，也不知道虚拟学生人数，更不知道虚拟学生的评分由教师决定；虚拟学生在实验中可视为教师的“关联方”；学生被告知每次评分均由在场的所有学生和另一个班的学生一起来完成；评分在每堂课课后进行一次，共重复14次。

（2）实验Ⅲ设计

①评分不分组进行；②教师设定全体学生得分总和的配额上限为1000分，然后由学生自我评分，自我评分只能是整数，最后由教师按如下的得分规则确认学生的得分；③在实验中采取什么策略由学生自己决定；④每次评分前宣布：上次评分的本组总得分、本组最低的被确认为零的评分或本组最高的被确认有效的评分；⑤虚拟学生的自我评分除第6次、第11次均设定为8分，学生始终不知道虚拟学生的自我评分是多少；⑥在第6次评分中，8名虚拟学生的自我评分被教师改为3分，1名虚拟学生的自我评分被教师改为12分，其余虚拟学生的自我评分仍为8分；⑦在第11次评分中，12名虚拟学生的自我评分被教师改为2分，1名虚拟学生的自我评分被教师改为16分，其余虚拟学生的自我评分仍为8分；⑧学生被告知每位学生每次实验的得分总和，以实验次数取平均后，将按比例记入该生《财务会计》课程的平时成绩。

（3）每次评分确认为得分的规则

①由每个学生给自己评分，由教师按该评分的高低，依从低到高的顺序进行确认[①]，所有学生得分总和限定不超过1000分的配额上限；

②若有多名学生自己的评分相同，而配额上限剩余的分数不能全部满足时，由随机排队的办法排出一个次序，按该次序确认

① 缺席的学生不列入评分确认顺序，但缺席的人数计入学生“听课证”剩余。

学生的评分；

③按次序轮到确认某学生的评分时，若确认该学生的评分为得分，则该学生的得分与已确认的其他学生的得分总和相加将超过 1000 分，该学生的得分确认为零。

（4）实验Ⅲ的几点说明

在实验Ⅲ的设计时，学生人数是按名单计算的。但在第 2 次评分结束后得知有两名学生已转入其他专业学习，所以从第 3 次评分起，虚拟学生人数增为 32 人。该两名学生未参与第一、二次自我评分视为缺席。而在第 8 次评分结束后又得知还有一名学生已转入其他专业学习，所以从第 9 次评分起，虚拟学生人数再增至 33 人。该名学生被视为缺席第一至八次自我评分。

（5）实验Ⅲ的特点

①每次“竞争交易”是听课学生之间的“静态博弈”；

②交易的“虚拟商品”的所有特性都是共同的知识；

③每位学生的决策空间是共同的知识；

④所有参与“竞争交易”的学生（包括虚拟学生）的集合存在但不是共同的知识；

⑤每位学生的初始禀赋是共同的知识；

⑥每位学生的偏好是共同的知识；

⑦每位学生的效用函数是（存在）：与实验Ⅱ 相似；

⑧每次评分“竞争交易”存在竞争性均衡。评分的“竞争性均衡价格”为 8 分；

⑨第 6 次与第 11 次评分中，有类似“关联交易”的特殊交易发生，而所有学生并不知道。

（6）实验Ⅲ的结果

实验结果否认实验假设。即关联交易与非关联交易属性不相同，混淆这两种交易会影响商品价格共识的形成。

4.3.3　实验Ⅲ的分析

图4－2是学生14次评分中，每次平均得分与均衡分（“竞争性均衡价格”）的比较图；图4－3是学生14次评分中，每次评分结果学生“听课证”剩余率图；图4－4是上限配额分数剩余率图；图4－5是实验Ⅲ中学生自我评分分布的有效偏差变化图；图4－6是实验Ⅲ中学生自我评分分布的总偏差变化图，总偏差是所有学生自我评分的绝对偏差。从图4－2～图4－6这几个图中我们可以看到：与实验Ⅱ中的现象相似，总的交易结局呈现出逐渐稳定的迹象：自我评分的平均得分与均衡分的差、学生“听课证”剩余率与上限配额分数剩余率、绝对偏差与总偏差都一致出现趋于零的现象。我们认为实验Ⅲ如果持续进行下去，最终也将形成一个稳定的共识，并出现帕雷托最优的竞争性均衡，出清市场的“需求”。

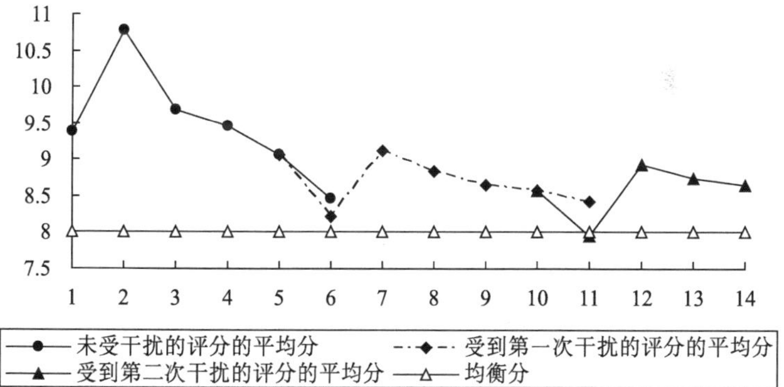

图4－2　实验Ⅲ中评分的平均分与均衡分比较

然而，实验Ⅱ与实验Ⅲ的差异也是明显的。从图4－2～图4－6所展示的各个侧面，我们发现“价格共识”的形成受到了第6次评分（其中有关联交易）结果和第11次评分（其中有关联交易）结果的严重影响。

在图4－2中，经过前五次评分“竞争交易”，学生自我评分的平均分已逐渐趋向均衡分。若在第6次评分“竞争交易”中所有虚拟学生的自我评分仍保持为8分，则第6次评分“竞争交易”学生自我评分的平均分与前五次的平均分所构成的趋势线被称为“未受干扰的”。而按实验Ⅲ的设计，在第6次评分“竞争交易”中进行了“特殊交易”后，第6次评分“竞争交易”学生自我评分的平均分因受到“干扰”而发生了变化；我们按实验Ⅲ的设计，在第7次评分博弈前公布了受到“干扰”后第6次评分博弈的结果，所以此后各次评分“竞争交易”中学生自我评分的平均分的联线被称为“受干扰的”的产物。类似的，若在第11次评分“竞争交易”中所有虚拟学生的自我评分仍保持为8分，则第11次评分“竞争交易”学生自我评分的平均分与第6次至第10次的平均分所构成的趋势线被称为“未受第二次干扰的”。而按实验Ⅲ的设计，在第11次评分“竞争交易”中进行了“特殊交易”后，第11次评分“竞争交易”学生自我评分的平均分因受到“干扰”而再次发生了变化；我们按实验Ⅲ的设计，在第12次评分“竞争交易”前公布了受到“干扰”后第11次评分“竞争交易”的结果，所以此后各次评分“竞争交易”中学生自我评分的平均分的联线是已受到两次“干扰”的产物——仍被称为“受干扰的”。

图4－3～图4－6的绘制规则与图4－2相类似。

实验Ⅲ中，由于在第6次、第11次评分“竞争交易”中进行了“特殊交易”，使得两次评分“竞争交易”中一个虚拟学生的自我评分（第6次是12分，第11次是16分）成为被确认的最高评分而被公之于众。学生们不知道这样的“交易成果”是有特殊原因的，以为是可以效仿的，从而导致“价格共识”的

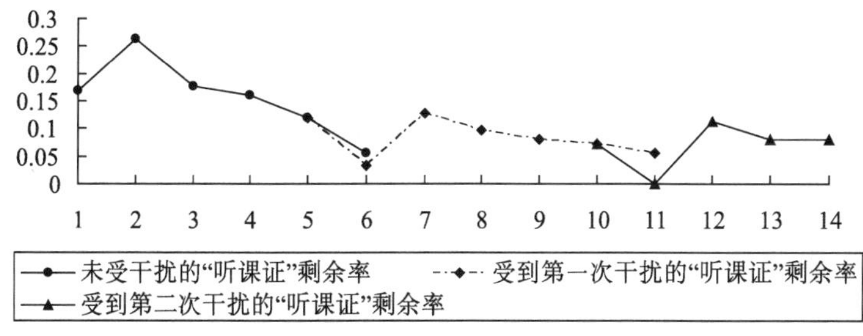

图 4－3　实验Ⅲ中“听课证”剩余率的变化

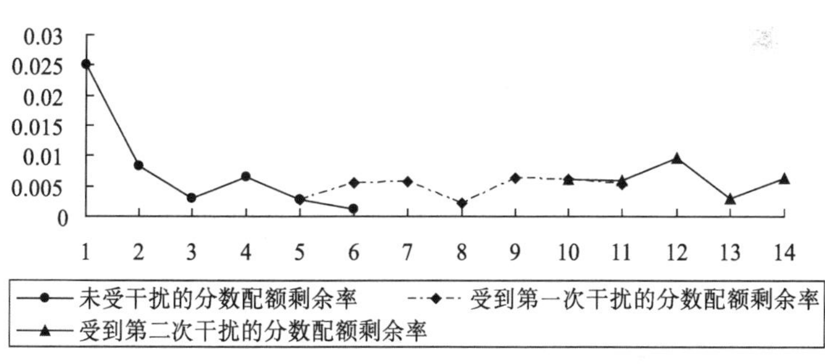

图 4－4　实验Ⅲ中分数配额剩余变化

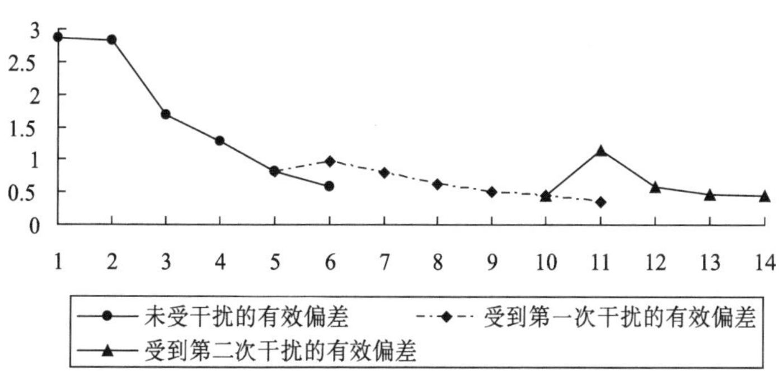

图 4－5　实验Ⅲ中有效偏差的变化

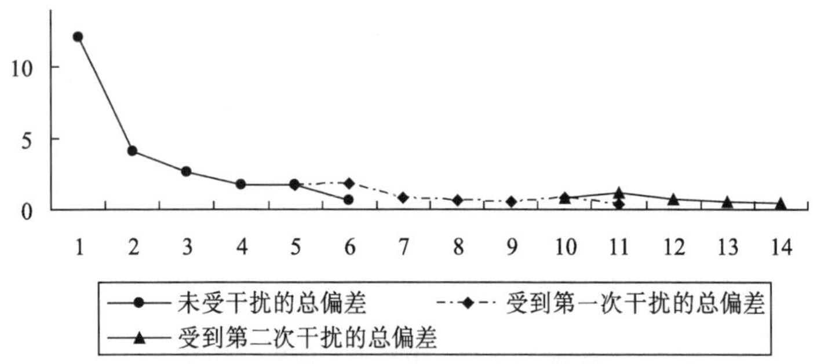

图4-6 实验Ⅲ中总偏差的变化

形成受到影响。结合价格共识形成的过程理论来分析：由于学生将评分“竞争交易”中所有行为视为性质相同，都符合 $\mathscr{R}_{A,B}$-敏感的原则，那么有人敢这样做（第6次中自我评分12分，第11次中自我评分16分）并取得了成功，一定有他的道理。这样一来，学生对 $\mathscr{R}_{A,B}-(r_0,l_0)$ 的推测、认识就出现了偏差（具体表现为对究竟有多少人参与评分“竞争交易”的推测）[①]，从而导致实验Ⅲ中出现的两次明显的认识“波动”。由此可见，区别出不同性质的交易对市场共识的形成具有重要的作用。需要特别指出的是，市场共识的这种“偏离”在干扰消失之后会平息，市场的认识会重新回到原来的轨道上并最终形成共识，这是被§3.4中的定理所证明了的。换句话说，“特殊交易”的制造者能预见到市场认识将反向复位（相对于“特殊交易”所造成的“偏离”而言），这使得他们有不公平获利的可能。所以从维护市场公平的角度，区别出不同性质的交易具有重要的意义。

① 当然，有不少学生可能只是瞎猜而不作理性思考。关联交易的干扰使他们“冒险”的冲动变得更大胆。

关联交易披露的比较及评述

5.1　新准则在披露上与旧准则、国际会计准则的比较

5.1.1　2006 年关联交易准则产生的背景

我国于 2006 年颁布《企业会计准则第 36 号——关联方披露》。本着与国际会计准则接轨的精神，这次修订后的新准则基本上和国际准则保持了一致。与旧准则相比，这次准则的修订的突出变化主要体现在以下几点：

（1）披露的整体范围比原准则有所扩大，原准则规定和合并报表一起提供的母公司的会计报表不需要披露其关联方，而在新准则中没有此项规定。

（2）在关联方的确认上，新准则把原先

没有纳入关联方的纳入了关联方，体现了新准则在关联方上关注范围的扩大，更大限度地对企业的关联方进行了规范，更大限度地向报表的使用者提供相关信息，满足了报表使用者的需要。

（3）在关联交易的确认上，新准则把代表企业或由企业代表另一方进行债务结算纳入了关联交易的范畴，而相反把管理方面的合同取消掉了，其他的纳入关联交易的交易类型基本保持不变。

（4）在披露问题上，新准则和旧准则相比，在披露的深度上更进一步，要求在母公司不是最终控制方的情况下，披露最终控制方的名称，要求披露双方未结算款项所提取的坏账准备。更注重交易的实质，在能够提供确切证据的情况下，可以披露关联交易为公平交易。

综上所述，从关联方披露会计准则到《关联方披露》等一系列会计规范的演变可以看出，由于资本市场上关联交易问题的突出显现，以及证券监管机关对上市公司信息披露监管改革的不断深化，我国关联交易会计规范有着以防止企业操纵利润为目的的方向演变的倾向。

我国有关规范包括财政部 1997 年颁布的《关联方关系及其交易的披露》、2001 年颁布的财会字 64 号文《暂行规定》已经对关联方交易的披露和会计处理进行了规范，但随着时间的推移，原准则已经不能适应越来越多、越来越复杂的关联方交易，已经不能足够地披露关联方关系和交易。另外，伴随着我国加入 WTO 以及我国会计准则和国际会计准则接轨步伐，迫切需要有新的会计准则来规范和披露关联方关系和关联方交易，需要有更能适应经济全球化、能够被国际社会所接受的会计准则。正是在这种背景下，《企业会计准则第 36 号——关联方披露》应运而生。

5.1.2　新、旧准则的比较

（1）对于存在控制关系的关联方，旧准则要求提供企业的法定代表人的姓名，要求提供所持股份或权益的比例及其变化，在新准则中则不需要提供企业的法定代表人的姓名，只需要提供其所持股份或权益的比例而不必要提供其变化，但是新准则还要求披露所持的表决权的比例。旧准则要求披露企业经济性质或类型以及主营业务，而新准则仅仅需要披露企业的业务性质。

母公司不是该企业最终控制方的，还应当披露最终控制方名称。母公司和最终控制方均不对外提供财务报表的，还应当披露母公司之上与其最相近的对外提供财务报表的母公司名称。而旧准则没有相关的规定。

（2）对于企业与关联方发生关联交易的情况，新准则规定在存在未结算金额的情况下，提供未结算应收项目的坏账准备金额，而旧准则没有相关的要求。

（3）在披露问题上，新准则规定在提供确凿证据的情况下，才能披露关联交易是公平交易。而旧准则就没有相关的规定。新、旧准则变化比较如表5－1所示。

表5－1　　新旧准则变化比较表

差异	原会计准则（1997）	新修订会计准则（2006）
披露范围	不要求母公司在财务报表中披露关联交易，也不要求在合并财务报表中披露包括在合并报表中的企业集团成员之间的交易。	不要求母公司财务报表中披露关联交易，但在合并财务报表中应当披露包括在合并报表中的企业集团成员之间的交易，以及个别财务报表中披露有关关联方关系及其交易的信息。

续表

差异	原会计准则（1997）	新修订会计准则（2006）
披露要求	原准则规定无论是否发生关联交易，存在控制关系的关联方企业应当披露，但未明确提及披露的层次即母公司、最终控制方。	关联发生交易，取消金额或比例的披露选择，要求企业必须披露交易金额。对未结算项目要求披露详细信息及金额。 强调只有在提供充分证据的情况下，企业才能披露关联交易采用了与公平交易相同的条款。

5.1.3 新会计准则与国际会计准则比较

（1）在披露的整体范围上，由于本次修订在范围上进行了补充，所以其范围与国际会计准则是一致的，也体现了新的会计准则与国际会计准则接轨的精神。

我国会计准则和国际会计准则在关联交易的披露范围方面不尽相同。IAS 要求在母公司、合营者或投资者根据《国际会计准则第 27 号——合并和单独财务报告》列报的单独财务报表中披露关联交易和未结算余额，取消了豁免母公司单独财务报表和全资子公司的财务报表披露关联交易信息，取消了对国家控制的盈利性主体之间所作交易的豁免披露条款。

我国国有企业在国民经济中占据重要地位，因此，同属国家控制的企业众多是我国的一个基本国情，国际会计准则的修订，会直接影响到我国国有企业的关联交易的披露。首先，加大披露的工作量，增加会计信息成本。例如，我国所有国有企业和国家控制的电信部门会发生无穷无尽的关联交易，这些交易如果都按照国际会计准则的要求披露，只能加大披露的成本，对增进投资者对企业的经营状况和经营成果的了解没有多大帮助。其次，要求每个企业披露同受国家控制的关联方具有不可行性，因为企业的管理层没有条件和权利义务去获知这些信息。因此，国际会计准则委员会主席大卫·泰迪先生表示，这项准则的修订并非针对中国。我们认为，这项准则的执行应贯彻重要性原则和成本效益原则，对于那些对提高企业的会计信息质量没有帮助，只是国有企业日常经营或运作中产生的和其他国有企业之间的关联交易，可以酌情予以简化披露或豁免披露。

（2）我国不要求在与合并会计报告一同提供的母公司会计报表中披露关联交易。IAS 要求与集团内其他主体的关联交易和未结算余额在主体的财务报告中进行披露。而我国不要求在合并会计报表中披露包括在合并会计报表中的企业集团成员之间的交易。

（3）国际会计准则要求披露关键管理人员报酬的总额，并且按照短期雇员福利、离职后福利、其他长期福利、辞退福利、权益报酬福利分类分别披露，而我国一般只披露报告期和前一期的报酬总额（包括货币、实物形式和其他形式的工资、福利、奖金、特殊待遇及有价证券等），一般不再按照类别详细披露。

（4）国际会计准则要求披露由于关联方产生的坏账而在本期确认的费用，而我国新的会计准则则没有这个规定。相反我国会计准则要求披露关联交易的定价策略，而国际会计准则没有相应的规定。

（5）在控制关系下，IAS 只要求披露该关联方关系，没有要求披露其他内容。而我国要求披露母公司和子公司的业务性质、注册地、注册资本（或实收资本、股本）及其变化，母公司对该企业或者该企业对子公司的持股比例和表决权比例。

（6）如果主体的母公司和最终控制方，均不提供供公众使用的财务报表，IAS 则要求披露供公众使用的财务报表的相邻最高级别的母公司的名称。而我国准则规定母公司和最终控制方均不对外提供财务报表的，还应当披露母公司之上与其最相近的对外提供财务报表的母公司名称。

上述差异的原因：一方面是我国国家控制的国有企业众多的国情；另一方面是我国关联方关系及其交易准则的目的之一是防止上市公司通过关联企业制造虚假利润。因此准则要求披露的重点在价格和金额，重视对损益表信息的解释。而国际会计准则考虑得相对全面，它的适用范围是任何国家和地区，因此披露规定不可能考虑到某一国，注重一定的普遍适用性。其披露的内容对损益表和资产负债表都有所侧重。

这些差异也反映出准则制定者的出发点差异。我国准则制定者某种程度上是从一个监督者的角度出发，制定准则时考虑如何方便监督多一些，要求企业提供便于监督的会计信息，虽然这些信息对投资者也是有用的，但有时提供过多的信息反而对投资者不利，丧失了保护投资者利益的初衷。而国际会计准则更多是从投资者角度出发，注重会计信息的公允表达和有用性。

5.2 对国内外关联交易披露方法的评述

提高关联交易披露的质量是各国现有的关联交易披露准则所关注的重点之一，也是提高会计信息透明度的基本手段。我国《关联方关系及其交易的披露准则》发布以来，对于提高关联交易信息的透明度起到了积极的作用，但实际执行中也存在一些问题。目前上市公司关联交易披露存在的问题主要是关联交易表外披露问题及通过关联交易非关联化逃避关联交易的披露问题。表外披露的问题表现为关联交易信息披露不充分，企业对于其所涉及的关联交易的信息披露重形式、轻实质的问题比较严重，披露的内容中对投资者有用的信息量很少，常常是披而不露。甚至有公司以“本公司无重大关联交易”将所发生的关联交易一笔带过。另一个突出的问题就是随着披露准则的完善和监管的加强，有的上市公司开始采用关联交易非关联化的手段逃避监管，具体包括：弱化关联关系、刻意隐瞒或藏匿关联关系等手段。于是借鉴国际会计准则及其他国家会计准则中的合理成分，提出了一些改进的措施，具体包括以下几个方面。本节就这些改进措施进行简单评述。

5.2.1　澄清关联方披露

新修订的 IAS No. 24 认为，该准则的规定主要是规范关联交易的披露，并不适用于关联交易的计量。因此删除了对关联方之间交易的定价基础的相关讨论，而将关注的焦点聚集在关联方的披露上。通过披露使财务报表的使用者自己判断关联交易对企业的经营成果、财务状况和现金流量的影响，解释了为什么要对关联方进行披露。无论关联方之间是否发生关联交易，关联方关系的存在都可能对主体的损益和财务状况产生影响。因此，有必要制定准则对关联关系及其交易披露进行规范，使财务报表使用者对关联方关系及其交易可能产生的风险和机遇进行评估。

上述观点与做法有合理的一面，但由于其实施依据的不是对关联交易与非关联交易的经济学意义上的差异的认识，而是建立在工商管理档案的基础之上。所以很难注解、管理按照经济的规律发生、发展、演变的关联交易。关联交易的非关联化正是其缺陷很好的说明。

5.2.2 规定最低披露要求

如果关联方之间发生了交易，主体应披露关联方关系的性质以及为理解关联方关系对财务报表的潜在影响所必须的关于交易和未结算余额的信息。除关键管理人员的报酬之外，最低限度的披露应该包括：（1）交易的金额；（2）未结算余额的金额以及未结算余额的条款和条件，包括它们是否被担保等；（3）与未结算余额的金额相关的坏账准备；（4）由于关联方产生的坏账而在本期确认的费用。

会计准则的制定，是相关各方利益平衡的体现。由于缺乏基础理论研究的支持，很难解释上述观点、做法的理由，也不清楚这样做是否足够。同时，如此的披露要求仍然是建立在关联方的确认基础上，无法解决关联交易非关联化的问题。其可取之处是，已注意到“未结算项目的金额”可能对公司有负面的影响。

5.2.3 实行分类披露法

IAS No. 24 增加了单独披露、分类披露以及汇总披露的细则。第一，单独披露要求报告主体的母公司、子公司、联营企业、合营企业、主体或其母公司的关键管理人员、对主体具有联合控制或重大影响的主体、其他关联方，要按照准则单独披露下列内容：交易金额；与关联方的未结算项目的余额及其条款与条件。包括它们是否被担保，结算中将提供的对价的性质，及给予或受到的担保的详细信息。特别是新准则要求披露与未结算余额的金额相关的坏账准备以及由于关联方产生的坏账而在本期确认的费用。旧准则中仅要求披露未结算项目的金额或适当的比例。第二，分类披露。新准则要求将上述规定披露的内容按照应付和应收关联方的金额分为不同类别披露，这样有助于对关联方余额进行更为全面、有效的分析。第三，汇总披露。新准则规定，除非为了理解关联交易对主体的财务报表的影响而必须单独或分类列示外，对于性质相同的项目，可以汇总披露。

上述观点、做法首先要求确认关联方，无法解决关联交易非关联化的问题。其可取之处是，已注意到“未结算项目的金额”“应付和应收金额”可能对公司有负面的影响。

5.2.4　部分豁免条款被取消

IAS No. 24 取消了对国家控制的营利性主体之间所作交易的豁免披露条款。旧的准则规定，受国家控制的企业的财务报表中关于同受国家控制的其他企业的交易可以不在财务报表中披露，这属于一种范围例外。新修订的准则规定在国际财务报告准则范围之内以营利为目的的国家控制的企业不再豁免披露其与其他国家控制的企业之间的交易。

对现行的准则就以下两个方面考虑如何修订：第一，区别不同交易性质的关联交易。考虑以交易的内容及性质来区分交易双方是否应被认定为关联方。例如同受国家控制的企业间从事一般的原料、产品等交易，而且没有证据显示存在政府干预的行为，则不被认定为关联方及其交易。但对于资产置换、重组、兼并收购及其他非货币性交易，则应全部认定为关联方。第二，区分政府的职能。如果政府机构或其授权机构代表国家行使上市公司的所有权，要分清政府的职能是行政职能还是纯经济职能。如果是前者，就很有可能出现政府行为，通过行政命令的方式使国家控制的企业发生关联交易；如果是后者，那么就要考虑其经济行为的合理性。如果国家控制的企业之间的关联交易有失公允，就不能豁免其信息披露义务或强制其披露相关信息。

上述观点、做法最大的亮点是提出区别不同性质的交易，但其区分的依据却是政府的职能、管理行为，这样的区分是没有执行者的，也是无法核实的。

5.2.5 重大关联交易在表内单独列示

美国准则关于对重大关联交易或特定关联方的交易事项单列的方法值得我们借鉴。该方法将关联交易形成的应收款项或应付款项在资产负债表中单列，与关联方的重大销售或购买交易也应在利润表上单独列示。我国上市公司目前均采用在会计报表附注中进行披露的方法，其中也要求说明关联交易对公司财务状况和经营成果的影响，但执行效果不好。特别是我国上市公司中存在比较严重的大股东占用上市公司资金的问题，仅仅依靠在会计报表附注中分类披露是不够的。这样做的优点是能够说明关联交易的详细资料，使投资者对关联交易进行全面细致的了解，但关联交易对公司的财务状况和经营成果以及现金流量造成什么样的总体影响，需要在资产负债表和利润表中单独列示来解决。

上述美国的观点、做法是以关联方的确认为基础的，而且重大关联交易的定义容易引起争议，执行中容易被技术性的交易手段所回避。其亮点是表内列示具有权威性、可读性，可充分展示该关联交易对公司财务状况、经营成果、现金流量、资产负债、利润所造成什么样的总体影响。

5.2.6 完善关联交易的披露形式

我国上市公司关联交易的披露，文字描述过于烦琐，不仅普通投资者无法看懂，就是专业人员也深感其烦。建议规定公司对关联交易的关键内容以固定的表格方式进行披露，将重大非经常性关联交易所形成的利润及占利润总额的比例、关联交易的现金流入流出情况、关联交易形成的应收（应付）款占关联交易金额的比重、关联交易的毛利率、关联交易对公司造成的最终后果（如摘帽，获得融资资格等）逐项列表反映，或者对经常性关联交易按上述项目汇总列示，这样就会增加这类交易的透明度。利用表格形式对判断关联交易的实质非常有益，通过这样的表格，关联交易的实质就一目了然，一般投资者也能辨别得出关联交易对公司的财务状况经营成果和现金流量的影响。

第6章 基于关联交易及关联交易非关联化案例分析

6.1 关联交易案例：亚星化学

6.1.1 案例介绍

(1) 公司、主要业务及经营模式

山东潍坊亚星化学股份有限公司（以下简称“亚星化学”），成立于2000年1月17日，是一家从事新型化学材料的开发和研究的化工企业。亚星化学的前身是潍坊化工有限公司，初始股东主要包括山东潍坊亚星集团有限公司（以下简称“亚星集团”）、香港嘉耀国际投资有限公司（以下简称“嘉耀国际”）、厦门经济特区对外贸易集团公司（以下简称

"对外贸易")、中国化学工程第十六建设公司（以下简称"化学工程十六"）和大连实德集团有限公司（以下简称"实德集团"）。亚星化学在 1999 年 12 月 28 日依法整体变更为股份有限公司，并于 2001 年 2 月 14 日，通过上海证券交易所，以上网定价的发行方式向社会公众公开发行人民币普通股 8000 万股。

亚星化学从事的主要业务是烧碱、氯化聚乙烯、ADC 发泡剂、水合肼的生产及销售，此外还从事蒸汽和电力的生产及销售。亚星化学主导产品的生产装置和技术全部从德国引进，现拥有 4 套世界级技术水平及规模的化工装置，生产规模居世界首位，是中国本行业第一个取得 ISO9000 质量管理体系认证的企业，是目前世界上最主要的含氯聚合物研发生产企业。亚星化学产品的主要用途：烧碱主要用于造纸、肥皂、染料、人造丝、制铝、石油精制、棉织品整理、煤焦油产物的提纯，以及食品加工、木材加工及机械工业等方面。氯化聚乙烯的主要用途是 PVC 塑料优良的抗冲击改性剂，也是综合性能良好的合成橡胶，有着极为广泛的应用领域，已广泛用于电缆、电线、胶管、胶布、橡塑制品、密封材料、阻燃运输带、防水卷材、薄膜和各种异型材等制品。ADC 发泡剂的主要用途是用于聚氯乙烯、聚乙烯、聚丙烯、聚苯乙烯、聚酰胺及各种橡胶等合成材料，广泛用于拖鞋、鞋底、鞋垫、塑料壁纸、天花板、地板革、人造革、绝热、隔音材料等发泡。水合肼主要用于合成 AC、D1PA、TSH 等发泡剂，也用作锅炉和反应釜的脱氧和脱二氧化碳的清洗处理剂；在医药工业中用于生产抗结核、抗糖尿病的药物；在农药工业中用于生产除草剂、植物生长调和剂和杀菌、杀虫、杀鼠药；此外它还可用于生产火箭燃料、重氮燃料、橡胶助剂等。企业坚持以氯碱为龙头，以含氯聚合物为主线，通过不断调整产品结构和拉长产品链，发展相关功能化学品，打造出一条布局合理、资源节约、环境友好的循环经济发展之路。目前，企业生产的烧碱用于制备水合肼，水合肼用来制备发泡剂。生产发泡剂过程中产生的副产品氨水及废盐酸分别全部用于水合肼和磷酸氢钙的生产。而生产烧碱产生的氯气又用于制备 CPE。这种循环延长的产品链，构建起亚星化学独具特色的产品结构。亚星化学配套建设了十几套“三废”治理和资源综合利用装置，水资源重复利用率达 95% 以上，废水、废气经处理后全部达标排放。

亚星化学的经营模式主要包括直接对外销售、经销商分销、电子商务网上销售等模式。其中烧碱、水合肼和 ADC 发泡剂的经营模式是直接对客户销售，氯化聚乙烯的经营模式是采用对客户直接销售、经销商、电子商务平台等混合模式销售。

（2）股权结构

截至 2011 年 12 月 31 日（中国证监会给予亚星化学行政处罚所属会计年度），亚星化学前十大股东及其性质、持股数量和持股比例如表 6－1 所示。表 6－1 显示，亚星集团持有亚星化学的股份数为 110465594，持股比例为 35.00%；嘉耀国际持有亚星化学的股份数为 57425935，持股比例为 18.20%；其他股东所持亚星化学的股份数较少，持股比例不超过 1.50%。可见，亚星化学的实际控制人为亚星集团，嘉耀国际为亚星化学的第二大股东。亚星化学存在“一股独大”的现象。

表 6－1　亚星化学前十大股东及其性质、持股数量和持股比例

股东简称	股东性质	持股总数	持股比例
亚星集团	国有法人	110465594	35.00%
嘉耀国际	境外法人	57425935	18.20%
李红卫	未知	3566473	1.13%
刘福民	未知	2465522	0.78%

续表

股东简称	股东性质	持股总数	持股比例
罗晋渝	未知	1469400	0.47%
吴向宁	未知	1316492	0.42%
中融信托	未知	1000000	0.32%
诺安股票	未知	959263	0.30%
陈欣欣	未知	899000	0.28%
信用担保户	未知	801505	0.25%

数据来源：亚星化学2010年度财务报告。

（3）证监会行政处罚情况

2009年，亚星化学披露的关联方包括母公司亚星集团、子公司亚星湖石和奥林置业，以及其他关联方第二热电、亚星大一、亚星投资、威朋化工、亚星经贸、星兴联合、亚星置业、欧莱化学、廊桥物业和未来化工，共计13个关联方，如表6-2所示。

2010年，亚星化学披露的关联方包括母公司亚星集团、子公司亚星湖石和欧莱化学，以及其他关联方第二热电、亚星大一、亚星投资、威朋化工、亚星经贸、星兴联合、亚星置业、廊桥物业和未来化工，共计12个关联方，如表6-3所示。

表6-2　　亚星化学2009年披露的关联方名单

序号	公司名称	公司简称	与亚星化学关系
1	潍坊亚星集团有限公司	亚星集团	母公司
2	潍坊亚星湖石化工有限公司	亚星湖石	子公司
3	潍坊奥林置业有限公司	奥林置业	子公司
4	潍坊第二热电有限责任公司	第二热电	母公司的控股子公司
5	潍坊亚星大一橡塑有限公司	亚星大一	母公司的控股子公司

续表

序号	公司名称	公司简称	与亚星化学关系
6	潍坊亚星投资有限公司	亚星投资	母公司的第二大股东
7	潍坊威朋化工有限公司	威朋化工	母公司的控股子公司
8	潍坊亚星经贸发展有限公司	亚星经贸	母公司的控股子公司
9	潍坊星兴联合化工有限公司	星兴联合	母公司的合营企业
10	潍坊亚星置业有限公司	亚星置业	母公司的全资子公司
11	潍坊欧莱化学有限公司	欧莱化学	母公司的全资子公司
12	潍坊廊桥物业管理有限公司	廊桥物业	母公司的全资子公司
13	潍坊未来化工工程技术有限公司	未来化工	母公司的全资子公司

数据来源：更正前的亚星化学 2009 年度财务报告。

表 6-3　　亚星化学 2010 年披露的关联方名单

序号	公司名称	公司简称	与亚星化学关系
1	潍坊亚星集团有限公司	亚星集团	母公司
2	潍坊亚星湖石化工有限公司	亚星湖石	子公司
3	潍坊欧莱化学有限公司	欧莱化学	子公司
4	潍坊第二热电有限责任公司	第二热电	母公司的控股子公司
5	潍坊亚星大一橡塑有限公司	亚星大一	母公司的控股子公司
6	潍坊亚星投资有限公司	亚星投资	母公司的第二大股东
7	潍坊威朋化工有限公司	威朋化工	母公司的控股子公司
8	潍坊亚星经贸发展有限公司	亚星经贸	母公司的控股子公司
9	潍坊星兴联合化工有限公司	星兴联合	母公司的合营企业
10	潍坊亚星置业有限公司	亚星置业	母公司的全资子公司
11	潍坊廊桥物业管理有限公司	廊桥物业	母公司的全资子公司
12	潍坊未来化工工程技术有限公司	未来化工	母公司的全资子公司

数据来源：更正前的亚星化学 2010 年度财务报告。

中国证监会依据《中华人民共和国证券法》（以下简称《证券法》）的有关规定，对亚星化学信息披露违法一案进行了立案调查、审理。经查明，亚星化学存在以下违法事实：①未按规定披露关联方关系。上海廊桥国际贸易有限公司（以下简称“上海廊桥”）是亚星化学的关联方，但亚星化学在2009年年度报告、2010年半年度报告、2010年年度报告及2011年半年度报告中均未将上海廊桥作为关联方披露。②未按规定披露关联交易。亚星化学与上海廊桥存在大量的业务往来，但亚星化学在2009年年度报告、2010年半年度报告、2010年年度报告及2011年半年度报告中均未将与上海廊桥发生的交易作为关联方交易披露。③未按规定披露与亚星集团的非经营性资金往来。④2011年半年度报告虚假记载。中国证监会查明违法事实后，对亚星化学和相关涉案人员进行行政处罚，如下：①责令亚星化学改正，给予警告，并处以40万元罚款；②给予陈华森警告，并处以30万元罚款；③给予曹希波警告，并处以20万元罚款；④给予王志峰、张福涛、郝玉江警告，并分别处以10万元罚款；⑤给予王汪波、唐文军警告，并分别处以5万元罚款；⑥给予周建强、鄢辉、周洋、陈坚、韩俊生、王维盛、裴延智、范铭华警告，并分别处以3万元罚款；⑦给予刘建平、董治、黄涛、林平、毕永昌、杨雷、崔焕义警告。

亚星化学隐藏关联方关系及关联交易，以及与母公司亚星集团的非经营性资金往来和虚假记载。本案例重点关注亚星化学关联方关系及关联交易情况，目的在于发现关联方及关联交易披露规则的缺陷。

6.1.2　案例分析

（1）亚星化学经营的基本情况

亚星化学自2006年以来，业绩缓慢增长（除2009年以外），收入成本情况如表6－4所示。亚星化学2006年至2010年的收入成本情况显示：2007年收入较2006年收入增长了11.73%；2008年收入较2007年收入增长了7.03%，2008年营业收入增幅较2007年营业收入增幅减少了4.70%；2009年营业收入较2008年营业收入减少了17.29%；2010年营业收入较2009年营业收入增长了21.58%。亚星化学的成本变化情况与收入一致。亚星化学的毛利率从2006年至2009年一直在下降，尽管2010年毛利率较2009年毛利率略有上升，但是总体上亚星化学毛利率处于下降的趋势。可见，亚星化学的业绩一直在下降，但其下降的原因是什么？

我们进一步分析亚星化学各个年度的收入、利润总额、净利润以及经营现金流量变化情况，如表6－5所示。2006年至2010年，亚星化学营业收入、利润总额和净利润均呈现相同的趋势。2006年至2008年，亚星化学的营业收入处于上升状态，但是其利润总额、净利润和经营活动现金流量却一直在下降。2009年，在营业收入、利润总额和净利润下降的情况下，亚星化学的经营现金流量不降反升，图6－1更加清楚地表现出亚星化学的收入、利润和经营现金流量变化趋势。可见，亚星化学的收入变化趋势与利润总额、净利润和经营活动现金流量的变化趋势相反。这一不寻常现象的背后却是频繁地关联交易。

表6－4　　　　　亚星化学收入成本情况

	2006	2007	2008	2009	2010
营业收入（万元）	174057.70	194469.46	208140.38	172162.63	209784.41
营业收入比上年增减（%）	–	11.73%	7.03%	–17.29%	21.85%
营业成本（万元）	153830.24	172806.46	192027.74	168129.44	204137.80

续表

	2006	2007	2008	2009	2010
营业成本比上年增减（%）	–	12.34%	11.12%	–12.45%	21.42%
毛利率（万元）	11.62%	11.14%	7.74%	2.34%	2.69%
毛利率比上年增减（%）	–	–0.48%	–3.40%	–5.40%	0.35%

数据来源：亚星化学 2006 年度、2007 年度、2008 年度、2009 年度和 2010 年度财务报告。

表 6 –5　亚星化学的收入、利润和经营现金流量情况

	2006	2007	2008	2009	2010
营业收入（万元）	174057.70	194469.46	208140.38	172162.63	209784.41
利润总额（万元）	5554.47	3936.05	3184.59	–12547.44	2838.94
净利润（万元）	4791.47	3427.36	3397.37	–9403.34	1918.73
经营活动现金流量（万元）	18551.86	13675.29	9804.05	27659.35	27262.38

数据来源：亚星化学 2006 年度、2007 年度、2008 年度、2009 年度和 2010 年度财务报告。

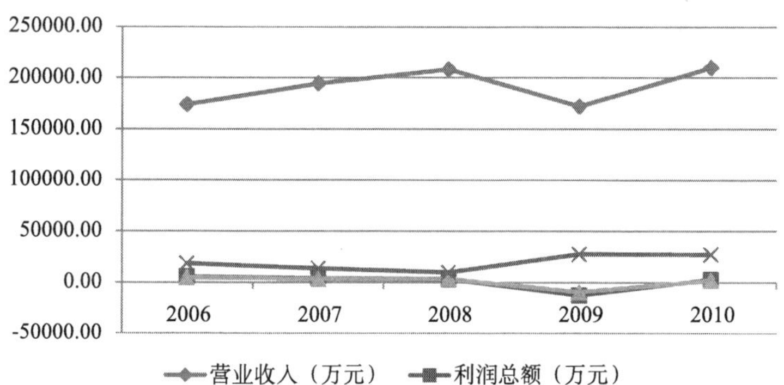

图 6 –1　亚星化学的收入、利润和经营现金流量变化趋势

（2）亚星化学关联交易下隧道挖掘的具体形式

①与上游供应商和下游销售客户进行关联采购和销售。亚星化学与上游供应商和下游销售客户进行关联采购和销售总体情况如表 6－6 所示。第一，关联采购总体情况。2006 年至 2010 年，亚星化学与上游供应商之间的关联采购金额一直在上升，其中 2009 年关联采购金额较 2008 年关联采购金额增长 1.73 倍；2010 年关联采购金额较 2009 年关联采购金额增长 5.13 倍。第二，关联销售总体情况。2006 年至 2010 年（除 2009 年以外），亚星化学与下游销售客户之间的关联销售金额一直在上升，其中 2010 年关联销售金额较 2009 年关联销售金额增长 1.02 倍；2009 年关联销售金额较 2008 年关联销售金额下降 44.98%，其原因在于 2009 年亚星化学的烧碱产品受到市场的冲击，调整产品结构，拆除部分烧碱产品线，关联方迫于市场形势减少烧碱产品采购，从而导致亚星化学 2009 年关联销售金额下降。可见，亚星化学的关联采购和关联销售金额较大，并呈逐渐上升趋势，尤其 2009 年和 2010 年，正是由于 2009 年和 2010 年关联交易金额较大，引起投资者和中国证监会的关注，中国证监会调查表明，亚星化学未按照《证券法》的规定披露关联方关系及关联方交易，给予亚星化学行政处罚。为了更加清楚地分析亚星化学的关联采购和关联销售情况，我们统计亚星化学各个年度不同关联交易内容的关联交易金额。

第一，亚星化学与上游供应商关联采购。亚星化学与上游供应商关联采购情况如表 6－7 所示。关于关联采购类型。亚星化学的关联采购交易类型主要包括：采购设备和备件、采购煤、采购包装物、接受运输服务及其他，其中 2010 年亚星化学关联采购类型剧增，主要增加的类型包括辅料、次氯酸钠、烧碱、盐、盐酸、液氮、ADC 发泡剂、双氧水、综合服务费、安装费、维

表 6－6　亚星化学与上游供应商和下游销售客户进行关联采购和销售总体情况　（单位：万元）

会计年度	2006	2007	2008	2009	2010
关联采购	1529.90	1648.27	1976.04	5400.29	33116.99
采购增幅		7.74%	19.89%	173.29%	513.24%
关联销售	9653.51	13249.38	21813.08	12002.02	24294.64
销售增幅		37.25%	64.63%	－44.98%	102.42%

原始数据来源：亚星化学 2006 年度、2007 年度、2008 年度、2009 年度和 2010 年度财务报告。并经作者整理所得。

修费、医疗费、化学品及加工费。可见，亚星化学关联采购交易的范围在不断扩大。关于关联采购金额。2006 年至 2009 年，亚星化学关联采购交易中采购设备和备件、采购包装物金额占大部分；2010 年，亚星化学采购其他材料及服务金额占据关联交易总额的 60.79%。亚星化学的关联方不满足于现有的关联交易现状，拓宽关联交易渠道，加大关联采购金额。可见，亚星化学的关联采购金额也在不断增加。因此，亚星化学正在不断地创造新的关联交易类型，不断地增加关联交易金额，向关联方输送利益。

第二，亚星化学与下游销售客户关联销售。亚星化学与下游销售客户关联销售情况如表 6－8 所示。关于关联销售类型。亚星化学的关联销售交易类型主要包括：销售辅料和备件，销售 CPE，销售废料，销售动力电，销售烧碱、蒸汽和液氮，以及其他，其中 2010 年亚星化学关联销售类型剧增，主要增加的类型包括电、水、盐、液氯、水合肼、盐酸、次氯酸钠、煤、离心机、维修费及其他。可见，亚星化学关联销售交易的范围在不断扩大。关于关联销售金额。2006 年至 2009 年，亚星化学关联销售交易中销售 CPE，销售动力电和销售烧碱、蒸汽、液氮的金额占大部分；2010 年，亚星化学销售其他产品及服务金额占关联销售总额的 82.86%。亚星化学的关联方不满足于现有的关联销售交易现状，拓宽关联销售交易渠道，加大关联销售金额。可见，亚星化学的关联销售金额也在不断增加。因此，亚星化学正在不断地创造新的关联交易类型，不断地增加关联交易金额，向关联方输送利益。

表 6-7　　亚星化学与上游供应商关联采购情况

会计年度	关联采购内容	金额（万元）	占同类交易金额的比例
2006	采购设备、备件	1035.90	10.26%
	采购煤	2204.35	13.52%
	采购包装物	289.05	30.12%
	接受运输服务	204.95	11.40%
2007	采购设备、备件	836.64	8.12%
	采购煤	0	0
	采购包装物	250.14	25.48%
	接受运输服务	561.49	28.11%
2008	采购设备、备件	798.87	8.18%
	采购煤	0	0
	采购包装物	313.62	35.67%
	接受运输服务	863.55	37.96%
2009	采购设备、备件	604.84	7.06%
	采购煤	0	0
	采购包装物	0	0
	接受运输服务	583.06	22.01%
	印刷	26.05	0.40%
	采购蒸汽、电	4186.34	11.97%

续表

会计年度	关联采购内容	金额（万元）	占同类交易金额的比例
2010	采购设备、备件	830.25	27.53%
	采购煤	0	0
	采购包装物	0	0
	接受运输服务	650.08	21.80%
	印刷	35.24	100.00%
	采购蒸汽	8281.90	64.03%
	采购水	0.82	0.06%
	采购电	3188.17	18.95%
	采购其他材料及服务	20130.53	-

注：亚星化学2010年采购其他材料及服务的种类主要包括辅料、次氯酸钠、烧碱、盐、盐酸、液氮、ADC发泡剂、双氧水、综合服务费、安装费、维修费、医疗费、化学品及加工费。

数据来源：亚星化学2006年度、2007年度、2008年度、2009年度和2010年度财务报告。

表6-8　　亚星化学与下游销售客户关联销售情况

会计年度	关联销售内容	金额（万元）	占同类交易金额的比例
2006	销售辅料、备件	775.42	21.14%
	销售CPE	1639.92	1.53%
	销售废料	547.19	14.92%
	销售动力电	4333.86	64.27%
	销售烧碱、蒸汽、液氮	2357.12	6.26%
2007	销售辅料、备件	1353.92	41.87%
	销售CPE	2156.76	1.82%
	销售废料	562.29	17.38%
	销售动力电	6220.85	68.11%
	销售烧碱、蒸汽、液氮	2955.56	6.85%

续表

会计年度	关联销售内容	金额（万元）	占同类交易金额的比例
2008	销售辅料、备件	840.92	22.58%
	销售 CPE	3371.03	2.60%
	销售废料	373.99	10.04%
	销售动力电	9561.10	70.70%
	销售烧碱、蒸汽、液氮	7666.04	19.97%
2009	销售辅料、备件	364.67	15.66%
	销售 CPE	3024.44	1.96%
	销售废料	231.92	7.08%
	销售动力电	7849.37	52.23%
	销售烧碱、蒸汽、液氮	531.62	4.02%
2010	销售辅料	935.86	32.90%
	销售备件	389.10	100.00%
	销售 CPE	1138.50	0.86%
	销售废料	635.30	84.41%
	销售烧碱	454.69	4.03%
	销售蒸汽	226.38	20.88%
	销售液氮	33.18	1.21%
	销售其他产品及服务	20481.63	-

注：亚星化学2010年销售其他产品及服务的种类主要包括电、水、盐、液氯、水合肼、盐酸、次氯酸钠、煤、离心机、维修费及其他。

数据来源：亚星化学2006年度、2007年度、2008年度、2009年度和2010年度财务报告。

另外，值得注意的是，亚星化学与上海廊桥的关联交易情况。中国证监会于2013年1月23日给予亚星化学行政处罚，经调查，亚星化学未披露与上海廊桥的关联方关系及关联交易。上海廊桥由亚星集团控制，是亚星集团和亚星化学的关联方。2009

年度，亚星化学向上海廊桥销售产品36704.20万元，自上海廊桥采购产品2937.16万元。截至2009年12月31日，亚星化学对上海廊桥往来科目余额为：应收票据9613.06万元，预付账款14335.24万元，应付票据21260.00万元，预收账款1015.95万元。2010年度，亚星化学向上海廊桥销售产品10033.91万元，自上海廊桥采购产品6010.67万元。截至2010年12月31日，亚星化学对上海廊桥往来科目余额为：应收账款376.41万元，预付账款2716.18万元，应付票据5700.00万元。可见，亚星化学隐藏与上海廊桥的关联交易的目的昭然可揭，控股股东通过关联交易转移亚星化学利益，并占用亚星化学资金。

②与关联方进行关联租赁。亚星化学关联租赁情况如表6-9所示。2006年，亚星化学与母公司亚星集团签订土地租赁合同，并支付土地租赁费269.66万元；亚星化学与关联方第二热电签订土地租赁合同，并支付土地租赁费62.38万元，亚星化学共支付332.04万元土地租赁款。2007年，亚星化学与母公司亚星集团签订土地租赁合同，并支付土地租赁费319.76万元；亚星化学与关联方第二热电签订土地租赁合同，并支付土地租赁费206.51万元，亚星化学共支付526.27万元土地租赁款。2008年，亚星化学与母公司亚星集团签订土地租赁合同，并支付土地租赁费534.74万元，亚星化学共支付534.74万元土地租赁款。2009年，亚星化学与母公司亚星集团签订办公场所租赁合同，并收到租赁费534.74万元；亚星化学与关联方第二热电签订热电装置及厂房土地设施租赁合同，并收到租赁费1666.67万元；亚星化学与关联方未来化工签订办公场所租赁合同，并收到租赁费3.60万元；亚星化学与关联方廊桥物业签订办公场所租赁合同，并收到租赁费0.75万元，亚星化学共收到2205.76万元租赁款项。2010年，亚星化学与母公司亚星集团签订办公场所租

赁合同，并收到租赁费534.74万元；亚星化学与母公司亚星集团签订离子膜烧碱装置及厂房土地租赁合同，并收到租赁费3275.00万元；亚星化学与关联方第二热电签订热电装置及厂房土地设施租赁合同，并收到租赁费2291.67万元；亚星化学与关联方未来化工签订办公场所租赁合同，并收到租赁费3.60万元；亚星化学与关联方廊桥物业签订办公场所租赁合同，并收到租赁费1.80万元，亚星化学共收到6106.81万元租赁款项。可见，2006年至2008年，亚星化学作为关联租赁的租赁方向关联方转移利益；2009年至2010年，亚星化学作为关联租赁的出租方向关联方转移利益。并且，亚星化学的关联租赁金额一直处于上升趋势，其中2009年亚星化学关联租赁金额较2008年增加1671.02万元，增幅为3.12倍；2010年亚星化学关联租赁金额较2009年增加3901.05万元，增幅为1.77倍。

表6－9　　亚星化学关联租赁情况　　（单位：万元）

会计年度	2006	2007	2008	2009	2010
金额（万元）	332.04	526.27	534.74	2205.76	6106.81

数据来源：亚星化学2006年度、2007年度、2008年度、2009年度和2010年度财务报告。

③与关联方进行关联担保。亚星化学为关联方提供的担保情况如表6－10所示。2007年，亚星化学为亚星集团提供两次担保，担保金额分别为3260.58万元和1400万元；亚星化学为威朋化工提供担保，担保金额为3500.00万元；亚星化学为亚星乐天提供担保，担保金额为1600.00万元。故2007年亚星化学共提供担保金额为24160.58万元。2008年，亚星化学为威朋化工提供担保，担保金额为3500.00万元。2009年，亚星化学为亚星湖石提供担保，担保金额为2000.00万元。2010年，亚星化

学为亚星湖石提供担保，担保金额为7375.00万元；亚星化学为亚星集团提供担保，担保金额为4000.00万元。故2010年亚星化学共提供担保金额为11375.00万元。可见，2007年至2010年，亚星化学为关联方提供大量担保。一旦关联方发生不能履约或者资金出现困难，亚星化学将承受巨大的资金压力。

表6-10　　亚星化学提供的关联担保情况　　（单位：万元）

会计年度	2006	2007	2008	2009	2010
金额（万元）		24160.58	3500.00	2000	11375

数据来源：亚星化学2006年度、2007年度、2008年度、2009年度和2010年度财务报告。

④与关联方进行资产转让、债务重组和股权转让。亚星化学与关联方进行资产转让、债务重组和股权转让情况如表6-11所示。2007年，亚星化学分别向母公司亚星集团和第二热电购买土地使用权，购买价款12020.81万元。2009年，亚星化学向关联方购买发泡剂装置，花费16053.00万元；亚星化学向母公司转让欧莱化学股权，转让价款3350.96万元。2010年，亚星化学向关联方欧莱化学收购其股权，收购价款10411.66万元；亚星化学向关联方威朋化工收购发泡剂装置，收购价款3242.67万元；亚星化学向关联方第二热电收购热电装置，收购价款2192.52万元。可见，亚星化学频繁地与母公司亚星集团和其他关联方发生资产转让、债务重组和股权转让，标的资产并没有公允价格或者公允价格难以确定，很可能导致亚星化学资产转移或利益输送行为，损害中小股东利益。亚星化学通过向关联方进行资产转让、债务重组和股权转让，进而实现控股股东利用关联交易实现“隧道挖掘”。

表 6-11　亚星化学的关联资产转让、债务重组和股权转让情况

会计年度	关联方	关联交易内容	金额（万元）	占同类交易金额的比例
2006	-	-	-	-
2007	亚星集团	购买土地使用权	7654.71	63.70%
	第二热电	购买土地使用权	4366.10	36.30%
2008	-	-	-	-
2009	威朋化工	收购发泡剂装置	16053.00	100.00%
	亚星集团	转让欧莱化学股权	3350.96	100.00%
2010	欧莱化学	收购欧莱化学股权	10411.66	100.00%
	威朋化工	收购发泡剂装置	3242.67	100.00%
	第二热电	收购热电装置	2192.52	100.00%

数据来源：亚星化学 2006 年度、2007 年度、2008 年度、2009 年度和 2010 年度财务报告。

（3）亚星化学关联交易的原因分析

中国证监会 2013 年 1 月 23 日对亚星化学进行行政处罚，经调查表明：2007 年 6 月，亚星集团安排其持有 91% 股份的第二热电，通过借款合同和股权质押合同，分别向青岛吉永昌装饰设计工程有限公司（以下简称青岛吉永昌）、上海宝韧化工有限公司（以下简称上海宝韧）两家公司提供 200 万元和 800 万元，由这两家公司以该借款出资成立了上海廊桥。除该两笔借款外，第二热电与青岛吉永昌、上海宝韧无任何经济往来。截至调查结束，青岛吉永昌、上海宝韧尚未向第二热电归还上述借款，也从未按照借款合同中的约定向第二热电支付过借款利息。上海廊桥成立后至调查结束，先后有过 3 名财务人员，其中有 2 人是亚星集团向上海廊桥派驻的，工资一直由亚星集团发放；上海廊桥在工商银行、中国银行驻潍坊的分支机构分别开有一个账户，亚星

集团保管着上海廊桥的财务专用章，上海廊桥在潍坊的银行业务都由亚星集团的财务人员办理；除与亚星集团、亚星化学及亚星化学的子公司潍坊亚星湖石化工有限公司（以下简称亚星湖石）存在销售、采购业务往来外，上海廊桥对外基本无经营业务发生；上海廊桥自成立后未向青岛吉永昌、上海宝韧进行过利润分配。2010 年 11 月，上海廊桥在办理年度工商年检时无法与原法定代表人取得联系。2011 年 5 月，经亚星集团领导研究决定，找到一位与公司无任何关联的人员暂时担任法定代表人配合公司年审。亚星化学、亚星集团及上海廊桥提供给调查组的书面说明承认，从上海廊桥的人员及业务等各方面情况看，上海廊桥由亚星集团控制，系亚星集团和亚星化学的关联方。

但是亚星化学在 2009 年年度报告、2010 年半年度报告、2010 年年度报告及 2011 年半年度报告中均未将上海廊桥作为关联方披露，更未按规定在相关定期报告中披露与上海廊桥相关的关联交易事项。为什么亚星化学能够暂时蒙蔽会计师事务所的审计和内部监事会、内部审计委员会等内部监督机构？

①根本原因：关联方及关联方交易披露规则缺陷。根据 2006 年财政部颁布的《企业会计准则第 36 号——关联方披露》中第二章第三条关于关联方的定义以及《证券法》关于关联方的认定，关联方的定义是：一方控制、共同控制另一方或对另一方施加重大影响，以及两方或两方以上同受一方控制、共同控制或重大影响的，构成关联方。其中控制，是指有权决定一个企业的财务和经营政策，并能据以从该企业的经营活动中获取利益；共同控制，是指按照合同约定对某项经济活动所共有的控制，仅在与该项经济活动相关的重要财务和经营决策需要分享控制权的投资方一致同意时存在；重大影响，是指对一个企业的财务和经营政策有参与决策的权力，但并不能够控制或者与其他方一起共

同控制这些政策的制定。

现行关联交易信息披露方式是以关联方的确认为基础的，也就是说，财务信息如何披露需要以工商行管理等部门的反馈为依据才能确定，这就使“缓披露”“不披露”有机可乘，使上市公司有借口推卸本应由其完全承担的信息披露的责任。

亚星化学关注形式上的披露对其实际经营行为、关联交易的出发点以及对参与交易的公司运营和发展影响、后果等，具体内容没有披露。这种关联交易披露准则灵活性上的不足使得在甄别上市公司在关联交易信息的披露上是否存在不符实的虚假谎报以及重大错报、漏报等问题变得十分困难。关联交易因其交易本身特殊性，其牵涉的领域多、情况繁杂，《关联方交易准则》中仅论及了其交易过程中需要说明的价格确定依据，对于关联交易中的定价策略选择未作说明。对关联交易价格的披露；即定价政策的披露只是简单地陈述为按照市场价格交易。这让投资者无法判断，即亚星化学的关联方及其披露并没有与一般交易区分出来，关联方价格是否具有“价格共识”，具有“价格共识”与“不具有价格共识”的交易没有区分开，导致外部利益相关者无法判断关联方交易定价公允性。

亚星化学正是基于目前我国关于关联方及关联交易披露的缺陷和不足，隐瞒其上海廊桥的关联方关系及关联交易，其主要表现在：关联交易只在表外披露，约束力不强，信息披露不充分，外部会计师事务所将审计的精力主要放在资产负债表、利润表和所有者权益表三大报表的准确性和完整性。因此，需要一种关联交易披露新模式，增强会计信息质量的目的，保护中小投资者利益，实现更优的市场资源配置作用。

②其他原因：一股独大、治理机构形成虚设。第一，一股独大。亚星化学前五大股东及其性质、持股数量和持股比例如表 6

-12 所示。表 6-12 显示，亚星集团是亚星化学的母公司，地方国有控股企业，持有亚星化学股份数量为 110465594 股，持股比例为 35.00%；嘉耀国际是境外法人，持有亚星化学股份数量为 57425935 股，持股比例为 18.20%；李红卫，自然人，持有亚星化学股份数量为 3566473 股，持股比例为 1.13%；刘福民，自然人，持有亚星化学股份数量为 2465522 股，持股比例为 0.78%；罗晋渝，自然人，持有亚星化学股份数量为 1469400 股，持股比例为 0.47%。可见，亚星化学的母公司亚星集团为亚星化学的实际控制人。因此，亚星化学存在“一股独大”的现象。“一股独大”在形式上表现为内部人越位，亚星化学的治理机构就会形同虚设，起不到相互制衡、相互制约的作用。亚星集团作为亚星化学的实际控制人，决定亚星化学的重大决策，中小股东的利益得不到保护，缺失利益牵制机制，为亚星集团以关联交易进行“隧道挖掘”行为提供了便利，损害中小投资者利益。

第二，治理机构形成虚设。亚星化学的治理结构健全，没有监事会、内部审计委员会、内部审计部门、独立董事等治理机构。监事会的职能在于监督董事会行为，但监事会并未履行其职能，可有可无。内部审计委员会和内部审计部门是亚星化学按照相关规定披露关联方关系及其交易和亚星集团通过关联方交易进行隧道挖掘的直接监督人，但是内部审计委员会和内部审计部门却不制止，默许亚星化学的行为，内部审计委员会和内部审计部门已经完全听命于董事会，或者是说亚星集团，形同虚设。独立董事，尤其是会计和审计领域的独立董事，并未对亚星化学频繁发生的关联交易和关联方关系及关联方披露提出任何意见，也没有记录在董事会会议和股东大会会议记录中，独立董事的外部监督职能已经完全丧失。

表 6-12　亚星化学前五大股东及其性质、持股数量和持股比例

股东简称	股东性质	持股总数	持股比例
亚星集团	国有法人	110465594	35.00%
嘉耀国际	境外法人	57425935	18.20%
李红卫	未知	3566473	1.13%
刘福民	未知	2465522	0.78%
罗晋渝	未知	1469400	0.47%

数据来源：亚星化学 2010 年度财务报告。

（4）亚星化学关联交易的经济后果分析

①遭受行政处罚和财务状况恶化。上海廊桥由亚星集团控制，系亚星集团和亚星化学的关联方。亚星化学在 2009 年年度报告、2010 年半年度报告、2010 年年度报告及 2011 年半年度报告中均未将上海廊桥作为关联方披露，也未按规定及时披露与上海廊桥相关的关联交易事项。2013 年 1 月 23 日，中国证监会查明上述违法事实后，依照《证券法》的有关规定，对亚星化学进行行政处罚：A. 责令亚星化学改正，给予警告，并处罚款；B. 给予相关涉案人员警告，并处罚款。

亚星化学 2007～2013 年度的偿债能力、盈利能力和营运能力如表 6-13 所示。A. 偿债能力。短期偿债能力：2007 年至 2008 年，亚星化学现金比率、速动比率和流动比率均在下降；2009 年和 2010 年隐瞒与上海廊桥之间的关联方关系及关联交易，2008 年至 2013 年，亚星化学现金比率、速动比率和流动比率均一直在下降。可见，亚星化学的控股股东通过关联交易转移上市公司亚星化学的利益，使得亚星化学的短期偿债能力较弱。长期偿债能力：2007 年至 2008 年，亚星化学的资产负债率一直上升；2009 年和 2013 年，亚星化学的资产负债率继续保持上升趋势，其中 2012 年和 2013 年亚星化学的资产负债率接近 80%。

表 6-13　亚星化学偿债能力、盈利能力和营运能力

	2007	2008	2009	2010	2011	2012	2013
偿债能力：							
现金比率	0.27	0.04	0.11	0.09	0.08	0.07	0.07
速动比率	0.73	0.61	0.56	0.48	0.46	0.37	0.31
流动比率	0.82	0.74	0.62	0.60	0.60	0.47	0.42
资产负债率	56.91%	61.86%	69.57%	71.40%	72.89%	82.61%	79.75%
盈利能力：							
总资产收益率	1.26%	1.08%	-2.66%	0.55%	-1.81%	-18.83%	-1.03%
净资产收益率	2.92%	2.84%	-8.75%	1.91%	-6.69%	-108.29%	-5.08%
营运能力：							
应收账款周转率	13.66	16.85	11.08	12.34	13.38	20.85	29.96
存货周转率	14.43	8.63	11.68	7.66	5.66	7.22	8.26
总资产周转率	0.71	0.66	0.49	0.60	0.61	0.65	0.76

注：现金比率 =（货币资金 + 交易性金融资产）/流动负债；速动比率 =（流动资产 - 存货 - 预付账款 - 待摊费用）/流动负债；流动比率 = 流动资产/流动负债；资产负债率 = 负债总额/资产总额；总资产收益率 = 净利润/平均总资产；净资产收益率 = 净利润/平均净资产；应收账款周转率 = 销售收入/平均应收账款余额；存货周转率 = 营业成本/平均存货余额；总资产周转率 = 销售收入/平均总资产余额。原始数据来源：亚星化学 2007 ~ 2013 年各年度财务报告。

可见，控股股东亚星集团的“隧道挖掘”行为，使得亚星化学的长期偿债能力变弱。B. 盈利能力。2007 年、2008 年和 2010 年亚星化学的总资产收益率和净资产收益率为正数，均不超过 3%；2009 年、2011 年、2012 年和 2013 年亚星化学的总资产收益率和净资产收益率为负数，亚星化学已经无法实现盈利，其实我们不难发现，2010 年亚星化学的总资产收益率为 0.55%，净资产收益率为 1.91%，2010 年亚星化学微盈利。可见，亚星化学的盈利能力一直处于恶化的趋势。C. 营运能力。应收账款周转率：2009 年应收账款周转率为 11.08，2010 年应收账款周转率为 12.34，2009 年和 2010 年应收账款周转率为 2007 ~ 2013 年应收账款周转率的最低年度。存货周转率：2007 年至 2013 年，存货周转率一直波动下降。总资产周转率：2007 年至 2013 年，总资产周转率也一直波动下降。可见，亚星化学的关联交易使得其营运能力下降。综上所述，控股股东通过关联交易进行“隧道挖掘”，使得亚星化学遭受行政处罚并且财务状况恶化。

②损害中小股东利益。亚星化学每股收益与股利分配情况如表 6 – 14 所示。亚星化学的现金股利分配情况表明，2007 年至 2009 年，亚星化学均在派发现金股利。结合亚星化学的每股收益情况，2009 年，亚星化学在每股收益为 – 0.35 的情况下，还在发配现金股利。亚星化学每股收益与现金股利不匹配的情况，表明控股股东亚星集团以分配股利的方式攫取亚星化学的利润。因此，控股股东知道亚星化学的财务状况会一直恶化，2009 年依然强迫亚星化学分配现金股利从上市公司亚星化学套取资金实现利益输送，损害中小股东利益。

表 6 – 14　　亚星化学每股收益与股利分配情况

	2007	2008	2009	2010	2011	2012	2013
每股收益	0.06	0.05	– 0.35	0.02	– 0.18	– 1.51	0.03
现金股利	1	0.5	0.20				

数据来源：亚星化学股利分配公告和财务报告。单位：每 10 股。

③损害投资者利益。2012 年 6 月 19 日，亚星化学发布《关于收到中国证券监督管理委员会行政处罚决定书的公告》，披露公司因信息披露违法被行政处罚。公开资料显示，证监会认定亚星化学存在与大股东亚星集团大额直接非经营性资金往来未入账、间接非经营性资金往来未入账信息披露违法行为，此外，亚

星化学还存在未及时披露重大担保事项信息披露违法行为。其中，2009 年 1 月至 2010 年 11 月期间大额直接非经营性资金往来累计金额高达 13.09 亿元；发生间接非经营性资金往来金额高达 15 亿元；两笔担保金额分别为 2000 万元。因亚星化学虚假陈述行为被曝光，亚星化学股价下跌，致使投资者权益受到损失。值得一提的是，2010 年 11 月 16 日，亚星化学公告被证监局立案调查，当日股价跌幅达 9.58%。

④损害债权人利益。亚星化学的偿债能力如表 6－15 所示。如前文分析的一样，亚星化学的短期偿债能力和长期偿债能力均在不断下降，尤其 2012 年和 2013 年资产负债率超过 80%，银行和其他债权人的利益无法保证。一旦亚星化学发生重大行政处罚、退市、资金周转困难，无法按时归还银行和其他债权人借款和利息，使得债权人利益受损。

表 6－15　　亚星化学偿债能力

	2007	2008	2009	2010	2011	2012	2013
现金比率	0.27	0.04	0.11	0.09	0.08	0.07	0.07
速动比率	0.73	0.61	0.56	0.48	0.46	0.37	0.31
流动比率	0.82	0.74	0.62	0.60	0.60	0.47	0.42
资产负债率	56.91%	61.86%	69.57%	71.40%	72.89%	82.61%	79.75%

注：现金比率 =（货币资金 + 交易性金融资产）/流动负债；速动比率 =（流动资产 – 存货 – 预付账款 – 待摊费用）/流动负债；流动比率 = 流动资产/流动负债；资产负债率 = 负债总额/资产总额。原始数据来源：亚星化学 2007～2013 年各年度财务报告。

6.2 关联交易非关联化案例：科达股份

6.2.1 案例介绍

(1) 公司、主要业务及产品介绍

科达集团股份有限公司（以下简称“科达股份”），成立于1993年12月17日，目前是一家从事数字营销的互联网和相关服务的集团公司，并于2004年4月26日在上海证券交易所挂牌上市，股票代码为“600986”。科达股份主要业务变化情况：2004年4月26日，科达股份的主营业务为基础设施施工，主要包括公路、桥梁、市政工程等；2005年5月12日，科达股份的经营范围增加“房地产开发、销售”，主营业务变更为基础设施施工与房地产开发；2009年7月6日，科达股份的经营范围增加“园林绿化工程设计及工程总承包和相关技术咨询，旧桥加固技术服务”，主营业务变更为基础设施设计、施工与房地产开发；2015年8月，科达股份原主营业务为各级公路、市政基础设施、桥隧、水利等工程项目的建设施工及房地产开发销售，主营业务延伸至数字营销领域。

①技术设施施工、基础设施设计。科达股份坚持城市运营与工程总承包并重的发展模式，推行设计采购施工和投资建设两个一体化战略，完善城市建设和交通基础设施领域的全产业链资源和运作能力，打造国内知名的城市建设综合运营商。多年来，科达股份打造精品工程70余项，获国家专利51项，主编国家行业标准1项，获国家级工法3项，获省部级工法48项。科达股份具有市政公用工程、公路工程施工总承包壹级资质，桥梁、公路

路基、路面、交通工程（公路安全设施）专业承包壹级资质。

②房地产开发销售。科达股份的住宅地产坚持低碳智能理念，打造全国房地产开发品牌。在东营、青岛、烟台、滨州、海南两省五地设有开发项目，总开发面积180万平方米，总投资额110亿元。科达股份的商业地产以国际化视野规划建设的城市综合体，以跨国、跨区域的金融、房地产领域企业，本土的大中型企业以及高成长中的第三产业为主要服务对象，为其提供高标准的工作环境及服务模式，全力打造国际化高端商务战略平台。科达股份的产业园区抢抓国家全面落实“创新驱动”发展战略，积极探索三四线城市创新创业服务业的发展机制，搭建商业化运作的区域性支撑平台，服务当地经济转型升级。

③数字营销业务。2015年8月，科达股份完成第一次资产重组，通过发行股份及支付现金方式收购百孚思、同立传播、华邑、雨林木风和派瑞威行5家公司。2015年12月，科达股份启动第二次资产重组，通过发行股份及支付现金方式收购爱创天杰85%股权、智阅网络90%股权和数字一百100%股权。科达股份第一次重组的五家公司分布在数字营销产业链不同节点，在各自领域都具有较强的竞争实力。依托上市公司平台进行整合后，在上市公司体内形成一条集创意策划（华邑）、线上推广（百孚思）、线下执行（同立传播）、效果优化（派瑞威行）、媒体平台（雨林木风）为一体的数字营销产业链。报告期内，公司贯彻“聚焦营销服务与深入发掘行业应用”的双重战略，通过“内生+外延”的方式把握数字营销领域的战略机遇，将行业数字营销做到极致，重点布局汽车行业数字营销，并快速形成在汽车数据服务等重点行业应用的优势。

数字营销是伴随着互联网发展而诞生的新型营销服务方式，通过媒介向大众传递信息、产品和服务的产业形态决定了广告营销的形态和商业模式。随着移动互联时代到来，行业环境呈现碎片化、传统手段失效等特征，而真正有效的营销则发展成为基于互联网等多种媒体，整合不同平台和数据，通过各种营销手段和内容，实现覆盖整个用户旅程的动态营销。在互联网时代，运用大数据等手段，结合地理位置、生活习惯、家庭成员等信息对用户进行画像，实现精准投放；同时，企业结合各种监控手段，可以准确了解到每一条营销信息的传播路径、起效方式；另一方面，对于消费者而言，相比传统狂轰滥炸式的广告版面、时段、位置占据，精确定位需求的营销有的放矢，置换了被无效广告占据的时间，大大加深了消费者与企业之间的互动。基于此，科达股份初步构建起围绕用户旅程，以客户需求为核心，将不同营销产品进行创新和整合。

（2）股权结构

截至2008年12月31日（科达股份违规所属年度），科达股份前十大股东及其性质、持股数量和持股比例如表6－16所示。表6－16显示，金润投资持有科达股份的股份数为31850600，持股比例为19.00%；科达实业持有科达股份的股份数为30792760，持股比例为18.37%；通乾证券持有科达股份的股份数为2930735，持股比例为1.75%；高登投资持有科达股份的股份数为1869141，持股比例为1.12%；第五大股东至第六大股东均为境内自然人，所持科达股份的股份数较少，持股比例不超过1.00%。据2008年科达股份财务报告披露，金润投资与科达实业之间不存在关联关系及一致行动人关系，金润投资、科达实业与其他前10名股东之间不存在关联关系及一致行动人关系。可见，科达股份的控股股东为金润投资。

科达股份与实际控制人之间的产权及控制关系如图6－2所示。广饶县大王镇人民政府持有广饶县大王集体资产管理中心

100%的股份，广饶县大王集体资产管理中心持有金润投资51%的股份（绝对控制），金润投资持有科达股份19%的股份。

表6-16　科达股份前十大股东及其性质、持股数量和持股比例

股东简称	股东性质	持股总数	持股比例
金润投资	其他	31850600	19.00%
科达实业	未知	30792760	18.37%
通乾证券	境内非国有法人	2930735	1.75%
高登投资	未知	1869141	1.12%
张智勇	境内自然人	1145000	0.86%
李勇平	境内自然人	1433446	0.86%
邓如珍	境内自然人	1380800	0.82%
柳宏	境内自然人	1348062	0.80%
赵旭	境内自然人	1198100	0.71%
魏赏武	境内自然人	1036515	0.62%

数据来源：科达股份2008年度财务报告。

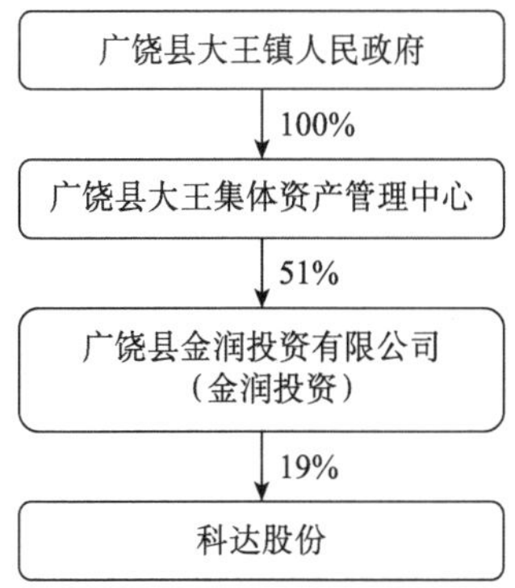

图6-2　科达股份与实际控制人之间的产权及控制关系

（3）证监会行政处罚情况

2011年9月8日，中国证监会发布行政处罚决定书，对科达股份及相关涉案人员给予行政处罚。经查明，科达股份存在如下违法事实：①科达股份2006年对土地收购事项未按规定及时进行信息披露；②科达股份2006年年度报告对土地收购事项虚假记载；③科达股份2007年对相关关联交易未按规定及时进行信息披露；④科达股份2007年年度报告虚假陈述，包括科达股份2007年年度报告对土地收购事项虚假记载，科达股份2007年年度报告未披露相关关联交易；⑤科达股份2008年对相关关联交易未按规定及时进行信息披露；⑥科达股份2008年年度报告虚假陈述，包括科达股份2008年年度报告对土地收购事项虚假记载，科达股份2008年年度报告未披露相关关联交易；⑦科达股份2009年对相关关联交易未按规定及时进行信息披露；⑧科达股份2009年半年度报告未披露相关关联交易。根据当事人违法行为的事实、性质、情节与社会危害程度，依据《证券法》第一百九十三条、《行政处罚法》第二十七条的规定，中国证监会决定：①对科达股份给予警告，并处以60万元罚款；②对刘双珉给予警告，并处以30万元罚款；③对韩晓明给予警告，并处以15万元罚款；④对潘相庆给予警告，并处以10万元罚款；⑤对吕江、卢文纲、韩晓光给予警告，并分别处以3万元罚款；⑥对姬光荣、赵军、袁东风、李树印、王树云、延新贵、孙明强给予警告。我们重点关注科达股份关联方关系及关联交易披露的情况，目的在于发现关联方及关联交易披露规则的缺陷。

6.2.2 案例分析

(1) 科达股份经营基本情况

科达股份自2006年以来，业绩平稳上升，收入成本情况如

表 6－17 所示。①科达股份收入情况表明：2007 年收入较 2006 年收入增长了 32.02%；2008 年营业收入较 2007 年营业收入降低了 277.45%；2009 年营业收入较 2008 年营业收入增长了 50.28%；2010 年营业收入较 2009 年营业收入增长了 33.40%，2010 年营业收入增幅较 2009 年营业收入增幅降低了 16.88%。②科达股份成本情况变化与收入变化相一致。但是值得注意的是，2010 年科达股份收入增幅为 33.40%，而成本增幅为 58.11%。可见，科达股份盈利有下降的趋势。③科达股份毛利率。2006 年至 2010 年（除 2009 年以外），科达股份的毛利率一直在下降。因此，科达股份的盈利性在降低。

表 6－17　　　　科达股份收入成本情况

	2006	2007	2008	2009	2010
营业收入（万元）	49782.97	65725.73	47684.29	71657.70	95592.36
营业收入比上年增减（%）	-	32.02%	-27.45%	50.28%	33.40%
营业成本（万元）	37509.46	51666.28	39057.12	56299.29	89016.53
营业成本比上年增减（%）	-	37.74%	-24.41%	44.15%	58.11%
毛利率（万元）	24.65%	21.39%	18.09%	21.43%	6.88%
毛利率比上年增减（%）	-	-3.26%	-3.30%	3.34%	-14.55%

数据来源：科达股份 2006 年度、2007 年度、2008 年度、2009 年度和 2010 年度财务报告。

为了更清楚了解科达股份的情况，我们进一步分析科达股份各个年度的收入、利润总额、净利润以及经营现金流量情况，如表 6－18 所示。2006 年至 2009 年，科达股份的营业收入、利润总额和净利润均呈现相同的变化趋势。但 2010 年科达股份的营业收入与利润总额和净利润出现了相反的趋势，科达股份 2010 年营业收入较 2009 年营业收入增加，2010 年利润总额和净利润较2009年利润总额和净利润大幅度下降。2006年至2009年，科达股份经营活动现金流量一直在上升，但2008年科达股份营业收入、利润总额和净利润均下滑，甚至为负的情况下，2008年经营活动现金流量却较2007年经营活动现金流量增加。另外，2010年经营活动现金流量变化趋势与2010年营业收入变化趋势相反，即2010年科达股份营业收入增加，但2010年经营活动现金流量却在下降。图6－3也印证了上述变化趋势。以上证据均表明，科达股份财务状况存在问题，经营决策、市场情况等均在不断变动，也与大股东无偿占用上市公司科达股份的资金以谋求自身利益的行为是分不开的。

表6－18　科达股份的收入、利润和经营现金流量情况

	2006	2007	2008	2009	2010
营业收入（万元）	49782.97	65725.73	47684.29	71657.70	95592.36
利润总额（万元）	1960.06	3346.76	－979.78	6522.45	593.06
净利润（万元）	783.94	1361.02	－1406.18	5048.55	708.26
经营活动现金流量（万元）	4941.34	11743.26	22265.64	38396.78	17933.15

数据来源：科达股份2006年度、2007年度、2008年度、2009年度和2010年度财务报告。

（2）科达股份关联交易非关联化

2003年，科达集团子公司东营市精细化工厂（以下简称“精细化工”）向科达股份的子公司东营科英激光电子有限公司（以下简称“科英激光”）借款29000万元，其后还接连发生多笔资金往来，但科达股份未履行相应的信息披露程序。2005年11月，中国证监会依据《证券法》的相关规定，对科达股份是否存在未按照《证券法》的相关规定对关联方及关联交易及时

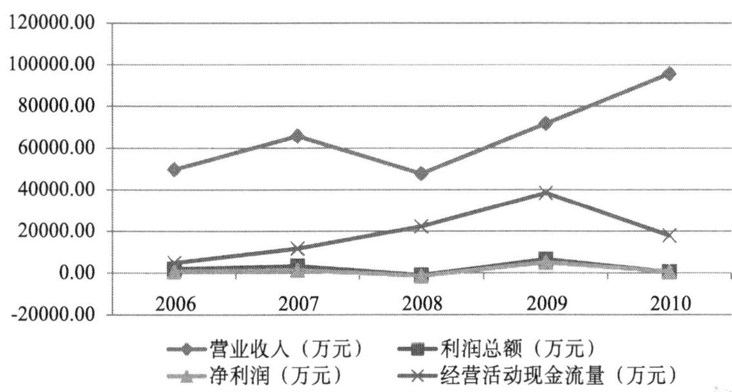

图6-3　科达股份的收入、利润和经营现金流量变化趋势

地履行信息披露程序进行调查。科达股份意识到，科达股份与科达集团之间的关联交易受到中国证监会的监管，隐藏披露相关的关联交易和不履行相关的信息披露程序，很大程度上受到中国证监会的调查。因此，科达股份为了达到与关联方科达集团之间的非经营性资金往来免于信息披露和监管的目的，科达股份采取关联交易非关联化的方式。

2007年至2009年，科达股份正是采用关联交易非关联的方式，规避中国证监会的监管，免于履行规定的关联交易信息披露程序，使科达集团能够在不受证监会监管和相关利益相关者监督的情况，无偿占用上市公司科达股份的资金。中国证监会查明证实，2007年，科达股份与其第二大股东科达集团有频繁的非经营性资金往来，科达股份向科达集团共计划拨资金52220000元；2008年，科达股份与其第二大股东科达集团有频繁的非经营性资金往来，科达股份向科达集团累计划拨资金883316031.73元，科达集团向科达股份累计划拨资金796621943.61元；2009年上半年，科达股份与其第二大股东科达集团有频繁的非经营性资金往来，科达股份向科达集团累计划拨资金785650000元，科达集团向科达股份累计划拨资金996726525.66元。科达股份如何实现隐蔽的关联交易非关联化？下面我们以2009年和2008年为例。

北京天圆全会计师事务所有限公司接受委托，专项审计科达股份2009年度非经营性资金占用及其他关联资金往来情况。专项审计结果如表6－19所示，结果表明：第一，非经营性资金占用。科达股份通过无关联关系的第三方与母公司科达集团进行大额资金往来，科达集团在2009年支付给科达股份3960.81万元的资金占用利息。截至2009年12月31日，科达集团尚欠科达股份5926.64万元，于2010年4月21日已经归还给科达股份。东营艺术2009年期初占用科达股份资金50万元，2009年期末已将占用资金全部归还科达股份。第二，经营性资金占用。东营艺术2009年期初占用科达股份资金168.38万元经营性资金，2009年期末该占用未消除。科创生物2009年期初占用科达股份资金51.59万元经营性资金，2009年期末占用科达股份资金49.72万元经营性资金。我们重点关注科达集团非经营性占用科达股份资金的情况，科达股份将其货币资金银行转账给无关联关系的第三方（该第三方不属于目前关联方的定义），此第三方再将该笔货币资金划给科达集团。科达股份通过关联交易非关联化方式，表面上就可以规避履行相应的信息披露程序和中国证监会的监管，从而实现科达集团非经营性占用科达股份的资金的目的。

表6－19　科达股份2009年关联方资金占用情况　（单位：万元）

资金占用方	关联关系	占用性质	期初占用资金余额	期初占用资金余额
科达集团	实际控制方	非经营性占用	37827.56	5926.64
东营艺术	受同一方控制	非经营性占用	50	0
东营艺术	受同一方控制	经营性占用	168.38	168.38
科创生物	受同一方控制	经营性占用	51.59	49.72

注：东营艺术的全称是指东营艺术中心有限公司，科创生物的全称是东营科创生物化工有限公司。

2008 年，科达股份非经营性资金占用及其他关联资金往来情况未经专项审计，但我们依然可以从科达股份财务报告中分析出科达集团如何通过无关联关系的第三方实现关联交易非关联化。科达股份 2008 年度其他应收款中欠款金额前五名欠款人情况，如表 6－20 所示。结果显示，山东华星石油化工集团有限公司（以下简称“华星石油”）欠款金额为 4677.56 万元，占其他应收款总额的 83.61％。华星石油首次出现在科达股份的财务报告中，并且华星石油与其是 2008 年首次往来，华星石油与科达股份、科达集团均没有关联关系。经调查发现，科达股份正是通过华星石油这个第三方，将其货币资金转给科达集团占用。可见，科达股份利用关联交易非关联化的方式，手段极其隐蔽，逃过目前的关联方及关联交易的法定披露程序，达到其占用非经营性资金的目的。

表 6－20　科达股份 2008 年末前五大其他应收款情况

欠款人名称	欠款金额（万元）	性质	欠款期限	占比
华星石油	4677.56	往来款	1 年以内	83.61%
兴港贸易	100.00	往来款	1 年以内	5.06%
金宇建筑	350.00	往来款	1～2 年	3.26%
汉鄂高速	270.00	投标保证金	1～2 年	0.65%
岳常高速	240.00	投标保证金	1～2 年	0.58%
合计	38637.56			93.16%

数据来源：科达股份 2008 年度财务报告。

（3）科达股份关联交易非关联化的成因分析

2011 年 9 月 8 日，中国证监会依据《证券法》对科达股份、刘双珉等 13 名责任人员进行行政处罚。中国证监会查明证实，2007 年，科达股份与其第二大股东科达集团有频繁的非经营性资金往来，科达股份向科达集团共计划拨资金 52220000 元；2008 年，科达股份与其第二大股东科达集团有频繁的非经营性资金往来，科达股份向科达集团累计划拨资金 883316031.73 元，科达集团向科达股份累计划拨资金 796621943.61 元；2009 年上半年，科达股份与其第二大股东科达集团有频繁的非经营性资金往来，科达股份向科达集团累计划拨资金 785650000 元，科达集团向科达股份累计划拨资金 996726525.66 元。科达股份如何实现隐蔽的关联交易非关联化？

①根本原因：关联方及关联交易披露规则缺陷。根据 2006 年财政部颁布的《企业会计准则第 36 号——关联方披露》中第二章第三条关于关联方的定义以及《证券法》关于关联方的认定，关联方的定义是：一方控制、共同控制另一方或对另一方施加重大影响，以及两方或两方以上同受一方控制、共同控制或重大影响的，构成关联方。其中控制，是指有权决定一个企业的财务和经营政策，并能据以从该企业的经营活动中获取利益；共同控制，是指按照合同约定对某项经济活动所共有的控制，仅在与该项经济活动相关的重要财务和经营决策需要分享控制权的投资方一致同意时存在；重大影响，是指对一个企业的财务和经营政策有参与决策的权力，但并不能够控制或者与其他方一起共同控制这些政策的制定。

现行关联交易信息披露方式是以关联方的确认为基础的，也就是说，财务信息如何披露需要以工商行管理等部门的反馈为依据才能确定，这就使“缓披露”“不披露”有机可乘，使上市公司有借口推卸本应由其完全承担的信息披露的责任。关联方及关联交易的披露存在以下问题：A. 不具有区分性，即关联交易的特殊性没有与一般交易区分开来；B. 不具有直接性，由于关联交易仅仅在表外披露，约束力不强，信息披露不充分；C. 存在关联交易非关联化，从而逃避关联交易的信息披露问题。

科达股份正是基于目前我国关于关联方及关联交易披露的缺陷和不足，关联方交易定价的披露规定过于“笼统”；准则中没有给出对确保其定价合理的证据来源以及具体规定，这就导致科达股份未予披露实际定价策略，只是简单地披露按照公允价格交易，以至于其实用价值和对比度有所欠缺。其主要表现在：一方面，科达股份的关联方及其披露并没有与一般交易区分出来，关联方价格是否具有“价格共识”，具有“价格共识”与“不具有价格共识”的交易没有区分开，导致外部利益相关者无法判断关联方交易定价公允性。

更为严重的是科达股份通过关联交易非关联化的方式隐瞒其与第二大股东科达集团的非经营性资金往来，关联交易只在表外披露，约束力不强，信息披露不充分，外部会计师事务所将审计的精力主要放在资产负债表、利润表和所有者权益表三大报表的准确性和完整性。也就是说就算关联交易准则披露规制没有缺陷，这些公司也可以绕过关联交易准则，利用关联交易非关联化的方式进行盈余管理或者隧道挖掘。因此，需要一种关联交易披露新模式，增强会计信息质量的目的，保护中小投资者利益，实现更优的市场资源配置作用。

②其他原因：国有控股股东缺位、治理机构形成虚设。第一，国有控股股东缺位。科达股份前五大股东及持股数如表6－21所示。持股情况表明：金润投资持有科达股份的股份数量为31850600，持股比例为19.00%；科达集团持有科达股份的股份数量为30792760，持股比例为18.37%。可见，科达股份的第一大股东是金润投资，而金润投资是由广饶县大王集体资产管理中心绝对控股，广饶县大王集体资产管理中心是由广饶县大王镇人民政府100%控股，科达股份的第一大股东金润投资属于国有

控股。但是科达股份历任治理层、管理层成员中却没有金润投资的派驻人员，其实际控制人不是金润投资或者说是广饶县大王镇人民政府。尽管科达集团持股比例为18.37%，为科达股份的第二大股东，但是科达股份的董事会、监事会、高级管理人员绝大多数来自科达集团。因此科达股份的实际控制人和控股股东为科达集团。

表6-21　科达股份前五大股东及其性质、持股数量和持股比例

股东简称	股东性质	持股总数	持股比例
金润投资	其他	31850600	19.00%
科达集团	未知	30792760	18.37%
通乾证券	境内非国有法人	2930735	1.75%
高登投资	未知	1869141	1.12%
张智勇	境内自然人	1145000	0.86%

数据来源：科达股份2008年度财务报告。

科达股份存在“国有控股股东缺位”的现象。科达股份完全由科达集团控制，科达股份的治理机构就会形同虚设，起不到相互制衡、相互制约的作用。科达集团作为科达股份的实际控制人，单方面决定科达股份的重大决策，中小股东的利益得不到保护，缺失利益牵制机制，为科达集团占用科达股份的资金而损害中小投资者的行为提供了便利。因此，科达股份出现此类行为绝非偶然。

第二，治理机构形成虚设。科达股份的治理结构健全，没有监事会、内部审计委员会、内部审计部门、独立董事等治理机构。监事会的职能在于监督董事会行为，但监事会并未履行其职能，可有可无。内部审计委员会和内部审计部门是科达集团占用科达股份资金的直接监督人，但是内部审计委员会和内部审计部门知道科达集团占用科达股份资金的情形却不制止，默许科达股份的行为，内部审计委员会和内部审计部门已经完全听命于董事会，或者是说科达股份，形同虚设。独立董事，多数均是新上任，尤其是会计和审计领域的独立董事，并未对科达股份财务报告中的舞弊提出任何意见，也没有记录在董事会会议和股东大会会议记录中，独立董事的外部监督职能已经完全丧失。

（4）科达股份关联交易非关联化的经济后果分析

①遭受行政处罚和财务状况恶化。2007 年至 2009 年，科达股份与其第二大股东科达集团的关联资金占用手段更加隐蔽，通过将关联交易非关联的方式，隐藏科达集团占用科达股份的资金往来的信息，不及时履行相应的信息披露程序。2011 年 9 月 8 日，中国证监会依据查出的科达股份未按照《证券法》的规定及时披露其与科达集团的关联资金划拨的违法事实，对科达股份、刘双珉等 13 名责任人员给予行政处罚，责令科达股份改正并给予警告，给予刘双珉等 13 名责任人员警告和适当的罚款。

科达股份 2007～2013 年度的偿债能力、盈利能力和营运能力如表 6－22 所示。A. 偿债能力。短期偿债能力：2007 年至 2009 年，科达股份现金比率、速动比率和流动比率一直处于上升趋势；2010 年至 2013 年，科达股份现金比率、速动比率和流动比率开始一直下降。可见，科达股份 2007 年至 2009 年关联资金占用是短期的，从而使科达股份 2007 年至 2009 年短期偿债能力会上升，但是科达集团对科达股份的资金占用会影响科达股份 2010 年至 2013 年的短期偿债能力，使得后期的短期偿债能力变弱。长期偿债能力：2007 年至 2009 年，科达股份的资产负债率一直下降；2010 年至 2013 年，科达股份的资产负债率却一直在上升，其中 2013 年科达股份的资产负债率达到最高点 82.07%。可见，2007 年至 2009 年科达集团占用科达股份的资金短期内并未导致科达股份的长期偿债能力减弱，由于科达股份这三年的强劲势头，科达股份的长期偿债能力却在上升。但是 2010 年至 2013 年，科达集团占用科达股份的资金短期的经济后果逐渐显示出来，由于 2007 年至 2010 的资金盈余未投入到扩大再生产和产品研发等创新领域去，从而无法保持其良好的竞争优势，导致科达股份 2010 年至 2013 年的长期偿债能力不断减弱。B. 盈利能力。2008 年、2011 年和 2012 年，科达股份的总资产收益率和净资产收益率均为负数，2009 年总资产收益率最高，2013 年净资产收益率最高。总体来看，科达集团与科达股份之间的非经营用资金占用导致科达股份后期盈利能力变弱，导致其后期盈利能力变差。C. 营运能力。科达股份的应收账款周转率、存货周转率和总资产周转率一直在波动，上升和下降的趋势并不明显。但总体上来看，科达股份的应收账款周转率、存货周转率和总资产周转率一直不高，2013 年应收账款周转率、存货周转率和总资产周转率均出现大幅度下降，科达股份的营运能力不太乐观。由此可见，科达股份通过关联交易非关联化的方式达到其第二大股东占用其资金的目的，短期内可能规避目前我国关于关联方及关联交易的信息披露的规定，但也可能受到中国证监会的行政处罚，同时科达股份财务状况也在恶化。

表 6－22　科达股份的偿债能力、盈利能力和营运能力情况

	2007	2008	2009	2010	2011	2012	2013
偿债能力：							
现金比率	0.23	0.38	0.58	0.53	0.21	0.24	0.17
速动比率	1.09	1.20	1.29	1.06	0.70	0.61	0.46
流动比率	1.20	1.30	1.42	1.25	1.12	1.03	1.09
资产负债率	65.44%	62.27%	53.87%	65.06%	71.84%	75.95%	82.07%

续表

	2007	2008	2009	2010	2011	2012	2013
盈利能力：							
总资产收益率	0.77%	-0.83%	3.44%	0.36%	-0.27%	-0.21%	1.80%
净资产收益率	2.21%	-2.21%	7.45%	1.03%	-0.95%	-0.87%	10.05%
营运能力：							
应收账款周转率	1.00	1.33	1.99	2.14	2.09	2.62	1.39
存货周转率	4.12	3.68	5.66	3.75	1.60	1.48	0.43
总资产周转率	0.37	0.28	0.49	0.49	0.54	0.54	0.22

注：现金比率＝（货币资金＋交易性金融资产）/流动负债；速动比率＝（流动资产－存货－预付账款－待摊费用）/流动负债；流动比率＝流动资产/流动负债；资产负债率＝负债总额/资产总额；总资产收益率＝净利润/平均总资产；净资产收益率＝净利润/平均净资产；应收账款周转率＝销售收入/平均应收账款余额；存货周转率＝营业成本/平均存货余额；总资产周转率＝销售收入/平均总资产余额。原始数据来源：科达股份2007～2013年各年度财务报告。

②损害中小股东利益。科达股份每股税前现金股利情况如表6－23所示。2007年至2013年，科达股份共分配过两次现金股利，其中2008年科达股份每股税前现金股利为0.06元，2012年科达股份每股税前现金股利为0.05元。值得注意的是，2008年和2012年科达股份的总资产净利率和净资产净利率均为负数的情况下，科达股份依然分配现金股利，向大股东输送科达股份的留存收益。另外，科达集团占用科达股份的资金，导致科达股份丧失后期发展优势，使得科达股份盈利能力变弱，损害中小股东利益。因此，科达集团占用科达股份的资金，损害中小股东利益。

表 6－23　　　科达股份每股税前现金股利情况

	2007	2008	2009	2010	2011	2012	2013
现金股利（元/股）		0.06				0.05	

数据来源：科达股份股利分配公告。

③损害投资者利益。科达股份与科达集团的非经营用资金占用及其信息披露一直受到关注。2011 年 9 月 8 日，中国证监会依据查出的科达股份未按照《证券法》的规定及时披露其与科达集团的关联资金划拨的违法事实，对科达股份、刘双珉等 13 名责任人员给予行政处罚，责令科达股份改正并给予警告，给予刘双珉等 13 名责任人员警告和适当的罚款。2011 年 9 月 27 号晚，科达股份发布公告称其收到监管部门下达的《行政处罚决定书》和《市场禁入决定书》。公告中进一步披露，早在 2006 年，东营市土地储备中心收购科达股份 12.56 万平方米土地，然而科达股份并未对该事项及时进行披露。与此同时，科达股份还隐瞒其与大股东科达集团之间的关联交易，未及时进行信息披露。针对上市公司上述行为，监管部门对科达股份给予警告并处以 60 万元罚款，同时对董事长刘双珉给予警告，并处以 30 万元罚款，认定刘双珉为市场禁入者，10 年内不得从事证券业务或者担任上市公司董事、监事以及高管职务。同样受到处罚的，还有科达股份时任董事、董秘以及独董等 12 人。公告披露次日，科达股份股价跌停，给投资者造成了极大的损失。

④损害债权人利益。科达股份的偿债能力如表 6－24 所示。2007～2009 年，科达股份的短期偿债能力和长期偿债能力变强；而 2010 年至 2013 年，科达股份的短期偿债能力和长期偿债能力不断下降，导致银行和其他债权人的利益无法保证。一旦科达股份发生重大行政处罚、退市、资金周转困难，无法按时归还银行

和其他债权人借款和利息，将会损害债权人利益。

表 6－24　　　　　　科达股份业偿债能力

	2007	2008	2009	2010	2011	2012	2013
现金比率	0.23	0.38	0.58	0.53	0.21	0.24	0.17
速动比率	1.09	1.20	1.29	1.06	0.70	0.61	0.46
流动比率	1.20	1.30	1.42	1.25	1.12	1.03	1.09
资产负债率	65.44%	62.27%	53.87%	65.06%	71.84%	75.95%	82.07%

注：现金比率 =（货币资金 + 交易性金融资产）/流动负债；速动比率 =（流动资产 – 存货 – 预付账款 – 待摊费用）/流动负债；流动比率 = 流动资产/流动负债；资产负债率 = 负债总额/资产总额。原始数据来源：科达股份 2007 ~2013 年各年度财务报告。

6.3　关联交易和关联交易非关联化综合案例：紫鑫药业

6.3.1　案例介绍

（1）公司的主要业务及产品介绍

吉林紫鑫药业股份有限公司（以下简称“紫鑫药业”），成立于 1998 年 5 月，是一家集科研、开发、生产、销售、药用动植物种养殖为一体的高科技企业，并于 2007 年 3 月 2 日在深圳证券交易所挂牌上市，股票代码为“002118”。紫鑫药业主要从事中成药与人参产品研发、生产和销售，且正在大力发展基因测序仪及配套试剂的研发、生产和销售业务。未来将形成中成药、人参产品、基因测序三大核心业务并驾齐驱的业务结构与发展格局。

①中成药产品概况。公司生产的中成药以治疗风湿免疫类、耳鼻喉类、泌尿系统、心脑血管、肝胆类和消化系统类疾病为主，生产药品的剂型共分为 9 种，包括丸剂、片剂、硬胶囊剂、口服液、颗粒剂、口服溶液剂、合剂、软胶囊剂和锭剂。公司中成药产品储备丰富，目前共取得药品批准文号 205 个，涉及 172 种药品（在生产药品 67 种），其中 OTC 药品 92 个药品批准文号，处方药品 113 个药品批准文号。公司目前拥有独家品种 5 种，优质优价药品 8 种，国家中药二级保护药品 3 种，有 48 个药品批准文号的药品进入国家基本药物目录，128 个药品批准文号的药品列入国家医保目录（2017 年版）。公司主要中成药产品包括四妙丸、藿胆片、肾复康胶囊、活血通脉片、萆薢分清丸、内消瘰疬丸、二丁颗粒、小儿白贝和海贝胃疡等产品。

②人参产品概况。公司的人参产品分为粗加工产品和深加工产品。粗加工产品包括白参、红参、生晒参等系列产品；深加工产品包括人参双耳饮料、人参果蔬发酵饮料、鲜人参蜜片、玉红颜红参阿胶糕、模压红参、人参茎叶提取物、人参提取物和红参红枣固体饮料等，公司现已取得 4 个系列人参食品生产许可证，涉及产品包括饮料、糖果制品、蜜饯、含茶制品和代用茶等。

③基因测序仪产品概况。基因测序仪及配套试剂的研发、生产和销售是公司目前大力发展的业务，公司为发展基因测序项目，已分别成立了吉林中科紫鑫科技有限公司、北京中科紫鑫科技有限责任公司、敦化市中科紫鑫科技有限公司，公司自主基因测序技术团队为多年来从事基因组学与生物信息学基础研究和应用开发工作的资深人员，具备充分的技术服务专业基础，技术已经达到国际一流水平。公司自主研制开发的国产第二代高通量

DNA 测序仪 BIGIS 产品，成功解决“读长较短”的关键技术难题。BIGIS 测序仪是目前国内第一台达到或部分超越国际主流设备技术指标的国产化第二代测序仪，具有高通量、高读长、高精确度等优势，且成本低于进口设备的 1/2 以上，应用成本低于进口设备的 1/3 以上。

（2）上市过程

紫鑫药业的前身是通化紫金药业有限责任公司（以下简称“紫金药业”）。紫金药业于 1998 年 5 月 25 日由敦化市康平保健食品有限责任公司、敦化市吉泰经贸有限责任公司共同发起设立。1998 年 11 月，增资扩股后公司注册资本为 3000 万元。2001 年 2 月 9 日，紫金药业以 2000 年 11 月 30 日的净资产折股整体变更为股份有限公司，股本总额为 3565 万元。同年 5 月 28 日，公司名称变更为吉林紫鑫药业股份有限公司。2002 年 4 月 1 日，以 2001 年末总股本为基数每 10 股送 4.2 股，向全体股东转增股份总额 14973000.00 元，增资后的股本总额为 50623000.00 元。2007 年 2 月 14 日公司向社会公开发行人民币普通股（A 股）16900000 股，发行价格 9.56 元/股，募集资金总额 161564000.00 元，增资扩股后公司注册资本为 67523000.00 元。

（3）股权结构

紫鑫药业前十大股东名称、性质、持股数及比例情况如表 6－25 所示。康平投资持有紫鑫药业的股份数量为 125737508，持股比例为 49.02%；仲维光持有紫鑫药业的股份数量为 15480638，持股比例为 6.04%；长白山持有紫鑫药业的股份数量为 13000000，持股比例为 5.07%；百年化妆持有紫鑫药业的股份数量为 8000000，持股比例为 3.12%；天堂鲲鹏持有紫鑫药业的股份数量为 8000000，持股比例为 3.12%；太平人寿持有紫鑫药业的股份数量为 8000000，持股比例为 3.12%；兴业银行持有紫鑫药业的股份数量为5047116，持股比例为1.97%；工商银行持有紫鑫药业的股份数量为3878066，持股比例为1.51%；杨录军持有紫鑫药业的股份数量为3875311，持股比例为1.51%；中国银行持有紫鑫药业的股份数量为3779549，持股比例为1.47%。可见，紫鑫药业的实际控制人为康平投资，紫鑫药业的前十大股东以机构投资者、基金、投资公司为主，股权结构稳定度较高。由于康平投资的实际控制人为郭春生，仲维光与郭春生为亲戚关系。因此，在紫鑫药业的重大决策中，康平投资绝对控股紫鑫药业，对紫鑫药业拥有绝对控制权。

表6-25　紫鑫药业前十大股东名称、性质、持股数及比例情况

股东名称	股东简称	股东性质	持股总数	持股比例
敦化市康平投资有限责任公司	康平投资	境内非国有法人	125737508	49.02%
仲维光	仲维光	境内自然人	15480638	6.04%
吉林长白山股权投资管理有限公司	长白山	国有法人	13000000	5.07%
百年化妆护理品有限公司	百年化妆	境内非国有法人	8000000	3.12%
天津硅谷天堂鲲鹏股权投资基金合伙企业（有限合伙）	天堂鲲鹏	境内非国有法人	8000000	3.12%
太平人寿保险有限公司　传统　普通保险产品-022L-CT001深	太平人寿	境内非国有法人	8000000	3.12%

续表

股东名称	股东简称	股东性质	持股总数	持股比例
兴业银行－兴业有机增长灵活配置混合型证券投资基金	兴业银行	境内非国有法人	5047116	1.97%
中国工商银行－兴业可转债混合型证券投资基金	工商银行	境内非国有法人	3878066	1.51%
杨录军	杨录军	境内自然人	3875311	1.51%
中国银行－嘉实主题精选混合型证券投资基金	中国银行	境内非国有法人	3779549	1.47%

数据来源：紫鑫药业2010年度财务报告。

（4）证监会行政处罚情况

2010年，紫鑫药业披露的关联方包括母公司、子公司以及其他关联方共10个，如表6－26所示。关联方主要包括：母公司康平投资；子公司紫鑫敦化、紫鑫红石、草还丹、紫鑫初元、紫鑫般若、紫鑫药物和紫鑫人参；其他股权投资长春农商行和环境能源。并且，紫鑫药业当年的审计师事务所中准会计师事务所有限公司出具了标准的无保留审计意见。

表6－26　　紫鑫药业2010年披露的关联方名单

序号	公司名称	公司简称	与紫鑫药业关系
1	敦化市康平投资有限责任公司	康平投资	母公司
2	吉林紫鑫敦化医药药材有限公司	紫鑫敦化	子公司
3	吉林紫鑫红石种养殖有限公司	紫鑫红石	子公司
4	吉林草还丹药业有限公司	草还丹药业	子公司

续表

序号	公司名称	公司简称	与紫鑫药业关系
5	吉林紫鑫初元药业有限公司	紫鑫初元	子公司
6	吉林紫鑫般若药业有限公司	紫鑫般若	子公司
7	吉林紫鑫药物研究有限公司	紫鑫药物	子公司
8	吉林紫鑫人参研发有限公司	紫鑫人参	子公司
9	长春农村商业银行股份有限公司	长春农商行	其他股权投资
10	吉林环境能源交易所有限公司	环境能源	其他股权投资

数据来源：更正前的紫鑫药业 2010 年度财务报告。

紫鑫药业发布 2010 年度报告后，关联方披露并未受到怀疑。但是因紫鑫药业“人参造假”，经媒体报道，引起各方注意，中国证监会也正式立案侦查。历时两年多，于 2014 年 2 月 13 日，中国证监会查明原因，对紫鑫药业和相关涉案人员进行行政处罚：①责令紫鑫药业改正，给予紫鑫药业警告，并处以 40 万元罚款；②给予郭春生警告，并处以 10 万元罚款；③给予曹恩辉、祖春香、殷金龙、李飞、方勇、韩明、徐吉峰警告，并分别处以 3 万元罚款。经查明，紫鑫药业未按照《证券法》的有关规定，披露与正德药业、耀宇人参、劲辉人参、欣鑫人参、伟诚人参、嘉熙人参、振豪人参的关联关系和关联交易。

紫鑫药业受到行政处罚后，更正了其 2010 年财务报告中关联方及关联交易，如表 6－27 和表 6－28 所示。紫鑫药业增加披露关联方包括正德药业、延边耀宇、延边劲辉、延边欣鑫、通化伟诚、通化嘉熙、通化振豪，其中正德药业是紫鑫药业的下游销售客户，其余均是紫鑫药业的上游供货商。紫鑫药业与下游关联方正德药业发生的关联交易金额达到 61130030.6 元，占同类交易金额的比例为 17.02%；紫鑫药业与上游关联方延边耀宇、延边劲辉、延边欣鑫等发生的关联交易金额共计达到

278957703.47 元，占同类交易金额的比例为 82.10%。如此巨大的关联交易背后隐藏着什么样的交易和阴谋?

表 6－27　更正后紫鑫药业 2010 年增加披露的关联方名单

序号	公司名称	公司简称	与紫鑫药业关系
1	吉林正德药业有限公司	正德药业	销售客户
2	延边耀宇人参贸易有限责任公司	延边耀宇	供应商
3	延边劲辉人参贸易有限责任公司	延边劲辉	供应商
4	延边欣鑫人参贸易有限责任公司	延边欣鑫	供应商
5	通化伟诚人参贸易有限公司	通化伟诚	供应商
6	通化嘉熙人参贸易有限公司	通化嘉熙	供应商
7	通化振豪人参贸易有限公司	通化振豪	供应商

数据来源：更正后的紫鑫药业 2010 年度财务报告。

表 6－28　更正后紫鑫药业 2010 年增加披露的关联方交易

序号	公司简称	交易类型	交易内容	金额（元）	占同类交易金额的比例
1	正德药业	销售	人参产品	61130030.60	17.02%
2	延边耀宇	采购	人参产品	71875103.22	21.15%
3	延边劲辉	采购	人参产品	76846593.01	22.62%
4	延边欣鑫	采购	人参产品	19132743.36	5.63%
5	通化伟诚	采购	人参产品	31394547.19	9.24%
6	通化嘉熙	采购	人参产品	46908263.14	13.81%
7	通化振豪	采购	人参产品	32800453.55	9.65%

数据来源：更正后的紫鑫药业 2010 年度财务报告。

6.3.2　案例分析

（1）紫鑫药业基本情况

紫鑫药业自2007年上市以来，业绩平稳上升，收入成本情况如表6－29所示。紫鑫药业收入成本情况表明：2008年营业收入较2007年营业收入增长了30.88%，2008年营业收入增幅较2007年营业收入增幅减少了7.42%；2009年营业收入较2008年营业收入增长了14.76%，2009年营业收入增幅较2008年营业收入增幅减少了7.42%；2010年营业收入较2009年营业收入增长了150.66%，2010年营业收入增幅较2009年营业收入增幅提高了135.90%。2009年及以前年度紫鑫药业的主营业务以中成药为主，2010年新增人参系列产品，2010年分行业或产品的收入成本情况如表6－30所示。紫鑫药业2010年分行业或产品的收入成本情况表明：2010年中成药产品营业收入为28318.94万元，占2010年营业总收入的44.08%；2010年人参系列产品营业收入为35922.81万元，占2010年营业总收入的56.92%。可见，紫鑫药业2010年营业收入激增是由人参系列产品带来的。我们不禁产生疑问，紫鑫药业2010年首次经营人参系列产品，是否能够产生如此规模的营业收入？2010年人参系列产品营业收入是否真实？是否存在关联交易以虚增营业收入或者向关联方输送利益？

表6－29　　　　紫鑫药业收入成本情况

	2006	2007	2008	2009	2010
营业收入（万元）	5302.95	17064.92	22333.23	25628.76	64241.74
营业收入比上年增减（%）	–	38.30%	30.88%	14.76%	150.66%
营业成本（万元）	1178.92	4190.75	5331.46	5985.29	28994.50
营业成本比上年增减（%）	–	46.43%	27.22%	12.26%	384.43%
毛利率（万元）	77.77%	75.44%	76.13%	76.65%	54.87%
毛利率比上年增减（%）	–	－1.36%	0.69%	0.68%	－28.41%

数据来源：紫鑫药业2006年度、2007年度、2008年度、2009年度和2010年度财务报告。

表6-30　紫鑫药业2010年分行业或产品的收入成本情况

	中成药产品	人参系列产品
营业收入（万元）	28318.94	35922.81
营业收入比上年增减（%）	10.50%	-
营业收入占比（%）	44.08%	56.92%
营业成本（万元）	6625.13	22369.37
营业成本比上年增减（%）	10.69%	-
营业成本占比（%）	22.85%	77.15%
毛利率（万元）	76.61%	37.73%
毛利率比上年增减（%）	-0.04%	-

数据来源：紫鑫药业2010年度财务报告。

为了弄清楚这些问题，我们首先统计了紫鑫药业各个年度的收入、利润总额、净利润以及经营现金流量情况，如表6-31所示。2006年至2010年，营业收入、利润总额和净利润均呈现逐渐上升的趋势。但经营活动现金流量却呈现不同的趋势，除了2008年经营活动现金流量较2007年经营活动现金流量略有上升外，2006年至2010年紫鑫药业的经营活动现金流量呈现下降的趋势，图6-4更加清楚地表现出紫鑫药业这一反常的收入、利润和经营现金流量变化趋势。尤其是2010年，紫鑫药业巨额的营业收入背后的经营现金流量竟然为大额的负数。因此，我们更加怀疑紫鑫药业2010年存在大量的预付款项以及关联方交易。

表6-31　紫鑫药业的收入、利润和经营现金流量情况

	2006	2007	2008	2009	2010
营业收入（万元）	5302.95	17064.92	22333.23	25628.76	64241.74
利润总额（万元）	4487.77	5349.08	5899.42	6998.95	17468.26
净利润（万元）	2944.83	4795.69	5332.96	6108.42	17316.56
经营活动现金流量（万元）	4489.71	2128.52	2566.86	1280.71	-21541.82

数据来源：紫鑫药业2006年度、2007年度、2008年度、2009年度和2010年度财务报告。

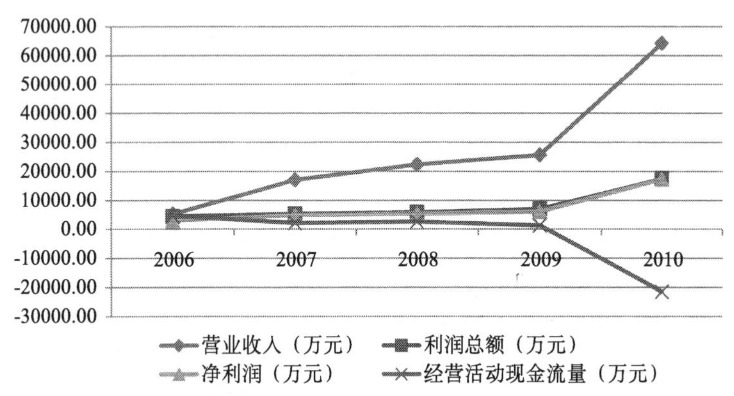

图 6－4　紫鑫药业的收入、利润和经营现金流量变化趋势

（2）紫鑫药业的供应商与销售客户

紫鑫药业 2010 年营业收入剧增与其供应商和销售客户的关联交易是分不开的。为了进一步揭开紫鑫药业 2010 年营业收入剧增之谜，我们必须了解紫鑫药业的供应商和销售客户，紫鑫药业 2010 年供应商情况如表 6－32 所示。紫鑫药业 2010 年供应商情况表明：紫鑫药业从延边耀宇、延边劲辉、延边欣鑫、通化伟诚、通化嘉熙和通化振豪等关联方采购金额共计 27895.77 万元，占同类交易金额的比例为 82.10%；紫鑫药业从非关联方采购金额共计 6082.03 万元，占同类交易金额的比例仅为 17.90%。可见，关联方采购是紫鑫药业的主要采购方式，关联方采购实现紫鑫药业向关联方输送利益的目的。而目前我国会计准则对关联交易的披露要求判断该关联交易价格是否公允，但公允价格的判断具有随意性，容易造成上市公司紫鑫药业通过关联交易向其关联方（包括股东、董事、监事、高级管理人员以及其他利益相关者）输送利益，损害紫鑫药业中小股东利益。

表 6-32 紫鑫药业 2010 年供应商情况

公司简称	采购产品	采购金额（万元）	同类交易金额占比
关联方采购：			
延边耀宇	人参产品	718751	21.15%
延边劲辉	人参产品	7684.66	22.62%
延边欣鑫	人参产品	1913.27	5.63%
通化伟诚	人参产品	3139.45	9.24%
通化嘉熙	人参产品	4690.83	13.81%
通化振豪	人参产品	3280.05	9.65%
合　计		27895.77	82.10%
非关联方采购：			
未披露	人参产品	6082.03	17.90%
合　计		6082.03	17.90%
合计：		33977.80	100%

数据来源：紫鑫药业 2010 年度财务报告。

紫鑫药业 2010 年前五名销售客户情况如表 6-33 所示。紫鑫药业 2010 年前五名销售客户情况表明：平大生物的营业收入为 7068.58 万元，占营业收入总额的 11.00%；千草药业的营业收入为 6890.60 万元，占营业收入总额的 10.73%；正德药业的营业收入为 6113.00 万元，占营业收入总额的 9.52%；立发人参的营业收入为 1602.88 万元，占营业收入总额的 2.49%；文博人参的营业收入为 1582.96 万元，占营业收入总额的 36.20%。可见，平大生物、千草药业和正德药业的营业收入均在 10% 左右，对紫鑫药业 2010 年营业收入总额的贡献具有决定性作用。下面我们对该三大销售客户进行详细的分析。

第一大销售客户是平大生物。平大生物，成立于 2000 年 5 月 8 日，法定代表人董志刚，主营业务为中药研发、中药原料回收、深加工及销售，是一家高新技术企业。根据西南联合产权交易所有限责任公司（下文简称“西南联交所”）所披露的信息显示，2010 年 12 月 31 日平大生物资产总计 9716 万元，2010 年度实现营业收入 3011 万元。可见，平大生物 2010 年拿出资金 7068.58 万元来购买紫鑫药业的人参产品，绝非易事。因此，紫鑫药业很大程度上采取赊销方式或者分期付款方式。

平大生物自成立以来，注册资本总额一直未发生较大变化，股东持股相对平稳。但根据国家企业信用信息公示系统的资料显示[①]，2010 年至 2011 年，平大生物先后增资扩股。自此，来自吉林长春的贾文博、贾晓晶、杨连腾、张秀丽、尚铁成，以及安徽的丁翠芝、李玉安七名自然人成为公司股东，出资额合计占平大生物全部出资额的比例达到 52.42%，绝对控制平大生物。值得注意的是，贾文博、杨连腾曾出现在紫鑫药业的 IPO 招股说明书中，但是后来被删除。贾文博持有敦化市康平投资有限责任公司的 0.13% 的股份，而紫鑫药业控股股东就是敦化市康平投资有限责任公司。2004 年 10 月 9 日，康平投资作为法人股东，与杨连腾等多名自然人股东共同发起设立吉林省敦化市宝隆农业工程装备制造有限公司，注册资金 5000 万元。由此可见，该七名自然人股东对平大生物增资，取得平大生物的控制权，绝非偶然，很可能是紫鑫药业将上市公司利益输送给相关关联人而采取的手段，但是由于我国相关法律法规对于关联交易监管的缺陷，该类关联交易导致的上市公司利益输送导致中小股东利益受害的行为未得到有效的监管和控制。

第二大销售客户是千草药业。千草药业，成立于 2009 年，法定代表人李继武，主营业务为中药材种植、加工及销售，其产

① http：//www.gsxt.gov.cn/index.html.

品通过国家食品药品监督管理局GMP认证。2010年千草药业采购紫鑫药业6890万元存货，成为紫鑫药业的第二大客户，占紫鑫药业营业收入总额的10.73%。值得注意的是，千草药业的第一大股东竟然是吉林草还丹药业有限公司（以下简称“草还丹药业”），为紫鑫药业的全资子公司。换句话说，千草药业是紫鑫药业的孙公司。孙公司千草药业成为紫鑫药业第二大客户，通过关联交易将上市公司利益转移到子公司、孙公司相关受益者，同时也达到虚增营业收入的目的。为了隐瞒该关联关系，紫鑫药业可谓是煞费苦心。

第三大销售客户是正德药业。正德药业，成立于2003年，主营业务为中药材、中成药等相关药品和医疗器械销售，目前的法定代表人为李国珍。2010年正德药业采购紫鑫药业6113.00万元存货，成为紫鑫药业的第三大客户，占紫鑫药业营业收入总额的9.52%。值得注意的是，2003年至2010年期间，正德药业的法定代表人经过三次更换。正德药业设立时的法定代表人为仲维光，是紫鑫药业法定代表人郭春林的表弟，且是吉林紫鑫图们药业有限责任公司的股东，出资额为3.5万美元，占出资额总额的53.8%。2005年，正德药业的法定代表人由仲维光变更为郭春林，而郭春林正是紫鑫药业的法定代表人。2010年，正德药业的法定代表人由郭春林变更为崔正哲，该行为明显是为了规避中国证监会和证监会交易所对关联方和关联交易的披露要求，实现上市公司紫鑫药业对正德药业的利益输送，粉饰财务报表的同时，吞噬紫鑫药业的资产和收益，损害紫鑫药业的中小股东利益。

第四大销售客户和第五大销售客户分别为通化立发和通化文博。通化立发，成立于2010年7月19日，注册资本为1亿元，由延边美鑫高句丽饮品有限公司（以下简称“延边美鑫”）、焦鹏飞、姜兰斌三方共同出资成立。其中，延边美鑫出资9800万元，焦鹏飞出资120万元，姜兰斌出资80万元。通化文博，成立于2010年7月19日，注册资本为1亿元，由吉林融丰医药科技开发有限公司、张立娟、伍卫军三方共同出资成立。其中，吉林融丰医药出资额为9800万元，该公司出资人为胡全志和刘佰刚，此二人均为吉林紫鑫药业在长春公司总部的员工。而通化文博的另两名股东张立娟和伍卫军，则分别是紫鑫药业公司质量部的科员和财务部财务会计。

表6－33　紫鑫药业2010年前五名销售客户情况

客户名称	客户简称	营业收入（万元）	营业收入总额占比
四川平大生物制品有限责任公司	平大生物	7068.58	11.00%
亳州千草药业饮片厂	千草药业	6890.60	10.73%
吉林正德药业有限公司	正德药业	6113.00	9.52%
通化立发人参贸易有限公司	通化立发	1602.88	2.49%
通化文博人参贸易有限公司	通化文博	1582.96	2.46%
合　计		23258.03	36.20%

数据来源：紫鑫药业2010年度财务报告。

（3）紫鑫药业关联交易下虚增收入和利益输送的具体形式

紫鑫药业2010年收入剧增，较2009年收入增幅达到150.66%。营业收入剧增背后的隐藏着什么秘密？通过梳理紫鑫药业的供应商和销售客户情况，我们发现紫鑫药业主营业务收入剧增的原因在于与供应商和客户之间的关联交易，即与上游供应商的关联采购和与下游销售客户的关联购销。

第一，与上游供应商的关联采购。

紫鑫药业2010年财务报告中关联及关联交易中有意地隐瞒了大量的关联方采购信息及相关交易。紫鑫药业受到中国证监会的行政处罚后，责令其改正关联及关联方交易的信息披露。因此，紫鑫药业更正 2010 年财务报告中有关关联方及关联交易，在原有披露的基础上，新增关联供应商包括：延边耀宇、延边劲辉、延边欣鑫、通化伟诚、通化嘉熙和通化振豪。紫鑫药业 2010 年年度财务报告中财务报表附注信息表明，延边嘉益、延边耀宇、延边欣鑫、延边劲辉的预付款金额占到预付款项的 54.41%，如表 6－34 所示。虽然延边嘉益未在中国证监会对于紫鑫药业的违法事实中提及，但是延边嘉益、延边耀宇、延边欣鑫、延边劲辉均在同一天注册成立，且主营业务一致。按照目前的关联方及关联交易的规定，延边嘉益可能只是由于其不属于上市实体紫鑫药业的关联方及关联交易披露范围，因此延边嘉益免于披露。可见，紫鑫药业 2010 年以关联方采购的方式向关联方转移资金，让渡货币的时间价值，甚至可能导致其财产损失不可弥补。同时，紫鑫药业 2010 年以关联方采购方式实现了虚增收入的另一目的。

表 6－34　　紫鑫药业 2010 年预付款项情况

公司名称	公司简称	金额（万元）	占预付款项比例
延边嘉益人参贸易有限公司	延边嘉益	7140.00	19.73%
延边耀宇人参贸易有限公司	延边耀宇	6000.00	16.58%
延边欣鑫人参贸易有限公司	延边欣鑫	4050.00	11.19%
延边劲辉人参贸易有限公司	延边劲辉	2500.00	6.91%
合　计		19690.00	54.41%

数据来源：紫鑫药业 2010 年度财务报告。

第二，与下游销售客户之间的关联销售。

紫鑫药业 2010 年财务报告中关联方及关联交易中刻意地隐瞒了大量的关联方销售信息及相关交易披露。紫鑫药业受到中国证监会的行政处罚后，责令其改正关联方及关联交易的信息披露。因此，紫鑫药业更正 2010 年财务报告中有关的关联方销售及相关交易信息披露，在原有披露的基础上，新增关联销售客户为正德药业。根据我们对紫鑫药业的销售客户的分析，前五大销售客户平大生物、千草药业、正德药业、通话立发和通化文博均与紫鑫药业存在千丝万缕的联系，平大生物 2010 年至 2011 年新增 7 名股东并被绝对控制且其中两名股东曾出现在紫鑫药业的 IPO 招股说明书中，千草药业是紫鑫药业的孙公司，正德药业的法定代表人不断更换（由紫鑫药业法定代表人郭春林的表弟仲维光变更为郭春林，再由郭春林变更为崔正哲），通化立发和通化文博工商注册信息的一致性和工商注册时间的巧合性，一系列证据均表明：紫鑫药业 2010 年度通过关联方销售的方式虚增收入。

关联销售的背后必然隐藏着大量的应收账款，紫鑫药业未更正的 2010 年财务报告中应收账款财务附注如表 6 – 35 所示，受到证监会行政处罚后更正的 2010 年财务报告中应收账款财务附注如表 6 – 36 所示。紫鑫药业未更正的 2010 年应收账款余额显示，应收账款余额占比前五大销售客户包括中新药业、金象复星、唐山药材、大丰市第一人民医院和安泰医药，并没有发现任何问题。但紫鑫药业 2010 年应收账款余额前五大销售客户的信息披露存在造假，经中国证监会行政处罚后，使得紫鑫药业的一部分关联方及关联交易暴露出来，更正后的应收账款余额占比前五大销售客户包括通化致远、通化宏雅、中新药业、成都体育和金象复星，其中通化致远的应收账款占比为 5.19%；通化宏雅的应收账款占比为 4.93%。可见，紫鑫药业刻意隐瞒通化致远和通化宏雅的应收账款，目的在于隐藏通过通化致远和通化宏雅等“壳公司”关联销售虚增收入，达到利益输送的目的。

表6－35　紫鑫药业未更正的2010年应收账款期末余额

公司名称	公司简称	金额（万元）	欠款年限	应收账款总额占比
天津中新药业集团股份有限公司医药公司	中新药业	220.34	一年以内	2.24%
北京金象复星医药股份有限公司地安门分公司	金象复星	119.08	一年以内	1.21%
河北省唐山药材采购供应站	唐山药材	68.79	一年以内	0.70%
江苏省大丰市第一人民医院	大丰市第一人民医院	40.75	一年以内	0.42%
河南省安泰医药有限公司	安泰医药	38.24	一年以内	0.39%
合　计		487.20		4.96%

数据来源：更正前的紫鑫药业2010年度财务报告。

表6－36　紫鑫药业更正的2010年应收账款期末余额

公司名称	公司简称	金额（万元）	欠款年限	应收账款总额占比
通化致远人参贸易有限公司	通化致远	768.87	一年以内	5.19%
通化宏雅人参贸易有限公司	通化宏雅	731.37	一年以内	4.93%
天津中新药业集团股份有限公司医药公司	中新药业	220.34	一年以内	1.49%
成都体育学院附属医院	成都体育	112.91	一年以内	0.76%
北京金象复星医药股份有限公司地安门分公司	金象复星	119.08	一年以内	0.80%
合　计		1952.58		13.17%

数据来源：更正后的紫鑫药业2010年度财务报告。

（4）紫鑫药业关联交易的问题成因分析

中国证监会2014年2月13日对紫鑫药业的行政处罚中指出，紫鑫药业2010年度未按照《证券法》的要求披露其与正德药业、延边耀宇、延边劲辉、延边欣鑫、通化伟诚、通化嘉熙、通化振豪的关联方关系及关联交易。但是结合我们的分析可知，紫鑫药业的关联方不仅包括正德药业、延边耀宇、延边劲辉、延边欣鑫、通化伟诚、通化嘉熙、通化振豪，还包括通化致远、通化宏雅等不属于必须要求披露的关联方及关联交易。可见，紫鑫药业既隐瞒关联方及关联交易，又将关联交易以非关联化方式，实现紫鑫药业的虚增收入和向关联方输送利益的目的，从而损害中小股东利益。为什么紫鑫药业管理层能够轻而易举做到这些？

①根本原因：关联方及关联交易披露规则缺陷。

根据2006年财政部颁布的《企业会计准则第36号——关联方披露》中第二章第三条关于关联方的定义是：一方控制、共同控制另一方或对另一方施加重大影响，以及两方或两方以上同受一方控制、共同控制或重大影响的，构成关联方。其中控制，是指有权决定一个企业的财务和经营政策，并能据以从该企业的经营活动中获取利益；共同控制，是指按照合同约定对某项经济活动所共有的控制，仅在与该项经济活动相关的重要财务和经营决策需要分享控制权的投资方一致同意时存在；重大影响，是指对一个企业的财务和经营政策有参与决策的权力，但并不能够控制或者与其他方一起共同控制这些政策的制定。目前，财务报告中关联方及关联交易的披露就是基于此而来的。目前，关联方及关联交易的披露存在以下问题：

第一，不具有区分性，即关联交易的特殊性没有与一般交易区分出来。过分关注形式上的披露对其实际经营行为、关联交易的出发点以及对参与交易的公司运营和发展影响、后果等，具体内容没有披露。这种关联交易披露准则灵活性上的不足使得在甄别上市公司在关联交易信息的披露上是否存在不符实的虚假谎报以及重大错报、漏报等问题变得十分困难。而对于定价政策等非常重要的判定关联交易是否公允还是非公允确披露及其简单。以紫鑫药业为例，在定价政策披露是只是简单地披露按照市场价格或公允价格交易，从而使关联交易的特殊性没有与一般交易区分出来。

第二，不具有直接性，由于关联交易仅仅在表外披露，约束力不强，信息披露不充分。紫鑫药业正是基于目前我国关于关联方及关联方交易披露的缺陷和不足，达到虚增收入、利益输送的目的，其主要方式表现在：隐瞒关联方关系，不披露相关的关联方及关联交易。因此，如果不能在理论上找到一个有效区分关联交易与一般交易的方法，那么无法提高信息披露的质量，达到降低关联交易危害的作用。

第三，存在关联交易非关联化，从而逃避关联交易的信息披露问题。关联交易非关联化，表现在紫鑫药业让一般的员工注册“壳公司”作为其关联交易供应商和销售客户，转移资金到关联供应商，构建采购、销售的全过程虚增收入、利益输送的循环。

②其他原因：一股独大、治理机构形成虚设。

第一，一股独大。紫鑫药业前五大股东及持股数如表 6－37 所示。康平投资持有紫鑫药业 49.02% 的股份，仲维光持有紫鑫药业 6.04% 的股份。康平投资的实际控制人为郭春生，郭春生以其妻子关立颖、母亲仲桂兰、妹妹郭春红、侄儿郭权等亲属名义共计持有康平投资 77.85% 的股份。因此，在紫鑫药业重大决策中，郭春生能够行使紫鑫药业 49.02% 的表决权。虽然表面上郭春生不能绝对控制紫鑫药业，但是仲维光是郭春生的表弟。由此可见，郭春生及其亲属拥有紫鑫药业超过 50% 的股份，处于绝对控股地位。因此，郭春生才是紫鑫药业的实际控制人。

表 6－37　　紫鑫药业前十大股东及持股数

股东名称	股东简称	股东性质	持股总数	持股比例
敦化市康平投资有限责任公司	康平投资	境内非国有法人	125737508	49.02%
仲维光	仲维光	境内自然人	15480638	6.04%
吉林长白山股权投资管理有限公司	长白山	国有法人	13000000	5.07%
百年化妆护理品有限公司	百年	境内非国有法人	8000000	3.12%
天津硅谷天堂鲲鹏股权投资基金合伙企业（有限合伙）	天堂鲲鹏	境内非国有法人	8000000	3.12%

数据来源：紫鑫药业 2010 年度财务报告。

紫鑫药业存在“一股独大”的现象。“一股独大”在形式上表现为内部人越位，紫鑫药业的治理机构就会形同虚设，起不到相互制衡、相互制约的作用。郭春生作为紫鑫药业的实际控制人，单方面决定紫鑫药业的重大决策，中小股东的利益得不到保护，缺失利益牵制机制，为紫鑫药业虚增收入、转移资金等损害中小投资者的行为提供了便利。因此，紫鑫药业出现此类行为绝非偶然。

第二，治理机构形成虚设。紫鑫药业的治理结构健全，没有监事会、内部审计委员会、内部审计部门、独立董事等治理机构。监事会的职能在于监督董事会行为，但监事会并未履行其职能，可有可无。内部审计委员会和内部审计部门是紫鑫药业虚增收入、利益输送的直接监督人，但是内部审计委员会和内部审计部门知道紫鑫药业虚增收入、利益输送的情形下却不制止，默许紫鑫药业的行为，内部审计委员会和内部审计部门已经完全听命于董事会，或者是说郭春生本人，形同虚设。独立董事，多数均是新上任，尤其是会计和审计领域的独立董事，并未对紫鑫药业财务报告中的舞弊提出任何意见，也没有记录在董事会会议和股东大会会议记录中，独立董事的外部监督职能已经完全丧失。

（5）紫鑫药业关联交易的经济后果分析

①遭受行政处罚和财务状况恶化。紫鑫药业发布 2010 年度经审计的财务报告后，人们就开始怀疑紫鑫药业 2010 年度主营业务收入和利润的真实性，是否存在虚增收入和利益输送行为。中国证监会也开始介入调查。2014 年 2 月 13 日，中国证监会调查结束，责令紫鑫药业改正，并警告和罚款，且给予相关涉案人员警告和罚款。

紫鑫药业 2007 ~ 2013 年度的偿债能力、盈利能力和营运能力如表 6 – 38 所示。A. 偿债能力。短期偿债能力：2007 年至 2009 年，紫鑫药业现金比率、速动比率和流动比率一直下降；2010 年达到最高点；2011 年至 2013 年，紫鑫药业现金比率、速动比率和流动比率又开始下降，且比 2007 年至 2009 年的低。可见，紫鑫药业 2010 年虚增收入、利益输送使得其短期偿债能力提升，但这是暂时的，导致其 2010 年以后年度短期偿债能力迅速下滑。长期偿债能力：2007 年至 2010 年，紫鑫药业资产负债率一直上升；2011 年和 2012 年，紫鑫药业资产负债率略有下降；2013 年紫鑫药业资产负债率接近 50%。可见，紫鑫药业长期偿债能力总体上呈上升趋势，关联方采购和销售导致应收账款和预付账款增加，长期偿债能力不断减弱，可能导致破产风险。B. 盈利能力。2007 年至 2010 年，紫鑫药业总资产收益率和净资产收益率一直处于下降趋势；2011 年，紫鑫药业总资产收益率

表 6－38　紫鑫药业偿债能力、盈利能力和营运能力

	2007	2008	2009	2010	2011	2012	2013
偿债能力：							
现金比率	0.75	0.54	0.44	1.44	0.43	0.16	－0.05
速动比率	1.43	1.21	1.31	1.99	1.13	0.56	0.69
流动比率	1.55	1.39	1.45	2.16	2.04	1.85	2.18
资产负债率	28.72%	31.20%	34.28%	38.05%	35.14%	37.76%	48.49%
盈利能力：							
总资产收益率	10.53%	9.77%	9.32%	6.74%	7.79%	2.83%	1.33%
净资产收益率	14.78%	14.20%	14.19%	10.88%	12.01%	4.55%	2.59%
营运能力：							
应收账款周转率	2.85	2.87	2.03	4.61	1.69	1.82	1.79
存货周转率	2.69	1.75	1.96	1.68	0.50	0.11	0.08
总资产周转率	0.50	0.45	0.43	0.40	0.35	0.14	0.14

注：现金比率＝（货币资金＋交易性金融资产）/流动负债；速动比率＝（流动资产－存货－预付账款－待摊费用）/流动负债；流动比率＝流动资产/流动负债；资产负债率＝负债总额/资产总额；总资产收益率＝净利润/平均总资产；净资产收益率＝净利润/平均净资产；应收账款周转率＝销售收入/平均应收账款余额；存货周转率＝营业成本/平均存货余额；总资产周转率＝销售收入/平均总资产余额。原始数据来源：紫鑫药业 2007～2013 年各年度财务报告。

和净资产收益率略有反弹；2012 年至 2013 年，紫鑫药业总资产收益率和净资产收益率跌至谷底。可见，紫鑫药业盈利能力并没有因为 2010 年关联交易虚增利润而有实质性改善，暂时的业绩提升导致后期的业绩更差。C. 营运能力。2007 年至 2013 年，紫鑫药业存货周转率和总资产周转率总体上一直在下降。2007～2009 年，紫鑫药业应收账款周转率在下降；2010 年，紫鑫药业应收账款周转率较高，主要是因为 2010 年紫鑫药业通过关联交易虚增收入以及资金体系转移导致的结果；2011 年，紫鑫药业应收账款周转率直线下降；2012 年至 2013 年，紫鑫药业应收账

款周转率虽有小幅度上升，但与2007年至2009年相比差距较远。可见，紫鑫药业2010年通过关联交易使得营运能力上升或者使得下降速度缓慢，但长期来看，紫鑫药业营运能力总体上处于下降趋势。

②损害中小股东利益。紫鑫药业股利分配情况如表6－39所示。紫鑫药业股利分配显示，紫鑫药业在2008年和2010年均实施每10股送3股的股利政策，该政策不会分散股东的股权比例，也不会损害中小股股东利益；紫鑫药业分别在2008年、2010年和2011年实施每10股转增5股、每10股转增5股和每10股转增10股的股利政策，该政策不会分散股东的股权比例，也不会损害中小股股东利益；紫鑫药业在2007年、2008年和2009年均进行发放现金股利，2010年虚增利润的情况下每10股配发0.23股现金股利，紫鑫药业实际控制人郭春生等大股东收到大量的现金分红，中小股东由于拥有股份较少而收到分红较少。因此，大股东以虚增收入的方式从上市公司紫鑫药业套取资金实现利益输送，损害中小股东利益。

表6－39　　　　紫鑫药业股利分配

	2007	2008	2009	2010	2011	2012	2013
送股		3		3			
转增		5		5	10		
现金股利	2	0.33	0.50	0.23			

数据来源：紫鑫药业股利分配公告；单位：每10股。

③损害投资者利益。2011年7月初，一封举报信将紫鑫药业推上风口浪尖，举报信里详列了与紫鑫药业从事人参业务的7家贸易公司的注册时间和股东构成，指出公司可能涉嫌通过这些空壳公司完成人参业务的“空买空卖”行为。之后媒体质疑声

汹涌。8月17日，《上海证券报》的一篇文章直指紫鑫药业自导自演上下游客户，炮制惊天骗局。文章称，紫鑫药业公司营业收入前五名客户背后与紫鑫药业存在诸多牵连。多家公司最终均直接指向紫鑫药业实际控制人郭春生或其家族，这些公司的注册、变更、高管、股东等信息中无不存在紫鑫药业及其关联方的影子。紫鑫药业及其董事长郭春生用体内循环的妙招讲述了一个人参的故事，由此拉动了股价攀升，此间紫鑫药业成功在高股价基础上完成定向增发，融资10亿元。2011年10月19日，紫鑫药业收到中国证券监督管理委员会的《通知调查书》，对紫鑫药业涉嫌证券违法行为进行立案稽查，此后紫鑫药业股价急转直下，下降25%左右。因此，紫鑫药业未按照《证券法》的要求披露相关信息，虚增收入、利益输送、不正当融资等行为，给投资者利益带来了巨大的损害。

④损害债权人利益。紫鑫药业的偿债能力如表6－40所示。紫鑫药业的短期偿债能力和长期偿债能力直线下降，银行和其他债权人的利益无法保证。一旦紫鑫药业发生重大行政处罚、退市、资金周转困难，无法按时归还银行和其他债权人借款和利息，损害债权人利益。

表6－40　　紫鑫药业偿债能力

	2007	2008	2009	2010	2011	2012	2013
现金比率	0.75	0.54	0.44	1.44	0.43	0.16	－0.05
速动比率	1.43	1.21	1.31	1.99	1.13	0.56	0.69
流动比率	1.55	1.39	1.45	2.16	2.04	1.85	2.18
资产负债率	28.72%	31.20%	34.28%	38.05%	35.14%	37.76%	48.49%

注：现金比率＝（货币资金＋交易性金融资产）/流动负债；速动比率＝（流动资产－存货－预付账款－待摊费用）/流动负债；流动比率＝流动资产/流动负债；资产负债率＝负债总额/资产总额。原始数据来源：紫鑫药业2007～2013年各年度财务报告。

6.4　案例启示

本章基于关联交易及关联交易非关联化案例分析，说明关联方及关联交易披露规则存在的缺陷。第一，关联交易案例，亚星化学。亚星化学通过与上游供应商和下游销售客户进行关联采购和销售，与关联方进行关联租赁，与关联方进行关联担保，以及与关联方进行资产转让、债务重组和股权转让等关联交易手段，实现其向关联方输送利益的目的。第二，关联交易非关联化案例，科达股份。科达股份通过无关联关系的第三方，实现其第二大股东科达集团占用其资金的目的。第三，关联交易和关联交易非关联化综合案例，紫鑫药业。紫鑫药业通过与上游供应商进行关联采购、与下游销售客户进行关联销售等关联交易手段，并且指使员工或者其他亲属和社会关系注册“空壳”公司，与其进行关联采购和销售，实现其虚增收入、向大股东输送利益的目的。但为什么亚星化学、科达股份、紫鑫药业等上市公司的关联交易行为没有在其发生年度的财务报告或者临时报告中体现，而是发生的若干年后才会被发现？背后的根本原因在于：

（1）关联方交易不具有区分性

不具区分性，即关联交易的特殊性没有与一般交易区分出来。无法识别所谓“非公允的关联交易”，《关联方交易准则》中仅论及了其交易过程中需要说明的价格确定依据，但是我们通过三个案例看到不论是亚星化学、科达股份还是紫鑫药业，在定价政策披露时只是简单地披露按照市场价格或公允价格交易，没有披露定价策略选择，所以我们试图通过价格来判断是否公允几乎不可行。其实就算他们披露了定价政策，我们仍然很难识别是否公允。

学术界有一种观点或者说有一种潮流，试图用统计的方法，通过对同行业的公司的财务数据进行分析，来识别所谓“非公允的关联交易”。我们认为这样的做法是无效的。原因有：第一，所谓“非公允的关联交易”并没有确切的定义，依据统计的方式至多只能得到一个相对的结果：找出“特别过分的关联交易”。这个相对的结果既在各行业之间没有可比性，在同行业的各财务周期之间可比性也很差。这样识别“非公允的关联交易”的结果在会计准则上怎么确认呢？又怎样在这样的结果基础之上来阻止、减轻对第三方造成的危害呢？换言之，统计的方法不具有真正可靠的“区分性”。第二，对同行业的公司的财务数据进行的分析由谁来进行？中介机构发布的分析结果谁会采信？管理部门发布分析结果由谁来承担由此产生的责任？

现行关联交易的信息披露方式中，以“特殊交易”的财务信息为特别披露对象的主导思想是正确的，问题在于界定“特殊交易”的方法不科学。我们要揭露的“特殊交易”是对第三方有危害的交易，这样的交易并不等同于完全根据经济学以外的依据确认的“关联交易”：因为我们发现按现行的标准，有的“关联交易”是合理的或“公允的”，而有的造成了危害的“特殊交易”却不被确认为“关联交易”（关联交易非关联化）。而要建立新的在经济学内部界定“特殊交易”的方法，必须深刻认识所谓“特殊交易”的经济学特性，在此基础之上才能建立起有针对性的信息披露方式，并使其符合区分性的要求。

（2）关联方披露不具有直接性

根据2006年财政部颁布的《企业会计准则第36号——关联方披露》中第二章第三条关于关联方的定义：一方控制、共同控制另一方或对另一方施加重大影响，以及两方或两方以上同受一方控制、共同控制或重大影响的，构成关联方。其中控制，是指有权决定一个企业的财务和经营政策，并能据以从该企业的经营活动中获取利益；共同控制，是指按照合同约定对某项经济活动所共有的控制，仅在与该项经济活动相关的重要财务和经营决策需要分享控制权的投资方一致同意时存在；重大影响，是指对一个企业的财务和经营政策有参与决策的权力，但并不能够控制或者与其他方一起共同控制这些政策的制定。同时，《企业会计准则第36号——关联方披露》第一章第二条规定，企业财务报表中应当披露所有关联方关系及其交易的相关信息。对外提供合并财务报表的，对于已经包括在合并范围内各企业之间的交易不予披露，但应当披露与合并范围外各关联方的关系及其交易。

由于关联交易仅仅在表外披露，约束力不强，信息披露不充分，案例中不论是亚星化学、科达股份还是紫鑫药业正是基于目前我国关于关联方及关联交易披露的缺陷和不足，达到虚增收入或利益输送的目的，其主要方式表现在：隐瞒关联方关系，不披露相关的关联方及关联交易。因此，如果不能在理论上找到一个直接区分关联交易与一般交易的方法，那么无法提高信息披露的质量，达到降低关联交易危害的作用。

（3）存在关联交易非关联化

关联方交易存在关联交易非关联化的问题，从而逃避关联交易的信息披露问题。案例中的科达股份和紫鑫药业都存在关联交易非关联化来规避关联交易披露的问题。由此可见，现行关联交易信息披露方式是以关联方的确认为基础的，也就是说，财务信息如何披露需要以工商行政管理等部门的反馈为依据才能确定，这就使“缓披露”“不披露”有机可乘，使上市公司有借口推卸本应由其完全承担的信息披露的责任。

正如案例一样，科达股份不披露其与第二大股东科达集团的非正常性资金往来的关联交易，紫鑫药业不披露与正德药业、耀宇人参、劲辉人参、欣鑫人参、伟诚人参、嘉熙人参、振豪人参的关联关系和关联交易，“缓披露”“不披露”；紫鑫药业让一般的员工注册“壳公司”作为其关联交易供应商和销售客户。另一方面在各个关联方中，对管理者个人、公司大股东或是公司的整体利益的追求，使得进行关联交易时其价格和市场的一般交易价格不能保持一致，而会计人员常可据此协同公司非合理交易完成非关联化情况下的利润虚增的填报和利益输送等。

（4）重构上市公司财务信息披露势在必行

现行的关联方及关联交易的披露存在以下问题：①不具有区分性，即关联交易的特殊性没有与一般交易区分出来。如果财务信息列报、披露的表达中没有可靠的区分性，要在资本市场中保障投资者（第三方）的表决权不被剥夺或暂停，就没有坚实的支撑。②不具有直接性，由于关联交易仅仅在表外披露，约束力不强，信息披露不充分。如果没有责任的约束，财务信息的提供者混淆视听的行为就得不到制衡。换句话说，区分绝大多数正常的交易与其他交易（包括极少数正常交易）的方式应该设计在表内确认，即区分工作应该在表内直接完成。③存在关联交易非关联化，从而逃避关联交易的信息披露问题。上市公司为了避开关联交易信息披露，通过分解业务、解除关联关系、与未来关联方进行交易、非货币性交易的货币化、关联交易复杂化等方式将关联交易非关联化。基于现行关联方及关联交易披露存在不具有区分性、不具有直接性和存在关联交易非关联化缺陷，亚星化学、科达股份、紫鑫药业等上市公司的关联方及关联交易行为“缓披露”“不披露”现象屡见不鲜。

同时根据前面的第三章利用受控实验证实：市场对商品的交换价格，并不总能形成共同认识。也就是说商品的价格共识不一定存在。在这种情况下，人们对商品的价格的认识不统一，“公允价格”的存在性就失去了现实的基础。因此，若上市公司所进行的商品交易中，有些商品的价格是没有价格共识的，那么这些上市公司按现行的会计准则产生的财务数据的含义就是模糊不清的。所以，要提高上市公司财务信息的质量，必须在价格共识理论的基础上，构建起新的方法，将那些没有价格共识的商品的交易标注出来。我们必须进行基础经济学研究，建立完全以上市公司经营行为的经济学特性为依据进行确认的使信息披露的责任完全由上市公司承担，提供具有区分性、直接性和时效性的关联交易信息披露，提高信息披露的质量。因此，重构上市公司财务信息披露势在必行。

第7章 上市公司财务信息披露的重构

7.1 新模式的目的及上市公司财务信息披露

7.1.1 新模式的目的

一个国家的昌盛，文化、科学、国防的发展必须依靠其强大的经济实力。而作为经济发展的晴雨表和资源配置的有效途径，资本市场的繁荣、发展具有举足轻重的意义。这已经在各发达国家和我国经济发展的过程中得到了证实。因而资本市场的制度建设意义重大，这是资本市场繁荣、发展的根本保障。我们无法想象，在各国的发展历史上也从来没有，一个充斥着虚假信息、不公平交易的市场，能够稳定地、长期地成为一个国家经济发展的基石。

关联交易，正如我们已经讨论过的那样，它是人类商业智慧的一种形式。它在资本市场出现之前就已经出现，它不会从某一天起就完全消失，它还会演变出新的形式。其合理与有害的双重性需要我们不断地提高驾御的能力，而不是简单地禁止，或放任不管。针对资本市场关联交易的特性，我们通过增加财务信息的供给量、供给的角度等方式，为投资人回避关联交易可能带来的危害，为乃至整个资本市场的平稳运行，提供帮助。

我们设计：增加一个新的会计报表，通过列报的方式，要求上市公司向投资人或者说向资本市场提供更多的财务信息。这样设计的原因是：传统的财务报表里，在表中进行确认或计量的基准是源于市场价格。无论从计量属性的历史成本观点，还是从公允价值观点而言，市场价格都是最根本的基础。基于我们对价格形成的研究——价格共识形成的理论，我们发现经济学中对市场价格的认识是不充分的：市场价格在属性上不是完全同一的，也不是研究经济问题的最小的、不可再分解的理论概念[①]；市场价格的可比性是其根本属性之一，而可比性是由交易的性质决定的；不同交易中产生的市场价格的可比性高低不同。但传统会计理论正是建立在所有的市场价格都是性质完全相同的基础之上的，并通过对市场价格进行同类“项”的合并编撰会计报表的。因此对会计报表的修正、补充就是必要的了。

如果不从资本市场的制度建设的高度来要求、确保上市公司向投资人或者说向资本市场提供财务信息的质量，如果不坚持不

① 我们过去认为市场价格已经是最基本的计量单位，就像在物理学中人们开始只认识到原子是最小的单位，但进一步研究发现其实并非如此：世上所有物质都是由细小的原子组成，而每粒原子有一个被电子包围着的原子核。细小的原子核内含不带电荷的中子及带正电荷的质子，而带负电荷的电子沿轨道环绕原子核运行，情况就好像行星环绕太阳运行一样。

断地完善财务信息公开的方式和规范，资本市场上股票价格的形成被操纵或扭曲将有可能频繁发生。投资者将在预谋的股价波动中，在这种预谋的“折转跑”中[①]，不断地丧失利益。这从我们对价格形成的实验研究中已经得到证实。

因此，我们的设计从定性的分析来看是合理的。那么从定量的角度，应该怎样做才具有可操作性，才不至于给上市公司带来太多的负担，才不至于让上市公司暴露应有的商业秘密。根据前面的实验及理论的研究，上市公司作为通过资本市场进行集资的一方，有义务让投资者有识别其经营行为所需的必要条件或基本条件；而投资者应该自己去完成对上市公司经营的识别并做出相应的决策、承担相应的责任。依此原则，我们先来讨论以下几个问题：关于信息披露的历史、财务报表及披露、表内披露表外披露问题等基本问题。

7.1.2 上市公司信息披露的特点与对象

（1）上市公司信息披露的特点

在企业组织形式中，上市公司的两权分离不仅最为彻底，涉及面也最广。自从英国 1844 年的股份公司法颁布之后，有关信息披露的发展，更多的是以上市公司为核心而展开的。同时，在上市公司组织形式中，还存在着强势群体和弱势群体之分。强势群体在信息获取和自我利益保护方面，存在相当的优势。例如，上市公司内部管理人员，特别是高层管理人员，直接参与公司的内部管理事务，对公司内部运行信息的了解也最充分，同时，他们还具备一种可以随时侵占他人利益的优势地位；投资银行和机

① “折转跑”，体育专用语，指经短距离快跑后突然反身回跑。此处比喻价格因被人操纵发生偏离，而后又因操纵消失而价格突然复位。

构投资者自己具备强大的信息收集和甄别能力，他们在向企业提供资源时，还可以特别要求企业提供专门的信息，这些都可以有效地降低乃至消除与企业之间的信息不对称；在保护自身利益方面，他们也可以通过订立专门的合同来实现。

相比之下，作为资本市场弱势群体：普通投资者的中小股东，他们既无权利要求上市公司向其专门提供信息，也没有信息收集和甄别能力。因此，上市公司信息披露的发展，更多地是围绕着如何保护弱势群体利益而展开的。而每一次关于弱势群体利益保护的要求，又与资本市场舞弊或危机直接相关联。例如，20 个世纪 30 年代美国的经济大萧条，直接促生了系统地强制性信息披露。

（2）上市公司信息披露的对象

资本市场与上市公司制度的发明，是现代社会的一大贡献。该制度极大地降低了社会经济运行的成本，提高了社会经济运行的效率。然而，资本市场和上市公司制度也对信息披露提出新的挑战，因为，上市公司的经济利益关系变得日趋复杂，使得信息披露服务的对象逐渐模糊。就笔者的理解而言，上市公司信息披露，除了直接的资源委托人外，它还需要向那些并不直接提供资源的相关各方，特别是社会公众披露信息，从而出现了信息披露对象的广义化。在股权相对分散的资本市场上，以财务报告为主体的信息披露，至少要担当这样几种角色①：

①报告资源的受托管理者对受托责任的履行情况，这是对传统财务报告模式的延伸。值得注意的是，对资本市场而言，资源的委托人大致可以分为大宗股权持有者和普通投资者，他们对信息披露的要求又存在一定的差异。这里所说的委托人，更多地侧

① 刘峰等：《信息披露：实话实说》，中国财政经济出版社 2003 年版。

重于那些大宗股权持有者，如我国上市公司中的国家股、法人股股东和机构投资者等。

②向资本市场普通投资者，特别是那些处于相对信息弱势地位的投资者提供对其决策有用的信息。美国20世纪70年代的一些调查表明，在股权高度分散的资本市场上，以财务报告为主体的信息披露，担负着向普通公众投资者（与上面的大宗股权持有者相对应）报告信息的使命。

③信息披露是管制部门进行监管和上市公司回避监管的焦点。由于上市公司的股票发行使得一批中小投资者成为利益相关者，而这些投资人又缺乏足够的力量来保护自己，上市公司就负有向这部分弱势群体提供信息的义务，这也是各国资本市场要求公开披露信息的法理所在。从目前各国资本市场信息披露的实践来看，信息披露是各国政府监管部门监管的核心内容之一。而对企业而言，规避监管从而降低企业的各种契约成本，是其管理的内容之一。

④信息披露也是包括注册会计师在内的相关利益方回避法律责任的有效工具之一。按照瓦兹与齐杰瑞（Watts 和 Zimmeman，1983）的研究，审计是为了降低代理成本而设计的一种工具。一种观点认为，审计就是保险，是管理者为增加其财务报告的可信度而向投资者（财务报告的使用者）提供的一种保险。注册会计师一旦提供了“保险”，就承担了相应的法律责任。因此，注册会计师为了尽可能规避自己的法律风险，通常会要求客户尽可能多地披露信息。

⑤上市公司在披露信息时，他们当然希望所披露的信息能给企业带来最大限度的积极效应。当公司出现一些具有负面影响的事件，公司管理层自然不愿意披露这些事件。如果没有法律的约束，选择性披露现象将极为普遍。

此外，信息披露还必须要迎合市场和公众，尤其是财务分析师的期望。美国一些研究表明，迎合华尔街的预测，成为上市公司财务造假的压力之一，也是上市公司信息披露的一个重要症结。简言之，信息披露不仅充当了两权分离状态下资源委托与受托双方受责与免责的主要工具，它还是经济人自我服务的手段，包括提高融资效率、规避监管、规避法律风险等。

7.1.3　财务报表及披露

（1）财务报告

从会计角度来看，最初并没有信息披露的概念。早期与会计相关的就是财务报表。一个报告主体向外界提供的，主要是财务报表。从早期单一的账户余额表，到后来初具雏形的资产负债表，仅仅这一过程就花费了 400 年之久。20 世纪 40、50 年代，美国逐渐形成了强调收益表的倾向，一个报告主体，特别是上市公司需要公开提交的是两张表，即：资产负债表和收益表。限于资料，我们无法取得当时美国公司公开呈报的财务报表档案资料，因此无法具体比较当时的财务报告与现在相比有多大的变化，但基于间接资料可以推测：当时的上市公司公开披露的资料无论在数量上还是内容上，都远远低于今天的财务呈报。

就作者所掌握的资料来看，明确提出财务报告概念，并将财务报告与财务报表进行区分，应当是美国财务会计准则委员会（FASB）。在此之前美国会计原则委员会的第四号报告和随后由 AICPA 资助的特鲁伯罗德委员会（Trueblood Committee）发布的研究文告，都是以财务报表为标题。美国财务会计准则委员会（FASB）于 1978 年 11 月发布第一号财务会计概念公告，标题就是“企业财务报告的目标”。在第一号概念公告中“企业财务报表要素的确认与计量”部分，给出了财务报表与财务报告的具体界定。

按照图7－1，财务报告包括财务报表、报表附注、补充信息和其他手段的财务报告，实际上，目前上市公司所提供的年度财务报告，其主要内容已经包括在其中了。

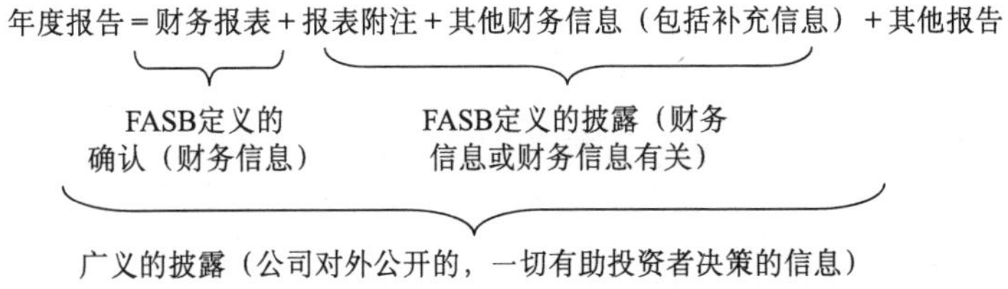

年度报告＝财务报表＋报表附注＋其他财务信息（包括补充信息）＋其他报告

FASB定义的确认（财务信息）

FASB定义的披露（财务信息或财务信息有关）

广义的披露（公司对外公开的，一切有助投资者决策的信息）

图7－1　年度报告图

资料来源：葛家澍、杜兴强：《财务会计概念框架与会计准则问题研究》，第214页。

（2）财务报表与确认

按照美国FASB第一号概念公告的说明，企业的财务信息，最终是由以“财务报表”为核心的“财务报告”的形式，呈报给投资人、债权人和其他类似使用者①。

财务报表是一个企业的所有已发生的交易或事项或通过不可更改的合同确认为资产、负债、所有者权益、收入、费用等要素，在第一次确认的基础上，再次确认为报表项目而形成的。它分别反映：某一时点的财务状况，通常称为资产负债表；某一期间的经营和财务业绩，通常称为利润表或收益表；某一期间的现金流量，称之为现金流量表。

财务报表是财务报告的核心。因此，财务会计程序的加工结果、财务会计的目标、财务会计的基本假设、财务报表的要素等

① 葛家澍：《财务会计理论研究》，厦门大学出版社2006年版。

均在财务报告，特别是在财务报表中得到集中反映。财务报表的内容和金额来自于日常记录的账户，但把账户中的数字计入财务报表，转化为满足会计信息质量特征的要素及其分类的知识，还需要第二次确认。它主要通过浓缩、抽象和编纂。具体的手段是汇总、分类和有序排列。财务报表中不同的分类标志能表达不同的新信息，从而具有不同的用途。

在利润表中，有主营业务和非主营业务、核心业务和非核心业务、当期经营业绩和总括财务业绩等三种分类。按照第一种分类，利润表上反映的是企业经营的主要特色与性质。按照第二种分类，在分析和判断一个企业的经营的前景时，投资者应当关注其核心业务的收支和业绩，因为非核心的往往是一次性的，不符合持续经营的假设。第三种分类，业绩报告的末行数字在美国称为“全面收益”。

在现金流量表中，我国的准则将现金流量分为三类，即经营活动产生的现金流量、投资活动产生的现金流量和筹资活动产生的现金流量。这种分类反映了企业通过经营和理财等三个渠道，企业现金流量的来龙去脉。

在资产负债表中，最重要的分类是资产和负债两个大部分。在资产方面，使用者最关注现有资源的性质、金额和变现能力，因此按照流动性分类是最主要的分类。在负债方面，使用者最关注债务到期的先后，因为这表明企业的偿债能力。因此，按流动性分类同样是负债最主要的分类。从日常的账户和财务报表的项目总是运用分类技术可以看到，会计在很大程度上是一种分类的艺术。必须指出的是，日常账户的正式记录和在财务报表中列示的文字与数字皆属于确认。

众所周知，在编制资产负债表时，应当依照财务报表的目的，按照一定的标准对资产、负债和所有者权益项目进行再分类，以便充分披露重要信息。目前对资产负债表项目主要有两种分类方法：一是按其流动性分类；二是按其货币性分类。按照流动性分类，资产分为流动资产与非流动资产两大类；负债分为流动负债和非流动负债；所有者权益分为投入资本和留存收益。按照货币性分类，即可将资产负债表项目划分为货币性项目和非货币性项目。货币性项目可再分为货币性资产和货币性负债。按照流动性分类和排列资产负债表项目的最大优点在于能够较为直接地获得偿债能力的信息，尤其是短期偿债能力的信息。长期以来，报表使用人尤其是债权人最为关心的就是偿债能力信息，显然，资产负债表这样的安排是以满足债权人的利益为主。在物价变动时期，货币性项目与非货币项目所受到的影响是不同的。在通货膨胀时期，企业因持有货币性资产而遭受币值下跌的损失，因承诺货币性负债而遭受币值下跌的损失。这样，企业在保证经营所需的资金外，就可将一部分货币性资产转换成非货币性资产，以避免持有资产带来的损失，或者抵消非货币性负债所引起的损失。所以，划分货币性与非货币性项目，有助于企业控制偿债能力，以及在通货膨胀时期避免物价上涨带来的风险。

7.1.4　表内披露还是表外披露

由于资本市场的出现和法律责任的强化，导致上市公司的信息披露一直是在“报告经济现实”与自我利益服务（如夸大企业业绩、美化发展前景、回避法律责任等等）之间权衡。从信息披露的需求方（如资本市场上的普通投资者、证券监管部门、独立的财务分析师等）来看，他们通常都需要能够反映经济现实的信息披露。如实反映报告主体的经济真实性，要求信息披露不仅能全面反映企业的财务状况与经营成果，而且还要求其能突出重点，揭示各种潜在的风险。实际上，会计上的“实质重于形式”原则，就是要求企业财务报告能反映交易和事项的经济实质，或者说，透过繁杂、花哨的外在表现形式，揭示经济活动的真正性质。而对信息披露的提供者（主要是管理当局和审计师等）来说，他们希望在满足相关部门信息披露要求的前提下，实际承担最低限度的法律责任。其中，那些业绩好的企业希望财务报告能真实地反映企业经济现实，这样，绩优企业可以因此而区别于非绩优企业，并得到市场的认可。但对那些业绩水平一般或偏低的企业来说，报告经济现实，往往会增加企业的运行成本，如我国资本市场上那些真实业绩略低于配股标准的企业、业绩偏差而面临停牌风险的企业和寻求债务融资的企业，在这种情况下，企业总希望通过一些复杂的技术处理，掩盖企业的经济真相，或将不好的经济实质进行必要的“打扮”，甚至直接隐瞒事实真相。所谓资产负债表外风险，主要就是在这种动机下形成的。

如何规避现有的会计方法与技术，提供一个既不直接违反现有的会计原则和相应的法律法规，又符合管理当局要求的财务报告，当注册会计师觉得这样也能区分会计责任与审计责任，从而能保护其自身的利益时，他就会为这种财务报告进行“背书”。这种不断权衡的结果是：财务报告变得非常复杂，表外披露越来越多，但企业真实的经济业绩却被“成功”地掩盖了。如安然公司虚增利润、隐瞒负债的一个手段是“特殊目的实体”（special purpose entity，SPE），尽管这些 SPE 的风险实质上仍然由安然公司承担，但它们并不需要纳入安然公司的财务报表。安然正是通过大量的 SPE 来达到“美化”财务报表的目的。这样，在表外具体、详细地披露相应 SPE 的情况，也是注册会计师回避自身法律风险的一种必要手段。

简言之，目前的财务报告是在报告经济现实与相关主体回避法律责任之间不断权衡的一个产物，其表征是：作为财务报告主体的财务报表的变革非常缓慢，但表外披露的增长非常迅速，使得上市公司信息披露的信息含量随着篇幅的增加反而越来越低。正如巴菲特所说："公司披露了信息，但什么也没说"①。

经济发展对财务报告体系提出新的要求，为此，FASB 的第一个应对措施是尽可能地将这些本应在表外披露的信息纳入财务报表之中，即各类财务会计信息的转化②。一个思路就是对以前一些不能在表内确认的标准做出一些松动：如套期保值业务、或有事项、雇员退休金计划等，它们是企业尚未发生的事项，严格地说它们不符合会计要素确认的标准，不能列入财务报表范围之内。FASB 做出变通之后，颁布了一系列确认上述项目的财务会计准则，将它们确认为资产、负债等会计要素，并把它们的金额加入财务报表的合计数中。FASB 的另一个思路是对财务报表概念框架做出某些修订和补充，如 SFAC 第 7 号发布的最后一份概念公告就对计量属性做了修改，提出财务会计的计量属性不仅包括历史成本，还包括现行成本、现行市价与公允价值，于是那些价值经常变化、风险很大的经济业务和事项就纳入了会计处理的范围之内，例如：衍生金融工具、保险合同、经理人股票期权计划等。这些都促进了财务报表的有用性。但这只是一种临时性的应急措施，缺乏前瞻性。解决这些问题的第二个对策是根据价格发现过程理论，提出财务会计披露的新框架。

① 刘峰等：《信息披露：实话实说》，中国财政经济出版社 2003 年版。

② 占美松：《财务报告信息与表外披露问题研究》，厦门大学博士学位论文 2008 年。

7.2　新模式的基本框架

7.2.1　交易属性分类

我们已经知道，市场价格有一个最基本的计量属性——可比性，每个商品市场价格可比性的基础是对每个商品价格的共识。在对价格形成的研究——价格共识形成的理论中，我们严格地用数学模型证明了通过一定条件下的商品交易，市场能形成该商品的价格共识。同时我们利用受控实验证实，市场确实可能始终无法对某种商品的价格形成共识。而不同类型的交易的混淆对商品市场价格的共识形成影响很大。所以我们首先要对交易进行分类。初步可分为：第Ⅰ类交易与第Ⅱ类交易。所谓第Ⅰ类交易是指两种商品的交易满足或根据经验分析容易满足商品价格共识形成的条件；其他交易称为第Ⅱ类交易。在第Ⅰ类交易中所产生的交换价格，其可比性分类定义为第Ⅰ类；在第Ⅱ类交易中所产生的交换价格，其可比性分类定义为第Ⅱ类。

根据价格共识形成理论，当其他条件都满足时，交易商品的供求是否 $\mathscr{R}_{A,B}-(r_0,l_0)$ 渐趋稳定是价格共识形成的充分必要条件①。所以通常在会计实务中，我们认为传统的农产品、工业产品与货币的交易是第Ⅰ类交易的代表②。因为这些商品的供求，受生产技术、产量、需求量、存储、运输等因素的“网状约束”，在相对长期的反复交易中呈现相对的稳定性、公开性。市

① 详见第 3 章定理 6。

② 关于交易更为详尽的讨论，我们另外著文专门阐述。

场据此容易形成其商品价格的共识。

而要使财务信息达到“三性”的要求，我们必须将所有肯定（或认定）能形成价格共识的交易（即第Ⅰ类交易）与不能肯定（或不能认定）能形成价格共识的交易（即第Ⅱ类交易）相区别。但完成这样的区别却有两种途径：（1）列出全部的第Ⅰ类交易，其余为第Ⅱ类交易；（2）列出全部的第Ⅱ类交易，其余为第Ⅰ类交易。由于市场对交易性质的认识是有发展和变化的，并且人们的商品交易方式也是会发展的。所以上述两种区别交易的途径并不等效。出于简便的考虑，本书采用第二种方式。为了克服第二种方式可能带来的遗漏，我们将所有创新的交易定为第Ⅱ类交易。

一般地，我们认为在以下列出的交易是全部的第Ⅱ类交易：

（1）关联方交易；

（2）带有应收、应付账款的交易；

（3）无形资产的交易；

（4）股票交易；

（5）衍生金融交易；

（6）其他非货币性交易；

（7）创新的交易。

之所以认为以上是第Ⅱ类交易，是因为：

关联交易（即按现行标准）：这类交易可称为“不完全交易”。交易双方的利益最大化未必需要通过交易的价格来体现。双方的交易行为因而未必会满足 $\mathscr{R}_{A,B}$ – 敏感的要求，可以认为关联交易类似于商品“调拨”。或者说关联交易是否类似于商品“调拨”，市场无从知晓。根据价格共识形成理论，根据谨慎性原则，关联交易应视为第Ⅱ类交易，通过其产生的商品价格可比性分类应归为Ⅱ类。

带有应收、应付账款的交易：这类交易可称为“未完成的交易”。它有一个特性：双方的交换物一个是普通商品，另一个是信用。信用是需要以后来兑现的。而信用作为特殊商品是因交易方的不同而各异的，市场上不存在一种标准化的、不变的信用商品可以在反复交易中形成其价格的共识。所以带有应收账款的交易应视为第Ⅱ类交易，通过其产生的商品价格可比性分类应归为Ⅱ类。

无形资产的交易：没有任何两个无形资产是相同的。而一个无形资产在其他市场条件相对不变的情况下，换手频率明显低于普通商品。根据价格共识形成理论，很难形成其价格的共识。所以无形资产的交易应视为第Ⅱ类交易，通过其产生的无形资产的价格可比性分类应归为Ⅱ类。

股票交易与衍生金融交易：资本市场是货币通向所有专业市场的“十字路口”。任何一个专业市场的供求波动都会影响到资本市场的供求关系。尤其是日益增强的全球一体化趋势，更使得即便是非常遥远、陌生的市场的变化也会轻易地影响到资本市场。所以在资本市场里供求的变化很激烈、频繁，即通常不满足 $\mathscr{R}_{A,B}-(r_0,l_0)$渐趋稳定（如实验 1 中参加 A 组的人数），故没有价格共识应该是常态。所以股票交易与衍生金融交易应视为第Ⅱ类交易，通过其产生的价格可比性分类应归为Ⅱ类。

其他非货币性交易：在现代市场经济里，以物易物的交易是另类的、较少发生的交易，可重复性很差，同样很难形成相对价格共识。所以其他非货币性交易应视为第Ⅱ类交易，通过其产生的价格可比性分类应归为Ⅱ类。

创新的交易：所谓创新的交易主要指，在交易之中双方权利、义务、利益的分割、享有方式的创新。由于市场对创新的交易缺乏认识，供求波动大，因而难于形成共识。出于谨慎的原则，将其视为第Ⅱ类交易，通过其产生的价格可比性分类归为Ⅱ类。

7.2.2 新模式的会计核算

有了交易的分类，以及商品市场价格可比性的分类，在编撰会计报表时是否需要将所有的报表都分类汇总呢？我们认为不需要，至少目前不需要。原因有两点：

（1）从理论上讲，商品在不同的交易中所形成的属性不同的价格可比性，是否或怎样传递、影响最终商品的价格可比性还没有定论，尚需进一步研究。

（2）从会计实务上讲，这样做会使会计报表编撰的复杂程度增加很多，其结果未必会增加会计报表的可读性。

因此，我们设计：在原会计报表的基础上，通过增加一个《第Ⅱ类交易表》的方式，避免因原会计报表合并各种交易所产生的数据所带来的交易属性丢失，以及价格可比性的混淆，从而达到增强会计信息质量的目的。这个《第Ⅱ类交易表》将起到一个注解原会计报表中各项数据产生背景的作用。例如当上市公司通过公开或隐蔽的关联方交易，向上市公司输送利益或从上市公司挖掘利益的时候，第Ⅱ类交易的额度都会明显增大。

为了期末便于编撰《第Ⅱ类交易表》，必须在现有的会计核算的基础上进行一些新的设计。主要有以下几个方面。

（1）记账规则的设计

我们并不改变传统的借贷记账法，只是新增加交易分类这一要素，即根据交易的特性来判断每项经济业务是属于第Ⅰ类或是第Ⅱ类。那么相应的记账规则不是借贷记账法下二维，还要增加一维我们把它记为类。属于第Ⅰ类在交易分类中记入Ⅰ，属于第Ⅱ类的在分类交易中记入Ⅱ。具体表述如下所示：

借：×××

　　贷：×××

类：×××

（2）记账凭证的设计

从原始凭证到记账凭证是经济信息转化成会计信息的过程，是会计的初始确认阶段，记账凭证按其使用用途不同，可以分为专用记账凭证和通用记账凭证两类。由于记账规则的改变，记账凭证与传统相比的主要变化在于判断交易的分类，下面是一种适应新模式的记账凭证示例，以通用记账凭证为例，在通用记账凭证中加了一列——交易分类，根据前述交易的特性来判断每项经济业务是属于第Ⅰ类或是第Ⅱ类，属于第Ⅰ类在交易分类中记入Ⅰ，属于第Ⅱ类的在分类交易中记入Ⅱ。见表 7－1，其他的记账凭证与此同。

（3）账簿设计

设置账簿是会计工作的一个重要环节，登记账薄则是会计核算的一种专门方法。企业定期编制的资产负债表、利润表、现金流量表等会计报表的各项数据来源于账薄的记录。由于记账规则的改变，账簿设计与传统相比的主要变化在于涉及增加交易的分类判断，下面以总分类账为例，在总分类账中增加了两列，一列为交易分类，另一列为第Ⅱ类合计，根据前述改革后的记账凭证填列，见表 7－2。

表 7－1　　　　通用记账凭证

年　月　日　　　　　　编号：

摘要	一级科目	二级或明细科目	借方金额	贷方金额	交易分类	账页

会计主管：　　记账：　　审核：　　出纳：　　制单：

表 7－2　　　　　　　　　　　总分类账

会计科目：　　　　　　　　　　　　　　　　　　　　第　页

<table>
<tr><td colspan="2">年</td><td colspan="2">凭证</td><td rowspan="2">摘要</td><td colspan="2">借方</td><td colspan="2">贷方</td><td>借或贷</td><td rowspan="2">余额</td><td rowspan="2">交易分类</td><td colspan="2">第Ⅱ类合计</td></tr>
<tr><td>月</td><td>日</td><td>字</td><td>号</td><td>金额</td><td>对方科目</td><td>金额</td><td>对方科目</td><td></td><td>借方</td><td>贷方</td></tr>
<tr><td></td><td></td><td></td><td></td><td></td><td></td><td></td><td></td><td></td><td></td><td></td><td></td><td></td><td></td></tr>
<tr><td></td><td></td><td></td><td></td><td></td><td></td><td></td><td></td><td></td><td></td><td></td><td></td><td></td><td></td></tr>
<tr><td></td><td></td><td></td><td></td><td></td><td></td><td></td><td></td><td></td><td></td><td></td><td></td><td></td><td></td></tr>
</table>

（4）财务报表的设计与编制

根据《企业会计准则——财务报表列报》的规定，企业对外提供的会计报表至少包括：资产负债表、利润表、现金流量表、所有者权益变动表。根据前述设计，在原会计报表的基础上，增加一个《第Ⅱ类交易表》的方式。第Ⅱ类交易表见表 7－3。第Ⅱ类交易表是一个动态的报表。该表遵循财务报表列报的相关要求。不同之处在于，该表中反映的资产、负债、所有者权益并非某一时点的状况，而是一定时期的动态累计，反映公司在一定时期进行的非确定性的交易有多少。报表中的借方、贷方金额不得相互抵销。本表根据总分类账填列。

本表资产负债的排序仍然按照流动在前，非流动在后，只是出于习惯，为了与通常的资产负债表相对应，而非必须，所以在本表中取消了资产中的流动性与非流动性的描述，在负债类中道理与此同。

（5）编表目的

第Ⅱ类交易表的提出，是为了适应资本市场的发展，满足财务报告的决策有用性，提高会计信息的质量，此表可以作为资产负债表和利润表的附表。本表的目的是想告知财务报表的使用者，交易并非我们以前所想象的那样简单，也就是说，要想描述一项交易，应该用借、贷、类，一组三维坐标来表示，而不是以前的只用借、贷二维坐标来表示。上市公司财务报告的目标是便于投资者和潜在的投资者决策服务，增加第Ⅱ类交易表可以提高可靠性、相关性、可理解性和可比性。

例如，利用第Ⅱ类交易表提供的信息，可以对该公司作横向与纵向的比较。以收入一项为例，设 S_1 = 收入（第Ⅱ类交易表中 t 年）/ 收入（第Ⅱ类交易表 t-1 年）。如果一个公司今年与去年比，S_1增长较快，就表明该公司会计数据无论可靠性、相关性较以前降低，值得关注。设 S_2 = 收入（第Ⅱ类交易表）/ 收入（利润表）。如果不同的上市公司中 S_2的数据偏大的公司，该公司会计数据的可靠性将低于 S_2数据偏小的公司。所以本表是站在一个新的角度来揭示上市公司的财务状况、经营成果中存在的不确定性因素，提高会计信息质量。

表 7-3　　第Ⅱ类交易表

编制单位：　　　　年　月　日　　　　单位：元

项目	借		贷		项目	借		贷	
	上年数	本年累计	上年数	本年累计		上年数	本年累计	上年数	本年累计
资产					负债				
货币资金					短期负债				
交易性金融资产					交易性金融负债				
应收票据					应付票据				
应收账款					应付账款				
预付款项					预收款项				
应收利息					应付职工薪酬				

续表

项目	借		贷		项目	借		贷	
	上年数	本年累计	上年数	本年累计		上年数	本年累计	上年数	本年累计
应收股利					应交税费				
其他应收款					应付利息				
存货					应付股利				
可供出售金融资产					其他应付款				
持有至到期投资					长期借款				
长期应收账					应付债券				
长期股权投资					长期应付款				
投资性房地产					专项应付款				
固定资产					预计负债				
在建工程					递延所得税负债				
工程物资					其他负债				
固定资产清理					负债合计				
生产性生物资产					股东权益				
油气资产					实收资本				
无形资产					资本公积				
开发支出					盈余公积				
商誉					未分配利润				

续表

项目	借		贷		项目	借		贷	
	上年数	本年累计	上年数	本年累计		上年数	本年累计	上年数	本年累计
长期待摊费用					股东权益合计				
递延所得税资产					收入				
其他资产					营业收入				
资产合计					投资收益				
费用					营业外收入				
营业成本					收入合计				
流转税									
销售费用									
管理费用									
财务费用									
营业外支出									
所得税									
费用合计									

（6）补充说明

财务会计中通常把企业已发生的对外交易性活动称为“交易”，财务会计是以真实的交易为基础，以交易的发票或原始单据为依据做记录与报告，可靠性强，计量也较准确。传统财务会计顺利地将其确认于账户与报表之中，例如：企业的购买原材料、购建固定资产、企业对外销售产品、提供劳务等。

财务会计中通常把企业的内部“交易性”活动，通常称为会计“事项”，一部分“事项”能直接通过会计分录进入财务报表，例如，企业的物质和资金流动，如工人在生产线上领用原材料、产成品完工入库、固定资产折旧等，这些业务可以经过确认和计量并在财务报表上列报。另一部分则较难进入财务报表，例如，自创品牌等研究开发活动、管理者才能等，由于计量问题，当然也就很难在财务会计中得到确认，因为广义的确认包含计量，所以只能尽可能先用表外披露的方法予以列报。

因为本书重点在讨论关联交易及其披露的重构，所以这里讨论的第Ⅱ类交易，主要指企业已发生的对外交易性活动，即交易，而非企业的内部交易性活动，即会计“事项”。

我们之所以在第Ⅱ类交易中除了列示关联交易以外，还列有①带有应收、应付账款的交易；②无形资产的交易；③股票交易；④衍生金融交易；⑤其他非货币性交易；⑥创新的交易等其他六种交易，原因是：一方面如前所述这六种交易符合第Ⅱ类交易的特性，另一方面对解决关联交易非关联化问题有一定的意义。

7.2.3 核算举例

(1) 关联交易核算举例

[例1] 甲公司与乙公司是关联方，甲公司从乙公司购入材料10000元，增值税1700元，款项用银行存款支付，所购材料已验收入库。

借：原材料　　10000
　　应交税金——应交增值税　　1700
　　贷：银行存款　　11700
　　　　类：　　Ⅱ

注释：如以上交易中甲公司、乙公司不是关联方，款项用银行存款支付，所购材料已验收入库。则相关会计分录为：

借：原材料　　　　　　　　　　　　　　　10000

应交税金——应交增值税　　　　　　　　1700

贷：银行存款　　　　　　　　　　　　　　11700

类：　　　　　　　　　　　　　　　　　　Ⅰ

［例 2］甲公司与乙公司是关联方，甲销售 A 产品 200 件给乙公司，每件不含税价 5000 元，增值税税率为 17%，价税款已收存银行。编制会计分录如下：

借：银行存款　　　　　　　　　　　　　1170000

贷：营业收入　　　　　　　　　　　　　1000000

应交税金——应交增值税　　　　　　　　170000

类：　　　　　　　　　　　　　　　　　　Ⅱ

注释：如以上交易中甲公司、乙公司不是关联方，价税款已收存银行。则相关会计分录为：

借：银行存款　　　　　　　　　　　　　1170000

贷：营业收入　　　　　　　　　　　　　1000000

应交税金——应交增值税　　　　　　　　1700000

类：　　　　　　　　　　　　　　　　　　Ⅰ

［例 3］甲公司与乙公司是关联方，甲公司向乙公司租入办公设备一台，租期为 3 年，设备价值为 1000000 元，预计使用年限为 10 年。租赁合同规定，租赁开始日（20×2 年 1 月 1 日）甲公司向乙公司一次性预付租金 150000 元，第一年年末支付租金 150000 元，第二年年末支付租金 200000 元，第三年年末支付租金 250000 元，租赁期满后乙公司收回设备，三年的租金总额为 750000 元（假定甲公司和乙公司在年末确认租金费用和租金收入，并且不存在租金逾期支付的情况）。

20×2 年 1 月 1 日

借：长期待摊费用　　　　　　　　　　　150000

　　贷：银行存款　　150000

　　　　类：　　Ⅱ

20×2 年 12 月 31 日

借：管理费用　　250000

　　贷：长期待摊费用　　100000

　　　　银行存款　　150000

　　　　类：　　Ⅱ

20×3 年 12 月 31 日

借：管理费用　　250000

　　贷：长期待摊费用　　50000

　　　　银行存款　　200000

　　　　类：　　Ⅱ

20×4 年 12 月 31 日

借：管理费用　　250000

　　贷：银行存款　　250000

　　　　类：　　Ⅱ

如以上交易中甲公司、乙公司不是关联方，不存在租金逾期支付的情况。则相关会计分录为：

20×2 年 1 月 1 日

借：长期待摊费用　　150000

　　贷：银行存款　　150000

　　　　类：　　Ⅰ

20×2 年 12 月 31 日

借：管理费用　　250000

　　贷：长期待摊费用　　100000

　　　　银行存款　　150000

　　　　类：　　Ⅰ

20×3年12月31日

借：管理费用　　250000

　　贷：长期待摊费用　　50000

　　　　银行存款　　200000

　　　　类：　　Ⅰ

20×4年12月31日

借：管理费用　　250000

　　贷：银行存款　　250000

　　　　类：　　Ⅰ

（2）应收、应付账款核算举例

［例4］甲公司采用托收承付方式向外地的乙公司销售A产品200件给乙公司，每件不含税价5000元，增值税税率为17%，价税款未收存银行。编制会计分录如下：

借：应收账款　　1170000

　　贷：营业收入　　1000000

　　　　应交税金——应交增值税　　170000

　　　　类：　　Ⅱ

（3）无形资产的交易核算举例

［例5］甲公司接受乙公司投入的一项专利权，经评估确认价值为250000元。编制会计分录如下：

借：无形资产　　250000

　　贷：股本　　250000

　　　　类：　　Ⅱ

［例6］甲公司从乙公司购入一项专利权，按照协议约定以现金支付，实际支付的价款为300万元，并支付相关税费1万元和有关专业服务费用5万元，款项已通过银行转账支付。

借：无形资产——专利权　　3060000

贷：银行存款　　　　3060000

类：　　　　Ⅱ

［例7］甲公司从乙公司购买一项商标权，由于甲公司资金周转比较紧张，经与乙公司协议采用分期付款方式支付款项。合同规定，该项商标权总计为1000万元，每年末付款200万元，5年付清，假定银行同期贷款利率为5%。为简化核算，假定不考虑其他有关税费（已知5年期利率，其年金现值系数为4.3295）。

甲公司的账务处理如下（见表7-4）：

表7-4　　未确认的融资费用　　单位：元

年份	融资余额	利率	本年利息 融资余额×利息	付款	还本付款—利息	未确认融资费用 上年余额—本年利息
0	865.9					134.10
1	709.19	0.05	43.29	200	156.47	90.81
2	544.65	0.05	35.46	200	164.54	55.35
3	371.88	0.05	27.23	200	172.77	28.12
4	190.48	0.05	18.59	200	181.41	9.52
5	0	0.05	9.52	200	190.48	0.00
合计				1000	865.9	

无形资产现值＝1000×20%×4.3295＝865.9（万元）

未确认的融资费用＝1000－865.9＝134.1（万元）

借：无形资产——商标权　　　　8659000

　　未确认融资费用　　　　1341000

　　贷：长期应付款　　　　10000000

类：　　　　Ⅱ

20×5年底付款时

借：长期应付款　　2000000

　　贷：银行存款　　2000000

　　　　类：　　I

借：财务费用　　432900

　　贷：未确认融资费用　　432900

　　　　类：　　I

20×6年底付款时

借：长期应付款　　2000000

　　贷：银行存款　　2000000

　　　　类：　　I

借：财务费用　　354500

　　贷：未确认融资费用　　354500

　　　　类：　　I

20×7年底付款时

借：长期应付款　　2000000

　　贷：银行存款　　2000000

　　　　类：　　I

借：财务费用　　272300

　　贷：未确认融资费用　　272300

　　　　类：　　I

20×8年底付款时

借：长期应付款　　2000000

　　贷：银行存款　　2000000

　　　　类：　　I

借：财务费用　　185900

　　贷：未确认融资费用　　185900

类：　I

20×9 年底付款时

借：长期应付款　2000000

　贷：银行存款　2000000

　　类：　I

借：财务费用　95200

　贷：未确认融资费用　95200

　　类：　I

注意：以上会计核算中我们只把第一个分录归为第Ⅱ类，其余各年底的付款是属于第Ⅰ类。因为我们在归类时考量基准的是市场交易的分类。内部之间的接转即会计事项，视同第Ⅰ类。

[例 8] 20×7 年 1 月 1 日，甲公司经董事会批准研发某项新产品专利技术，该公司董事会认为，研发该项目具有可靠的技术和财务等资源的支持。并且一旦研发成功将降低该公司生产产品的生产成本。该公司在研究开发过程中发生材料费 5000 万元、人工工资 1000 万元，以及其他费用 4000 万元，总计 10000 万元，其中，符合资本化条件的支出为 6000 万元。20×7 年 12 月 31 日，该专利技术已经达到预定用途。

甲公司的账务处理如下：

①发生研发支出：

借：研发支出——费用化支出　40000000

　　　　　——资本化支出　60000000

　贷：原材料　50000000

　　　应付职工薪酬　10000000

　　　银行存款　40000000

　　类：　I

②20×7 年 12 月 31 日，该专利技术已经达到预定用途：

借：管理费用　　　　　　　　　　　　40000000

　　无形资产　　　　　　　　　　　　60000000

　　贷：研发支出——费用化支出　　　　　　40000000

　　　　　　　　——资本化支出　　　　　　60000000

　　　　类：　　　　　　　　　　　　　　　　Ⅱ

注释：我们把发生研发支出时可看作属于内部结转，记为第Ⅰ类，把该专利技术已经达到预定用途时记为第Ⅱ类。

（4）非货币性交易核算举例

［例 9］20×8 年 9 月，A 公司以生产经营过程中使用的一台设备交换 B 公司打印机公司生产的一批打印机，换入的打印机作为固定资产管理。设备的账面原价为 150 万元，在交换日的累计折旧为 45 万元，公允价值为 90 万元。打印机的账面价值为 110 万元，在交换日的公允价值为 90 万元，计税价格等于公允价值。B 公司换入 A 公司的设备是生产打印机过程中需要使用的设备。

假设 A 公司此前没有为该项设备计提资产减值准备，整个交易过程中，除支付运杂费 15000 元外，没有发生其他相关税费。假设 B 公司此前也没有为库存打印机计提存货跌价准备，销售打印机的增值税税率为 17%，其在整个交易过程中没有发生除增值税以外的其他税费。

A 公司的账务处理如下：

①借：固定资产清理　　　　　　　　　1050000

　　累计折旧　　　　　　　　　　　　450000

　　贷：固定资产　　　　　　　　　　　　1500000

　　　　类：　　　　　　　　　　　　　　　Ⅰ

②借：固定资产清理　　　　　　　　　15000

　　贷：银行存款　　　　　　　　　　　　15000

类：　　Ⅰ

③借：固定资产　　900000

营业外支出　　165000

贷：固定资产清理　　1065000

类：　　Ⅱ

注释：我们把 ①②看作属于内部结转，记为第Ⅰ类，把③记为第Ⅱ类。

［例 10］华联实业股份有限公司根据公司的具体情况，决定以一批库存商品换入某企业的一台设备。库存商品的实际成本为 28000 元，已计提跌价准备 1000 元，计税价格 3000 元，应交增值税 5100 元。假定该批存货的公允价值为计税价格，其他因素不考虑。按照规定，以存货交换非货币性资产应作为销售业务处理，换出资产公允价格（主管业务收入）与其账面价值（主营业务成本）的差额体现为企业的营业利润。会计处理如下：

借：固定资产　　35100

贷：主营业务收入　　30000

应交税费——应交增值税（销项税额）　5100

类：　　Ⅱ

借：主营业务成本　　27000

存货跌价准备　　1000

贷：库存商品　　28000

类：　　Ⅰ

［例 11］华联实业股份有限公司根据公司的发展需要，决定以一台设备交换 MP 公司一项专利权利。该项固定资产原始价值 125000 元，累计折旧 11000 元，已计提减值准备 2000 元。支付相关税费 1100 元。假定该设备的公允价值为 120000 元，则：

①注销固定资产原价、累计折旧、减值准备

借：固定资产清理　　112000
　　固定资产减值准备　　2000
　　累计折旧　　11000
　　贷：固定资产　　125000
　　　　类：　　Ⅰ

②支付相关税费 1100 元

借：固定资产清理　　1100
　　贷：银行存款　　1100
　　　　类：　　Ⅰ

③非货币性资产交换

借：无形资产　　121100
　　贷：固定资产清理　　113100
　　　　营业外收入——非货币性资产交换利得　　8000
　　　　类：　　Ⅱ

注释：我们把①②看作属于内部结转，记为第Ⅰ类，把③记为第Ⅱ类。

（5）债务重组

[例 12] 甲企业于 20×6 年 1 月 20 日销售批材料给乙企业，不含税价格为 200000 元，增值税税率为 17%，按合同规定，乙企业应于 2006 年 4 月 1 日前偿付货款。由于乙企业发生财务困难，无法按合同规定的期限偿还债务，经双方协议于 7 月 1 日进行债务重组。债务重组协议规定，甲企业同意减免乙企业 30000 元债务，余额用现金立即偿清。乙企业于当日通过银行转账支付了该笔剩余款项，甲企业随即收到了通过银行转账偿还的款项。甲企业已为该项应收债权计提了 20000 元的坏账准备。

①乙企业的账务处理

借：应付账款　　234000

贷：银行存款　　204000

营业外收入——债务重组利得　　30000

类：　　Ⅱ

②甲企业的账务处理

借：银行存款　　204000

营业外支出——债务重组损失　　10000

坏账准备　　20000

贷：应收账款　　234000

类：　　Ⅱ

[例13] 甲公司于20×5年1月1日销售给乙公司一批材料，价值400000元（包括应收取的增值税额），按购销合同约定，乙公司应于20×5年10月31日前支付货款，但至20×6年1月31日乙公司尚未支付货款。由于乙公司发生财务困难，短期内不能支付货款。20×6年2月3日，与甲公司协商，甲公司同意乙公司以一台设备偿还债务。该项设备的账面原价为350000元，已提折旧50000元，设备的公允价值为360000元（假定企业转让该项设备不需要缴纳增值税）。

①乙公司应作会计分录如下：

将固定资产净值转入固定资产清理：

借：固定资产清理　　300000

累计折旧　　50000

贷：固定资产　　350000

类：　　Ⅰ

确认债务重组利得：

借：应付账款　　400000

贷：固定资产清理　　360000

营业外收入——债务重组利得　　40000

类：　　　　　　　　　　　　　　　　　Ⅱ

确认固定资产处置利得：

借：固定资产清理　　　　　　　　　　　60000

　　贷：营业外收入——处置固定资产利得　　　60000

　　　　类：　　　　　　　　　　　　　　　Ⅱ

（2）甲公司的账务处理：

借：固定资产　　　　　　　　　　　　360000

　　坏账准备　　　　　　　　　　　　20000

　　营业外支出——债务重组损失　　　　20000

　　贷：应收账款　　　　　　　　　　　　400000

　　　　类：　　　　　　　　　　　　　　　Ⅱ

注释：债务人以固定资产抵偿债务，应将固定资产清理损益与债务重组利得记为第Ⅱ类。把第一个分录，视为内部结转，记为第Ⅰ类。

注意：①以库存材料、商品产品抵偿债务的，与准则的相关处理同。只是编制第Ⅱ类交易情况表，我们把结转库存材料、商品产品的成本到主营业务成本视为内部结转，记为第Ⅰ类。

②以股票、债券等金融资产抵偿债务以及以债务转为资本方式进行债务重组的，与准则的相关处理同。为了便于编制第Ⅱ类交易情况表，我们把相关的处理记为第Ⅱ类。

［例 14］20×7 年 3 月 25 日，华联实业股份有限公司按每股 8.60 元的价格购入 B 公司每股面值 1 元股票 30000 股作为交易性金融资产，并支付交易费用 1000 元。股票购买价格中包含每股 0.20 元已宣告但尚未领取的现金股利，该现金股利于 20×7 年 4 月 20 日发放。其账务处理如下：

①20×7 年 3 月 25 日，购入 B 公司股票。

借：交易性金融资产——B 公司股票（成本）

252000

应收股利 6000

投资收益 1000

贷：银行存款 259000

类： Ⅱ

②20×7 年 4 月 20 日，收到发放的现金股利。

借：银行存款 6000

贷：应收股利 6000

类： Ⅰ

［例 15］20×7 年 4 月 20 日，华联实业股份有限公司按每股 7.60 元的价格购入 A 公司每股面值 1 元的股票 80000 股作为可供出售金融资产，并支付交易费用 1800 元。股票购买价格中包含每股 0.20 元已宣告但尚未领取的现金股利，该现金股利于 20×7 年 5 月 10 日发放。其账务处理如下：

①20×7 年 4 月 20 日，购入 A 公司股票。

借：可供出售金融资产——A 公司股票（成本）

593800

应收股利 16000

贷：银行存款 609800

类： Ⅱ

②20×7 年 5 月 10 日，收到 A 公司发放的现金股利。

借：银行存款 16000

贷：应收股利 16000

类： Ⅰ

（7）衍生金融工具

［例 16］我国某出口商于 20×6 年 11 月 1 日向美国销售一

批商品，售价为＄100000，购销合同订明美国企业应于 20×7 年 2 月 1 日支付货款。为避免这笔应收账款可能承受的外汇变动风险，我国出口商于同日与外汇经纪银行签订一项按 90 天远期汇率向银行卖出＄100000 的远期外汇合约，有关汇率如下（不考虑增值税）：

20×6 年 11 月 1 日即期汇率：＄1 = ¥8.35

20×6 年 11 月 1 日天远期汇率：＄1 = ¥8.20

20×6 年 12 月 31 日即期汇率：＄1 = ¥8.30

20×6 年 2 月 1 日即期汇率：＄1 = ¥8.14

针对这笔业务，我国出口商应该编制如下有关账务处理：

①20×6 年 11 月 1 日销售商品时。

借：应收账款——美元户　　835000

　　贷：营业收入　　835000

　　　　类：　　Ⅱ

20×6 年 11 月 1 日签订期汇合约，指定套期关系时

借：被套期项目——应收期汇合约款——美元户

835000

　　贷：应收账款——美元户　　835000

　　　　类：　　Ⅱ

借：应收账款——应收期汇合约款　　820000

　　递延套保损益　　15000

　　贷：套期工具——应付期汇合约款——美元户

835000

　　　　类：　　Ⅱ

②20×6 年 12 月 31 日确认套期工具和被套期项目的公允价值变动损益时。

借：套期工具——应付期汇合款——美元户　5000

贷：套期损益 5000

类：Ⅱ

借：套期损益 5000

贷：被套期项目——应收账款——美元户 5000

类：Ⅱ

20×6年12月31日摊销递延套期损益（摊销2个月）时：

借：套期损益 10000

贷：递延套保损益 10000

类：Ⅱ

③20×7年2月1日确认套期工具和被套期项目的公允价值变动损益时。

借：套期工具——应付期汇合约款——美元户

16000

贷：套期损益 16000

类：Ⅱ

借：套期损益 16000

贷：被套期项目——应收账款——美元户 16000

类：Ⅱ

20×7年2月1日收回美元货款时：

借：银行存款——美元户 814000

贷：被套期项目 814000

类：Ⅱ

20×7年2月1日履行元期合同时：

借：套期工具——应付期汇合约款——美元户

814000

贷：银行存款——美元户 814000

类：Ⅱ

借：银行存款　　　　　　　　　　　　　820000
　　贷：应收账款——应收期汇合约款　　　　　820000
　　　　类：　　　　　　　　　　　　　　　　Ⅱ

20×7 年 2 月 1 日摊销递延期损益（摊销 1 个月）时：

借：套期损益　　　　　　　　　　　　　5000
　　贷：递延套保损益　　　　　　　　　　　5000
　　　　类：　　　　　　　　　　　　　　　　Ⅱ

7.3　新模式促进财务报告体系的革新

7.3.1　新模式促进会计信息由披露转向确认

财务会计是一个经济信息系统。其产出的信息包括报表、附注及其他财务报告等形式。由于企业所处的外在经济环境的复杂性和不确定性，财务会计存在与运行必须要有基本的前提条件，为此财务会计理论提出了一些基本会计假设，如：会计主体、持续经营、会计分期和货币计量等假设。这些基本假设虽然来自财务会计的客观环境，但已经内部化，而转化成内在于财务会计的基本特征成为概念框架的一部分。这些基本假设为财务会计进行业务处理提供了基本前提，但我们知道，正是以这些基本假设为前提，所以只能是历史的和财务的交易和事项才能进入财务会计系统，而非历史、非财务的数据的信息最多被挤到表外。

而在资本市场上，投资者由于幼稚、经验不足和财务知识不够，财务报表数据比表外披露的信息对他们的影响往往更大。同样是报告一种损失，在报表内确认与在报表外披露对资本市场的影响的反差是巨大的，由于表外披露信息的含量、复杂程度，对它的利用要有很高的专业技能，除机构投资者和证券分析师外，中小投资者对表外披露信息的利用普遍不足。假设所有的财务报告信息均在表外披露，则交易费用很高，而社会效益就很低，会计信息的外部性过大。由于成本效益原则，不禁让人们质疑财务会计有没有存在的必要？鉴于目前表外披露超载，如何实现顺向转化，特别是会计信息由披露转向确认。

我们认为新模式是一个很好的尝试。目前作为财务报告主体的财务报表，其确认的任何变革都非常缓慢，但表外披露的增长速度非常迅速，且所涵盖的信息面也越来越宽，使得上市公司信息披露的信息含量不随篇幅的增加而增长，出现公司披露了信息，但什么也没说。表内信息既可靠又相关地反映一个企业的资源、负债及其变化，资本市场上投资者进行有效决策的关键信息来自表内信息，在充满变动的市场中，可靠的非虚假的会计信息是资本市场正常运转的必不可少的条件与环境。

各种会计准则是一份公共合约，如何生成财务报告，如何使各利益相关者形成一致的意见，为了避免各利益方为了实现各自利益而展开的博弈，一般由公共权力部门对如何生成财务报表制定规则，以达到节约交易费用的目的。现行的会计准则大部分是表内确认方面的准则，但传统的财务会计的确认本质就是要素确认，而如果我们能跳出这种惯性的思维，采用三维的思路，先确认交易，再确认要素，那么很多过去无法在表内确认，只能在表外披露的 交易，就可以通过新模式把大多数非历史、非财务的数据通过确认第Ⅰ和第Ⅱ交易在表内反映出来，同时把第Ⅱ交易确认到第Ⅱ类交易表内。

7.3.2 新模式是连接表内确认与表外披露的桥梁

虽然 FASB 与 IASB 一再强调财务报表是重心，最有用的信息应当在财务报表中确认，但事实上通过报表附注和其他表外披露方式公布的信息，仍然受到某些使用者的重视，表外披露大有喧宾夺主之势，目前财务报告体系有很多不足，表现在以下几个方面：（1）它使表外披露信息成为财务报表的剩余产品，许多信息被挤到表外，表外披露过载。（2）两者之间不存在严密的逻辑关系，没有形成统一的报告体系，表现为一方面是报表在整个财务报告体系中的重点不突出，另一方面是表外披露的重点不突出；（3）目前财务报表的容量太少，并受格式限制，使得大量的财务信息只能在表外披露，致使其中一些对投资者决策有重要意义的信息被淹没在表外披露信息的汪洋大海之中。

由于经济业务过于复杂和多变，表外披露难以用连贯、协调、内在一致的概念加以指导。而表外披露信息的种类繁多，包括非财务信息、语言描述性信息、财务风险信息和前瞻性信息等。因此，FASB 的第一个应对措施是尽可能地将这些本应在表外披露的信息纳入财务报表之中，它的一个策略就是在表内确认与计量时对它们应遵循的标准做出一些松动。它的另一个策略是对财务报表概念框架做出某些修订和补充，如在 SFAC 第 7 号概念公告就对计量属性做了修改，于是衍生金融工具、经理人股票期权计划、保险合同等经济业务和事项就纳入了会计处理的范围之内。

这些都促进了财务报表的有用性，却降低了可靠性。并且这只是一种临时性的应急措施，缺乏前瞻性和理论基础。解决这些问题的第二个对策是重构财务报表披露方式，发展企业第Ⅱ类交易的披露方式，一方面要在表内确认，另一方面又要在第Ⅱ类交易表中披露两类交易的不同。这样第Ⅱ类交易披露方式起到了连接表内确认与表外披露的桥梁的作用。

7.3.3 新模式能使会计准则制定真正实现以原则为基础、以目标为导向

2001 年美国爆发了以“安然事件”为代表一系列财务与会计丑闻，在全球引起了会计准则究竟应当以原则为导向还是以规则为导向的争论。长期以来，人们普遍认为美国的会计原则是最好的，其中一个重要的表现就是非常具体详尽。但会计丑闻表明，美国公认的会计原则也会出问题。当会计准则制定得太具体，尤其是有各种数量界限时，企业可能通过设计交易和合约，甚至虚构交易，绕过会计准则的限制。相反，如果会计准则过于原则，企业的操控余地过大，会计信息也难有可比性。例如，安然公司利用特殊项目的实体是否纳入合并报表的特别规定来掩饰公司的负债状况。在巨大的社会压力面前，美国国会通过《2002 萨班斯—奥克斯利法》，该法案建议美国会计准则的制定从规则导向转向以原则为基础、以目标为导向。会计准则的制定以原则为基础、以目标为导向包含以下要求：（1）明确提出准则的会计目标；（2）尽量减少准则中的例外情况；（3）以一致应用的概念框架为基础，反映经济业务的实质；（4）避免使用能在技术上遵循准则却在实质上规避准则意图的“界线”①。

如果建立了对企业第Ⅱ类交易的披露方式，将能在三个方面实现会计准则和披露准则的制订实现以原则为基础，以目标为导向。

（1）以“安然事件”为代表的一系列财务欺诈丑闻，一方面是因为当时美国会计准则的制定是以规则为导向，为某些公司

① US Congress The Sarbanes – Oxley Act of 2002 (related accounting industry and investor protection), 2002.

进行财务欺诈提供了明确的躲避航标，提供了一系列的界限测试。另一个重要原因是当时美国缺少目标明确的表外披露规则，并对表外披露规则以概念框架为指导，以反映各项经济业务的实质，使一些本应在表内确认的信息被他们利用财务欺诈的设计逃到表外，在表外披露时掩盖了它的经济实质。如果当时对像关联交易等表外披露的信息也要求以第Ⅱ类交易的方式披露，可以实现以原则为基础、以目标为导向，则无论是在表内确认还是表外披露的所有这些信息均要反映其经济的实质，那么上市公司管理层利用表内确认准则进行财务欺诈的机会也就小了很多。

（2）会计准则以原则为基础或以目标为导向的一大特点是尽量减少准则中的例外情况，避免使用能在技术上遵循准则却在实质上规避准则意图的“界线”。在目前的财务报表概念框架下，表外披露被归入会计准则中的例外情况，并在表内确认与表外披露之间划了一条“界线”，虽然可以尽量做到表内确认实现原则为基础、以目标为导向，但众所周知，“道高一尺，魔高一丈”，这条“界线”难免不会为规避会计准则意图提供准绳。

（3）在 FASB 发布 SFAC 第 1 号将财务报告从财务报表扩展到财务报表 + 表外披露后，表外披露得到迅猛的扩张：一份长达几十页的上市公司年度报告，除三大报表外，基本上是表外披露信息，表外披露的内容越来越广泛，涵盖的信息量越来越大，表外披露大有取代财务报表成为财务报告的核心之势。表外披露成为了财务报告不可分割的一部分，但由于缺乏有效的监管手段，上市公司管理方可能利用表外披露掩盖它的经济实质，导致重大的表外披露舞弊事件的出现。

如果按照我们提出的交易的类型来分类，减少了准则中的例外情况；避免了能在技术上遵循准则却在实质上规避准则意图的“界线”；因为按交易分类在大的方向上体现了原则导向，就分为第Ⅰ类和第Ⅱ类两大类；在细节上却把我们通常认为的价值经常变化、有很大风险的经济业务和事项就纳入了会计处理的范围之内。总之，新模式为实现财务报告体系从规则为导向转向以原则为基础、以目标为导向迈出了一大步。

7.3.4 新模式能促进财务报告体系的真正国际趋同

随着经济的全球一体化，作为国际通用商务语言的财务报告准则走向“国际趋同”是必然的趋势，一个有效的方法就是采用国际会计准则，现行的会计准则大部分是表内确认方面的准则，但财务报告是由财务报表与表外披露组成的一个整体体系，仅仅实现表内确认准则的国际趋同并不能提供统一可比的会计信息，为全球资本市场的投资者的决策服务。这要求表外披露规则也要实现国际趋同。由于各国证券市场的文化背景、成熟程度不一样，各国的证券监管部门要对本国资本市场的各种情况负责，以应付证券市场的突发事件，而制定表外披露规则是其监管本国证券市场的重要手段。因此很难要求各国的详细披露准则实现国际趋同。

而第Ⅱ类交易的披露方式，通过对会计记录以三维的方式加以确认，使得大量表外披露的信息可以以表内确认的方式来表述，使各国的详细披露准则实现国际趋同成为可能。因此加强对企业第Ⅱ类交易的披露方式的制度建设，发展第Ⅱ类交易的披露可以为表外披露规则提供连贯、协调、内在一致的概念，这有利于表外披露的国际趋同，从而实现整个财务报告体系的国际趋同。

第8章 结论与政策建议

8.1　结论

研究和规范上市公司关联交易，加强对关联交易会计信息披露的研究是一个值得深入研究的问题。因此本书试图从一个新的视角——价格共识形成的视角进行分析，本书在对境内外关联交易研究现状及举措进行综述的基础上，系统地剖析了关联交易的确认、计量与披露，对境内外上市公司关联交易会计信息披露制度进行了比较，重构上市公司信息披露的模式，确保信息在资本市场里能有效、充分地表达，从而达到提高上市公司信息披露质量，保护我国中小投资者的合法权益，维护证券市场的繁荣与稳定的目标。本书采用规范研究、分析式研究和实验研究的方法进行研究。得出以下结论：

（1）关联交易信息披露应满足区分性、直接性和时效性的要求。本书的研究表明，关联交易的信息披露必须满足：区分性、直接性、时效性。在上述的“三性”要求之中，区分性最为关键，它决定关联交易信息能否以及如何进行直接地、动态地披露。本书之所以展开对商品价格共识如何形成的基础研究，是因为如果市场里商品的价格共识都不存在，那么如何判断公允与非公允的关联交易是不可能的，当然也就无法满足区分性。如果上市公司所经营、交易的商品有价格共识或能够形成价格共识，投资者应该自己承担读解、识别、判断上市公司的财务信息的责任；如果上市公司所经营、交易的商品中有的商品没有价格共识或很难形成价格共识，会计准则就应该要求上市公司将该项交易与其他交易相区别，以提醒投资人关注、判明该交易的实质及其相应财务信息的真伪。

（2）通过严格证明得到了价格共识形成的充分条件。在同一种商品的一连串交易（而非赠与或掠夺）中——即 $\mathscr{G}$ - 过程中，如果：①在这个过程中参与者是“趋利避害”的——即这个过程是 $\mathscr{R}_{A,B}$ - 敏感的；②在这个过程中既没有谁能以高于其他参与者卖价的、其差值不小于某固定值的卖价出售商品，也没有谁能以低于其他参与者买价的、其差值不小于某固定值的买价买入商品——即这个过程是 $\mathscr{R}_{A,B}$ - 公平的；③商品的价格完全由供需决定——即这个过程是 $\mathscr{P}_{A,B}$ - 单纯；④在这个过程中供应与需求的量逐渐稳定且不会逐渐消失——即这个过程是 $\mathscr{R}_{A,B}$ - (r_0, l_0) 渐趋平稳和 $\mathscr{R}_{A,B}$ - 常规的，那么关于这个商品的价格共识就会逐渐形成。根据价格共识形成的观点，商品价格共识形成是有条件的，商品的价格不是瞬间形成的。

（3）基于价格共识如何形成的基础研究，要提高财务信息的质量，必须把交易分为第Ⅰ类和第Ⅱ类，并在此基础上重构信息披露的方式。根据对价格共识如何形成的基础的研究，商品价格共识的形成需要一定的条件。由于条件不充分，某些商品的价格共识不易形成。为了防止信息混淆，需要对报表做出改进，这样才能为投资者了解上市公司的经营情况提供必要的保障。本书认为要编撰满足“三性”要求的信息披露，首先要对交易进行确认、分类，所有交易可初步分为第Ⅰ类交易与第Ⅱ类交易。然后，我们设计：在原会计报表的基础上，通过增加一个《第Ⅱ类交易表》的方式，避免因原会计报表合并各种交易所产生的数据所带来的交易属性丢失，以及价格可比性的混淆，从而达到增强会计信息质量的目的。这个《第Ⅱ类交易表》将起到一个注解原会计报表中各项数据产生背景的作用。例如当上市公司通过公开或隐蔽的关联方交易，向上市公司输送利益或从上市公司挖掘利益的时候，第Ⅱ类交易的额度都会明显增大。

8.2　政策建议

正如前面的分析，关联交易具有两面性。关联交易具有可以提高交易效率、改善公司财务状况、实现产业链条的整合等积极作用。另一方面，关联交易也有消极的一面，主要表现为违背市场公平竞争原则和导致企业的会计信息失真。正是基于关联交易作用的双重性，关联交易既为各国法律所认可，同时又受到各国法律的严格限制。

如何让上市公司实话实说，增加上市公司财务信息披露的透明度，从而把关联交易的危害降到最低，我们认为政府应更多提供信息服务：加强对市场运行结果的披露，而不只是发布对市场运行的预期。政府应提供公共政策服务：建立相应的法规以确保市场经济的运行中各方权利、义务的平衡。

8.2.1 应加强对企业第Ⅱ类交易的披露方式的制度建设

政府应建立第Ⅰ类交易结果的完整的披露体系，并分地区（如分县、市、省）、按时（如按周、或月、或季）公布各种第Ⅰ类交易的商品的交易结果，包括（当地、上期）第Ⅰ类交易中所有商品的市场投入量，剩余量及库存，最高及最低成交价，或公布根据上述数据设计的具有可比性的统计指标。同时政府应建立关系到国计民生的重要商品的第Ⅱ类交易结果的披露体系。

政府应加强对企业第Ⅱ类交易的披露义务执行情况的监督。从制度上要求上市公司将第Ⅱ类交易单独列报；从制度上要求拟融资或再融资的上市公司，汇总并单独报告当期及上个财务年度全年所有第Ⅱ类交易及其对企业效益的影响；从制度上要求拟融资的上市公司公布并承诺融资后当期及后一个财务年度内是否进行第Ⅱ类交易、第Ⅱ类交易涉及的领域、第Ⅱ类交易的计划额度等。

8.2.2 降低政府介入资本市场的深度和强度

我国资本市场从建立之初，就是政府高度介入。目前，政府高度介入至少体现在两个方面：（1）中央政府高度介入监管，中国证监会成为全能的管理者，中国证监会成为最后的权力主体，包括两个交易所在内的其他机构都不具备真正的监督权。中国证监会权力过度集中，加之它本身又是一个政府机构，使得中国证监会在一个“繁荣”的资本市场与一个规范的资本市场之间“摇摆不定”，对包括信息披露在内的资本市场秩序的整治，经常会出现“投鼠忌器”的尴尬局面。（2）地方政府高度介入本地公司上市及以后的保牌、配股乃至保壳运动。正是由于地方政府的高度“关怀”，信息披露上的“疏忽”“遗漏”等当然是可以容忍的。所以，应降低政府介入资本市场的深度和强度，政府的超然监督作用才可能真正发挥。那么上市公司信息披露中“不说实话”，乃至“说谎话”的顾忌就会增加。

8.2.3　对上市公司关联交易及其会计信息披露质量进行综合治理

我国资本市场最终要实现信息披露真正意义上的“实话实说”，需要多管齐下、综合整治。在当前上市公司关联交易频繁，会计信息披露问题层出不穷，信息不对称的情况下，政府理应从维护广大中小投资者利益出发，规范关联交易及其会计信息披露的公平行为。

可由政府有关职能部门共同构建上市公司监管协作机制，建立信息共享网络平台，形成提高上市公司关联交易会计信息披露质量的合力。我们不仅需要借助未来政府职能转变，将市场的功能交还给市场，我们还需要重构中国资本市场的监管制度安排。

国资委可以通过联合、并购及资产重组等手段，加快中央优质企业改制上市步伐，改善国有控股上市公司的治理结构，从源头上保证上市公司关联交易会计信息披露质量；证监会应该尽快出台解决影响上市公司质量问题的措施，银监会可以抓紧修订和完善相关法规，加大对上市公司关联交易及其会计信息披露质量综合治理力度，加大上市公司董事、财务负责人的责任；严厉追究违法违规的中介机构的经济、法律责任；对经营业绩差的公司高管建立淘汰机制；加快上市公司信息、资金流动信息、贷款登记信息、纳税等信息的交流和共享；税务部门可以配合证监会定期通报上市公司及其相关控股股东的纳税、避税查处情况；工商管理部门可以定期向证监会提供上市公司控股股东、高管人员信息，及时通报年检中发现的利用关联交易抽逃资金情况；物价部门可以介入对上市公司关联交易价格的监督，提供有关市价资料，发现转移价格问题及时向证监会通报；公安部门应提高对上市公司高层管理人员经济违法犯罪行为的查处，加大对违规违法中介机构的打击力度。如果能实现多管齐下，互通信息，齐抓共管，目前关联交易违规操作的行为，就可得到有效的控制，关联交易会计信息披露也会逐步透明化。

8.2.4 建立分户信息披露管理电子档案

上市公司关联交易，具有手段隐蔽，金额较大等特点，侦破和审判此类案件需要具有比一般干警更多的经济专业知识。现实的情况是上市公司关联交易已发展到日益猖獗的程度，让一部分造假者成漏网之鱼，或逍遥法外，未受到应有的惩罚。虽然上市公司在关联交易及其会计信息披露违规违法现象严重，但由于监管手段滞后，查处难度大等原因，有越演越烈之势，因此有必要采取现代化科技手段，加强监管力度，遏制违反法规的操作行为。应建立监管电子档案，实行分户监管。该电子监管档案的适用对象是所有的上市公司，但重点是关联交易频繁，交易量大，关联交易会计信息披露质量差，违规操作情况严重，中小股东反映强烈的上市公司。

证监会应划拨专项经费，指派专人进行负责。对上市公司的关联交易及其会计信息披露的违规违法行为逐家、逐项跟踪调查，凡证据确凿，事实清楚的，都要存入电子档案，情节严重，影响恶劣者还要列入会计信息披露造假黑名单，并且在网上曝光（涉及商业秘密的除外），让公司员工和中小投资者都能及时察觉，心中有数，做出正确的投资决策。从而迫使那些劣迹斑斑、屡屡犯错、失去诚信的上市公司受到应有的惩处。

8.2.5 营造上市公司诚信经营和谐创业的环境

要从根本上解决上市公司普遍存在的关联交易及其会计信息披露失真问题，除应加强公司组织制度建设外，还必须“以人为本”在上市公司中积极营造诚信经营、和谐创业的良好氛围。“信招天下客，诚赢海内心”。当今社会已步入经济飞速发展时期，诚信更被视为“企业的生命”和“第一财富”。然而，在市场经济的大潮中，尤其是在证券市场中，却充斥着欺诈、造假、见利忘义、唯利是图，严重损害国家和中小投资者的利益，直接影响到证券市场的健康发展。因此，很有必要对上市公司的高层决策者和管理者大讲特讲诚实守信的道德和现实意义，大力倡导社会主义的荣辱观的良好氛围。

政府应责令证监会，要求上市公司的法人代表签订诚信经营承诺书，在公司的生产经营中对下述事项作出郑重承诺：保证经营决策的公正化，妥善处理市场公平与效率的关系，尊重和采纳独立非执行董事的合理化建议；维护中小投资者的合法权益；按照企业会计准则等有关规章制度的要求，做到合法化、公平化、公开化，在年度财务报告中如实披露公司关联交易及其会计信息；自觉接受主管部门的监督管理，如有违规违法行为，主动承担责任，接受处罚；和谐创业，诚实守信，齐心协力，共同为建设和谐、公平、有效的证券市场而努力。

8.2.6 完善股东派生诉讼制度

股东派生诉讼制度是指当公司利益受到损害，而应该代表公司行使诉权的公司机关拒绝或怠于行使诉讼权利时，公司股东（由于公司利益受到损害而使其利益受损）可以代表公司向法院提起诉讼的法律制度。由于上市公司的股票发行使得一批中小投资者成为利益相关者，而这些投资人又缺乏足够的力量来保护自己，当大股东或董事、高级管理人员利用关联交易侵犯了公司和其他非关联股东的利益时，股东派生诉讼就是一种有效地维护弱势群体权益的办法，在美国的司法实践中，股东派生诉讼发挥了巨大的作用。股东派生诉讼制度的目的是建立一种机制为公司股东尤其为中小股东主持正义，目前我国的法律环境下，关联交易并不会明显违法，但对非关联交易者显失公正的交易，就可以依据股东派生诉讼制度，以此来加强监管。禁止公司董事、高级管理人员、大股东等滥用公司权利，其中最为重要的是禁止董事、监事和高级管理人员利用关联交易损害公司的利益，也是监督上述人士履行诚信义务的一种有效手段。

同时，我国新公司法对股东代表诉讼的激励机制比较薄弱，没有采用发达国家采取的赋予胜诉股东诉讼费用补偿请求权等先进制度，由于将背负比较沉重的成本压力，使得股东在提起代表诉讼积极性受到影响。另外，对股东代表诉讼的约束机制也不够健全，在诉讼费用担保制度、限制原告股东的处分权利、明确股东败诉时的赔偿责任等方面缺乏有效的规定，这可能被少数不法分子钻法律的空子，利用派生诉讼制度进行滥诉，这些不足都还有待其他法律法规作进一步的补充和完善，只有法律法规之间的紧密配合才能真正将这一制度作一个全面完整的规制。

8.3　后续研究展望

8.3.1　研究的局限性

对关联交易披露的重构的设想，作为一个全新的理论性构思，研究才刚刚开始。所以没有实际的验证，研究也尚欠成熟。特别是一些传统会计没有涉及的方面，容易引起人们的疑惑。这些疑惑并非不能解决的难题，而是难以符合传统习惯，从而易引起人们心理抵触的方面。在对第Ⅱ类交易进行分类时，由于本书的重点在关联交易披露的重构上，因此第Ⅱ类交易的分类只放在交易上，而对会计事项，即内部交易没有讨论。这也是笔者将进一步研究的问题。

一种理论是否能够付诸实践，取决的因素很多。认为没有付诸实践的理论，就失去了其存在的意义，未免过于武断。历史上事后证明理论正确性的不在少数，难的是提出理论的当时被人们所接受，被有条件者（例如社会科学的实施就需要行政权力等）付诸实践。科学研究人员不能因为有理论走向实践的困难，而放弃科学的探索。从历史发展进程来看，任何变革都有一个积累渐变的过程，关于财务会计信息披露重构的广泛实施，需要一个成熟的社会环境。

8.3.2　后续研究的设想

本书起源于对 21 世纪初发生在美国股票市场的“安然”事件的思考，之后传来美国资本市场发生“次债危机”的消息。2008 年 1 月 22 日受“次债危机”的影响，全球股市出现暴跌，美国联邦储备银行于 23 日纽约股市开盘前宣布紧急降息 0.75%以挽救股市……而所谓“次债危机”是由于美国将房屋买卖的“次级按揭贷款交易”债券化所带来的，由于债券被卖到了全球各国，当美国经济发展放缓导致按揭贷款的还款出现坏账时，便引发了全球金融危机。这正说明“房屋买卖的次级按揭贷款交易”作为第Ⅱ类交易——所谓“未完成的交易”——具有“正常交易”所没有的（高风险）特性，对这种交易的认识市场没有稳定的共识，现行财务信息披露方式对这种交易与“正常交易”的差异也不具有很好的“区分性”[①]。由此看出我们的基础研究是有前瞻性的，我们对交易的分类也是合理而且有预见性的，我们提出在财务信息中将第Ⅱ类交易的信息单独列报的处理设想也是可取的。

将经济业务纳入财务报表离不开计量问题，金融工具准则及公允价值会计将许多在表外披露的信息纳入财务报表，如果没有公允价值会计，表外披露信息将更加超载。但应用公允价值会计又会产生许多新的表外披露问题。事实上，由于经济环境的变化，如公司治理，新闻大众媒体的发展，也由于经济业务的创新，如出现了新的衍生金融工具，使用者对信息的需要是时刻变化的，信息的需要与供给是永远没法达成均衡，会计准则的制定永远处于动态的发展变化之中。

作者认为一个好的会计准则，应便于为投资者和潜在的投资者决策服务，应提高财务信息的可靠性、相关性、可理解性和可比性。在会计实务中，无论是以历史成本、公允价值计量均存在一定的问题，即使是历史成本和公允价值基础的市场交易价格，也可能不是市场的价格共识——因为交易并非我们以前所想象的那样简单；所以按现有会计准则产生的财务数据确有含意模糊的一面。作者认为描述一项交易，应该用三维数据来表示，而不是以前的只用二维数据来表示。

财务会计的数据时常受到质疑，但人们又似乎安于现状，而不愿对它的形式与内容进行改进。从财务会计的发展来看，人力资源会计、社会责任会计及金融工具会计信息的如何从表外顺向转化到表内，是一个值得探讨的问题，也许会计学家需要对企业第Ⅱ类交易的披露及整个财务报告体系更深入一步地进行多角度、全面的、系统的研究。

---

① 美国在“次按”债券化的时候，更刻意模糊了其中的风险，从而加重了危机的程度。

附录 1：相关的证明

定理 1 的证明

证：因为 $b_k^* \geqslant \alpha_k \geqslant a_k^*$，且 $\lim\limits_{k\to\infty}\alpha_k$存在。所以 b_k^* 有下界。记 $\underline{\lim}_{k\to\infty} b_k^* = b_0$。

若 $b_0 > \lim\limits_{k\to\infty}\alpha_k$，那么 $\exists K^*, k > K^*$，使得 $(\lim\limits_{l\to\infty}\alpha_l + b_0)/2 < b_k^*$ 和 $(\lim\limits_{l\to\infty}\alpha_l + b_0)/2 > \lim\limits_{l\to\infty}\alpha_l + (b_0 - \lim\limits_{l\to\infty}\alpha_0)/3 > \alpha_k \geqslant a_k^*$ 同时成立。

所以有：

(T1.1) $\exists K^*, \ni \bigcap\limits_{k>K^*}[a_k^*, b_k^*] \supset [\lim\limits_{l\to\infty}\alpha_l + (b_0 - \lim\limits_{l\to\infty}\alpha_l)/3, (\lim\limits_{l\to\infty}\alpha_l + b_0)/2] \neq \varnothing$。

同理，a_k^* 有上界。记 $\overline{\lim}_{k\to\infty} a_k^* = a_0$。

若 $a_0 < \lim\limits_{k\to\infty}\alpha_k$，那么 $\exists K^{**}, k > K^{**}$ 使得 $(\lim\limits_{l\to\infty}\alpha_l + a_0)/2 > a_k^*$ 和 $(\lim\limits_{l\to\infty}\alpha_l + a_0)/2 < \lim\limits_{l\to\infty}\alpha_l - (\lim\limits_{l\to\infty}\alpha_l - a_0)/3 < \alpha_k \leqslant b_k^*$ 同时成立。

所以有下面结论成立：

(T1.2) $\exists K^{**}, \ni \bigcap\limits_{k>K^{**}}[a_k^*, b_k^*] \supset [(\lim\limits_{l\to\infty}\alpha_l + a_0)/2, \lim\limits_{l\to\infty}\alpha_l - (\lim\limits_{l\to\infty}\alpha_l - a_0)/3] \neq \varnothing$

故，若 $\forall K, \bigcap\limits_{k>K}[a_k^*, b_k^*] = \varnothing$，由 (T1.1)、(T1.2) 知

$b_0 \leqslant \lim\limits_{x\to\infty}\alpha_k$，及 $a_0 \geqslant \lim\limits_{k\to\infty}\alpha_k$同时成立。而 $b_k^* \geqslant \alpha_k \geqslant a_k^*$，

所以，$\underline{\lim}_{k\to\infty} b_k^* = b_0 = \lim\limits_{k\to\infty}\alpha_k = a_0 = \overline{\lim}_{k\to\infty}$? a_k^*。证毕。

定理 2 的证明

证：作 $\underline{Z}_k^*(x,y)=c_kx^{2k+1}+g_ky^{2k+1}$，$c_k>0,g_k>0$。

令 $c_k\equiv g_k\equiv 1$，那么 $\{\underline{Z}_k^*(x,y)\}$ 满足（A.16）、A.17）和（A.18）。

所以，$\mathscr{H}=\{\{\underline{Z}_k(x,y)\}\mid\{\underline{Z}_k(x,y)\}$满足：(A.16)、(A.17)和（A.18）$\}\neq\varnothing$。

$\forall\{Z_k^*(x,y)\}\in\mathscr{H}$ 满足：$\lim\limits_{k\to\infty}c_k/c_{k+1}=\rho_1>0,\lim\limits_{k\to\infty}g_k/g_{k+1}=\rho_2>0$。

记 $\rho_0=\min\{\rho_1/2,\rho_2/2\}$。

由（A.11）知，$\{R_k\}$、$\{L_k\}$ 是有界的，所以 $\{r_k\}$、$\{l_k\}$也是有界的。

故 $\exists N>0\ni 0\leqslant r_k/N<\rho_0 0\leqslant l_k/N<\rho_0$。

令 $Z_k(x,y)=Z_k^*(x/N,y/N)$，那么 $\{Z_k(x,y)\}\in\mathscr{H}$，且存在 $M>0$ 使：

$0\leqslant Z_k(r_k,l_k)=Z_k^*(r_k/N,l_k/N)\leqslant Z_k^*(\rho_0,\rho_0)\leqslant\sum_k^{\infty}Z_k^*(\rho_0,\rho_0)\leqslant M$。

因此，存在 $C>0$ 对所有 k，使

（T.2.1）$[C+Z_k(r_k,l_k)]\equiv C_1>1$，$[C-Z_k(r_k,l_k)]\equiv C_2>1$。

（a）记 $\mathscr{K}_1=\{k\mid k:(\alpha_{k+1}-\alpha_k)\geqslant 0\}$，$\mathscr{K}_2=\{k\mid k:(\alpha_{k+1}-\alpha_k)<0\}$。

构造函数：若 $k\in\mathscr{K}_1$，作

$H_k(x,y)=(\alpha_{k+1}-\alpha_k)[C+Z_k(r_k,l_k)]^{-1}[C+Z_k(x,y)]$。所以

（T.2.2）$H_k(x,y)$

$=(\alpha_{k+1}-\alpha_k)C[C+Z_k(r_k,l_k)]^{-1}+(\alpha_{k+1}-\alpha_k)[C+Z_k(r_k,l_k)]^{-1}Z_k(x,y)$

若 $k \in \mathscr{K}_2$，作 $H_k(x,y)=(\alpha_{k+1}-\alpha_k)[C-Z_k(r_k,l_k)]^{-1}[C-Z_k(x,y)]$。所以

(T. 2. 3) $H_k(x,y)$

$=(\alpha_{k+1}-\alpha_k)C[C-Z_k(r_k,l_k)]^{-1}+(\alpha_k-\alpha_{k+1})[C-Z_k(r_k,l_k)]^{-1}Z_k(x,y)$。

令

(T. 2. 4) $k \in \mathscr{K}_1$　　$C_k^{1,1}=(\alpha_{k+1}-\alpha_k)[C+Z_k(r_k,l_k)]^{-1}$，

$C_k^{1,2}=(\alpha_{k+1}-\alpha_k)C[C+Z_k(r_k,l_k)]^{-1}$；

(T. 2. 5) $k \in \mathscr{K}_2$　　$C_k^{1,1}=(\alpha_k-\alpha_{k+1})[C-Z_k(r_k,l_k)]^{-1}$

$C_k^{1,2}=(\alpha_{k+1}-\alpha_k)C[C-Z_k(r_k,l_k)]^{-1}$。

那么对所有 k，有 $\alpha_{k+1}-\alpha_k=H_k(r_k,l_k)=C_k^{1,1}Z_k(r_k,l_k)+C_k^{1,2}$，且 $C_k^{1,1}\geqslant 0$。

(b) 记 $\mathscr{K}_1^*=\{k\mid k:(\beta_{k+1}-\beta_k)\geqslant 0\}$，$\mathscr{K}_2^*=\{k\mid k:(\beta_{k+1}-\beta_k)<0\}$。

构造函数：若 $k \in \mathscr{K}_1^*$，作

$I_k(x,y)=(\beta_{k+1}-\beta_k)[C+Z_k(r_k,l_k)]^{-1}[C+Z_k(x,y)]$。所以

(T. 2. 6) $I_k(x,y)$

$=(\beta_{k+1}-\beta_k)C[C+Z_k(r_k,l_k)]^{-1}+(\beta_{k+1}-\beta_k)[C+Z_k(r_k,l_k)]^{-1}Z_k(x,y)$。

若 $k \in \mathscr{K}_2^*$，作 $I_k(x,y)=(\beta_{k+1}-\beta_k)[C-Z_k(r_k,l_k)]^{-1}[C-Z_k(x,y)]$。所以

(T. 2. 7) $I_k(x,y)$

$=(\beta_{k+1}-\beta_k)C[C-Z_k(r_k,l_k)]^{-1}+(\beta_k-\beta_{k+1})[C-Z_k(r_k,l_k)]^{-1}Z_k(x,y)$。

令

(T. 2. 8) $k \in \mathscr{K}_1^*$ $C_k^{2,1} = (\beta_{k+1} - \beta_k)[C + Z_k(r_k, l_k)]^{-1}$,

$C_k^{2,2} = (\beta_{k+1} - \beta_k)C[C + Z_k(r_k, l_k)]^{-1}$;

(T. 2. 9) $k \in \mathscr{K}_2^*$ $C_k^{2,1} = (\beta_k - \beta_{k+1})[C - Z_k(r_k, l_k)]^{-1}$,

$C_k^{2,2} = (\beta_{k+1} - \beta_k)C[C - Z_k(r_k, l_k)]^{-1}$

因此，对所有 k，有 $\beta_{k+1} - \beta_k = I_k(r_k, l_k) = C_k^{2,1} Z_k(r_k, l_k) + C_k^{2,2}$，且 $C_k^{2,1} \geqslant 0$。证毕。

定理 3 的证明

证：(1) 若有 $x \in R$ 使得 $\left|\underline{\lim}_{k\to\infty} Z_k(x,0)\right| < +\infty$,

(T. 3. 1) 那么定义：$f(x,0) = \underline{\lim}_{k\to\infty} Z_k(x,0)$。

若有 $y \in R$ 使得 $\left|\underline{\lim}_{k\to\infty} Z_k(0,y)\right| < +\infty$,

(T. 3. 2) 那么定义：$g(0,y) = \underline{\lim}_{k\to\infty} Z_k(0,y)$。

由于对所有 k，有 $Z_k(0,0) \equiv 0$，所以有

(T. 3. 3) $F = \{x \mid f(x,0) = 0\} \neq \varnothing$ $G = \{y \mid f(0,y) = 0\} \neq \varnothing$,

且 $f(x,0)$，$g(0,y)$ 在其定义域内是单调增的。

如果 F 无上界，那么存在 $\{x_m\}$，$(x_m \in F)$ 使得 $\lim_{m\to\infty} x_m = +\infty$。

那么 $\forall x \in R^+$，$\exists m_0$ 当 $m > m_0$，$\ni x \leqslant x_m$，而

$0 = f(0,0) \leqslant f(x,0) \leqslant f(x_m,0) = 0$。

因此，$\forall x \in R^+, f(x,0) = 0$。这与（A. 17）矛盾。所以 F 有上界。

如果 F 无下界，类似地可知 $\forall x \in R^+, f(-x,0) = 0$，而 $0 \leqslant f(x,0) = \underline{\lim}_{k\to\infty} Z_k(x,0) \leqslant \overline{\lim}_{k\to\infty} Z_k(x,0) = -[\underline{\lim}_{k\to\infty} Z_k(-x,0)] = -f(-x,0) = 0$。

所以 $\forall x \in R^+, f(x,0) = 0$。同样与（A. 17）矛盾。

故 F 有下界，故 F 有界。同理 G 有界。

又若有 $x \in R$ 使得 $\left|\overline{\lim_{k\to\infty}} Z_k(x,0)\right| < +\infty$。

(T.3.4) 那么定义：$f^*(x,0) = \overline{\lim_{k\to\infty}} Z_k(x,0)$。

若有 $y \in R$ 使得 $\left|\overline{\lim_{k\to\infty}} Z_k(0,y)\right| < +\infty$。

(T.3.5) 那么定义：$g^*(0,y) = \overline{\lim_{k\to\infty}} Z_k(0,y)$。

由于有 $Z_k(0,0)=0$，所以

(T.3.6) $F^* = \{x \mid f^*(x,0)=0\} \neq \varnothing$，$G^* = \{y \mid g^*(0,y) = 0\} \neq \varnothing$，且

$f^*(x,0)$，$g^*(0,y)$ 在其定义域内是单调的。

如果 F^* 无上界，那么存在 $\{x_m^*\}$，$(x_m^* \in F^*)$ 使得 $\lim_{m\to\infty} x_m^* = +\infty$。

所以 $\forall x \in R^+$，$\exists m_1, m > m_1 \ni x \leqslant x_m^*$，而 $0 = f^*(0,0) \leqslant f^*(x,0) \leqslant f^*(x_m^*,0) = 0$，

(T.3.7) 故 $\forall x \in R^+, f^*(x,0)=0$；又 $\forall x \in R^+, f^*(x,0) \geqslant f(x,0) \geqslant f(0,0) = 0$，

所以 $\forall x \in R^+, f(x,0)=0$。这与矛盾 (A.17)。因此，$F^*$ 有上界。

如果 F^* 无下界，类似地可知 $\forall x \in R^+, f^*(-x,0)=0$。而

$0 \leqslant f(x,0) = \underline{\lim_{k\to\infty}} Z_k(x,0) = -\left[\overline{\lim_{k\to\infty}} Z_k(-x,0)\right] = -f^*(-x, 0) = 0$，

所以 $\forall x \in R^+, f(x,0)=0$。同样与矛盾 (A.17)。因此，$F^*$ 有下界。

故 F^* 有界。同理 G^* 也有界。

记 $x_0 = \sup_{x\in F}\{|x|\}$ $y_0 = \sup_{y\in G}\{|y|\}$ $x_1 = \sup_{x\in F^*}\{|x|\}$ $y_1 = \sup_{y\in G^*}$

$\{|y|\}$，

作 $a_0=\min\{x_0,x_1\}$，$b_0=\min\{y_0,y_1\}$。下面证明 a_0,b_0 满足定义 10。

(T.3.8) 设有 a，$\{k_m\}$ 满足 $\lim\limits_{m\to\infty}Z_{k_m}(a,0)=0$。

若 $a>0$，因为 $k_m\geqslant m$，所以 $Z_{k_m}(a,0)\geqslant\inf\limits_{i\geqslant m}Z_i(a,0)\geqslant\inf\limits_{i\geqslant m}Z_i(0,0)=0$，且

(T.3.9) $\underline{\lim\limits_{m\to\infty}}Z_m(a,0)=\lim\limits_{m\to\infty}\{\inf\limits_{i\geqslant m}Z_i(a,0)\}=0$，那么 $f(a,0)=0$。

所以 $a\in F$，故 $|a|\leqslant x_0$。

同时，$Z_{k_m}(-a,0)\leqslant\sup\limits_{i\geqslant m}Z_i(-a,0)\leqslant\sup\limits_{i\geqslant m}Z_i(0,0)=0$，

由（A.16）知，$Z_{k_m}(-a,0)=-Z_{k_m}(a,0)$，所以

$\overline{\lim\limits_{m\to\infty}}Z_m(-a,0)=\lim\limits_{m\to\infty}\{\sup\limits_{i\geqslant m}Z_i(-a,0)\}=0$，and$f^*(-a,0)=0$。因此，

(T.3.10) $(-a)\in F^*$，所以 $|a|\leqslant x_1$。故 $|a|\leqslant a_0$。

类似地，若 $a\leqslant 0$，那么 $Z_{k_m}(a,0)\leqslant\sup\limits_{i\geqslant m}Z_i(a,0)\leqslant\sup\limits_{i\geqslant m}Z_i(0,0)=0$，

所以 $Z_{k_m}(-a,0)\geqslant\inf\limits_{i\geqslant m}Z_i(-a,0)\geqslant\inf\limits_{i\geqslant m}Z_i(0,0)=0$，

故 $[-\overline{\lim\limits_{m\to\infty}}Z_m(a,0)]=\underline{\lim\limits_{m\to\infty}}Z_m(-a,0)=0$，即

(T.3.11) $f(-a,0)=-f^*(a,0)=0$。

所以 $(-a)\in F$，且 $a\in F^*$，故 $|a|\leqslant a_0$。

同理，若有 b，$\{k_n\}$，使得 $\lim\limits_{n\to\infty}Z_{k_n}(0,b)=0$，那么 $|b|\leqslant b_0$。

(2) 另一方面，对 $\forall\ |a^*|<a_0$，$\exists\ a_1\in F\ni|a^*|\leqslant a_1$，

而 $Z_k(a_1,0)\geqslant Z_k(|a^*|,0)\geqslant Z_k(0,0)=0$，那么 $\underline{\lim\limits_{k\to\infty}}Z_k(a_1,0)\geqslant\underline{\lim\limits_{k\to\infty}}Z_k(|a^*|,0)\geqslant 0$。

(T. 3. 12) 所以$\underline{\lim}_{k\to\infty} Z_k(|a^*|,0)=0$。

同时，对上述的 $|a^*|<a_0$，$\exists a_2\in F^*\ni|a^*|\leqslant a_2$，

所以 $Z_k(a_2,0)\geqslant Z_k(|a^*|,0)\geqslant Z_k(0,0)=0$。

故 $\overline{\lim}_{k\to\infty} Z_k(a_2,0)\geqslant\overline{\lim}_{k\to\infty} Z_k(|a^*|,0)\geqslant 0$。因此，有

(T. 3. 13) $\overline{\lim}_{k\to\infty} Z_k(|a^*|,0)=0$。由（T. 3. 12），（T. 3. 13），知：$\lim_{k\to\infty} Z_k(|a^*|,0)=0$。

又因（A. 16）有 $Z_k(x,0)=-Z_k(-x,0)$，故 $\lim_{k\to\infty} Z_k(a^*,0)=0$。

同理，对 $\forall|b^*|<b_0$，有$\lim_{k\to\infty} Z_k(0,b^*)=0$。证毕。

定理 4 的证明

证：首先，由于 $Z_k(0,0)=0$，所以

(T. 4. 1) $Z_k(x_k,0)-Z_k(0,0)=Z_k(x_k,0)=(\partial Z_k(0,0)/\partial x)x_k+o(x_k)$。

由$\partial Z_k(0,0)/\partial x$ 有界，及（A. 18）得，存在 T_1，对所有 k，使得 $|\partial Z_k(0,0)/\partial x|\leqslant T_1$，

(T. 4. 2) 因此，若 $\lim_{k\to\infty} x_k=0$，则 $\lim_{k\to\infty} Z_k(x_k,0)=0$。类似地，

(T. 4. 3) $Z_k(0,y_k)-Z_k(0,0)=Z_k(0,y_k)=(\partial Z_k(0,0)/\partial y)y_k+o(y_k)$。

(T. 4. 4) 因此，若 $\lim_{k\to\infty} y_k=0$，则$\lim_{k\to\infty} Z_k(0,y_k)=0$。

其此，由于这个 $\mathscr{G}$-过程是 $\mathscr{R}_{A,B}$-有界的，所以

$\exists\{k_m\}$，$t_0(t_0>1)$，使得任一$\{k_m\}$的子列$\{k_{m_n}\}$有

(T. 4. 5) $\lim_{n\to\infty} Z_{k_{m_n}}[t_0|(R_n-r_n)-(R_{k_{m_n}}-r_{k_{m_n}})|,0]=0$。

因为$\{R_k\}$是有界的，所以$\{R_{k_m}\}$也是有界的。不妨设：

(T. 4. 6) $\{R_{k^*_{m_n}}\}$是$\{R_{k_m}\}$的收敛子列。

而$\{r_{k^*_{m_n}}\}$也是有界的，$\{r_{k^*_{m_n}}\}$也有收敛子列。不妨设$\{r_{k^*_{m_n}}\}$是收敛的。

令 $\lim_{n\to\infty} R_{k^*_{m_n}} = c_r$，$\lim_{n\to\infty} r_{k^*_{m_n}} = c_r^*$，$r_0 = c_r - c_r^* \geqslant 0$。那么

(T.4.7) $\lim_{n\to\infty}(R_{k^*_{m_n}} - r_{k^*_{m_n}} - r_0) = 0$，而由（T.4.5）有

(T.4.8) $\lim_{n\to\infty} Z_{k^*_{m_n}}[t_0|(R_n - r_n) - (R_{k^*_{m_n}} - r_{k^*_{m_n}})|,0] = 0$。

下面证明 r_0 满足定义 13。

由定理 3，存在 a_0, b_0 使得这个 $\mathscr{G}$－过程是 $\mathscr{R}_{A,B}-(a_0, b_0)$的。

根据定义 10 及（T.4.8），知：对$\{k^*_{m_n}\}$，$\exists N_0^*, n > N_0^*$使得

(T.4.9) $|(R_n - r_n) - (R_{k^*_{m_n}} - r_{k^*_{m_n}})| \leqslant 2a_0/(c_0+1)$，其中 c_0 是常数，且 $t_0 > c_0 > 1$。

若（T.4.9）不成立，则存在$\{n\}$的子列$\{n_l\}$及一个 c_0，使得对所有 l，有

$|(R_{n_l} - r_{n_l}) - (R_{k^*_{m_{n_l}}} - r_{k^*_{m_{n_l}}})| > 2a_0/(c_0+1)$。而$\{R_k\}$是有界的，所以$\{(R_{n_l} - r_{n_l}) - (R_{k^*_{m_{n_l}}} - r_{k^*_{m_{n_l}}})\}$有收敛子列。不妨设$\{(R_{n_l} - r_{n_l}) - (R_{k^*_{m_{n_l}}} - r_{k^*_{m_{n_l}}})\}$是收敛。记 $\lim_{l\to\infty}\{(R_{n_l} - r_{n_l}) - (R_{k^*_{m_{n_l}}} - r_{k^*_{m_{n_l}}})\} = c$，那么 $c \geqslant 2a_0/(c_0+1)$。注意到 $c_0/t_0 < 1$，根据(T.4.8）有

$0 = \lim_{l\to\infty} Z_{k^*_{m_{n_l}}}[t_0|(R_{n_l} - r_{n_l}) - (R_{k^*_{m_{n_l}}} - r_{k^*_{m_{n_l}}})|,0] \geqslant \lim_{l\to\infty} Z_{k^*_{m_{n_l}}}(t_0 (c_0/t_0)c, 0)$

$\geqslant \lim_{l\to\infty} Z_{k^*_{m_{n_l}}}[2c_0a_0/(c_0+1),0] \geqslant 0$。

所以$\lim_{l\to\infty} Z_{k^*_{m_{n_l}}}[2c_0a_0/(c_0+1),0] = 0$。但 $2c_0a_0/(c_0+1) > a_0$，

这与该 $\mathscr{G}$－过程是 $\mathscr{R}_{A,B}-(a_0, b_0)$相矛盾。所以（T.4.9）是成立的。

若，$a_0 > 0$。

因为，

$$|R_n - r_n - r_0| = |R_{k^*_{m_n}} - r_{k^*_{m_n}} - r_0 + (R_n - r_n) - (R_{k^*_{m_n}} - r_{k^*_{m_n}})|$$

$$\leqslant |R_{k^*_{m_n}} - r_{k^*_{m_n}} - r_0| + |(R_n - r_n) - (R_{k^*_{m_n}} - r_{k^*_{m_n}})|,$$

所以当 $n > N_0^*$ 时，

(T. 4. 10) $|R_n - r_n - r_0| \leqslant |R_{k^*_{m_n}} - r_{k^*_{m_n}} - r_0| + |(R_n - r_n) - (R_{k^*_{m_n}} - r_{k^*_{m_n}})|$

$\leqslant |R_{k^*_{m_n}} - r_{k^*_{m_n}} - r_0| + 2a_0/(c_0+1)$。

由（T. 4. 7），对 $\varepsilon = a_0(c_0-1)/2(c_0+1)$，$\exists N_1$ 使得 $n > N_1$ 时，

(T. 4. 11) $|R_{k^*_{m_n}} - r_{k^*_{m_n}} - r_0| < \varepsilon$。

取 $N_1^* = \max\{N_0^*, N_1\}$，当 $n > N_1^*$ 时，（T. 4. 10）和（T. 4. 11）成立。所以有

(T. 4. 12) $|R_n - r_n - r_0| \leqslant |R_{k^*_{m_n}} - r_{k^*_{m_n}} - r_0| + 2a_0/(c_0+1) \leqslant a_0(c_0-1)/2(c_0+1) + 2a_0/(c_0+1)$，

故 $|R_n - r_n - r_0| \leqslant a_0(c_0-1)/2(c_0+1) + 2a_0/(c_0+1) = a_0(c_0+3)/2(c_0+1)$。

因此，由定义 10，以及 $a_0(c_0+3)/2(c_0+1) < a_0$，有

$0 = \lim_{n\to\infty} Z_n[a_0(c_0+3)/2(c_0+1), 0] \geqslant \lim_{n\to\infty} Z_n(|R_n - r_n - r_0|, 0) \geqslant \lim_{n\to\infty} Z_n(0,0) = 0$。

所以 $\lim_{n\to\infty} Z_n(|R_n - r_n - r_0|, 0) = 0$。又 $Z_n(x,0) = -Z_n(-x,0)$，故

(T. 4. 13) $\lim_{n\to\infty} Z_n(R_n - r_n - r_0, 0) = 0$。

若 $a_0 = 0$。

设 $\{(R_{n_t} - r_{n_t}) - (R_{k^*_{m_{n_t}}} - r_{k^*_{m_{n_t}}})\}$ 是 $\{(R_n - r_n) - (R_{k^*_{m_n}} - r_{k^*_{m_n}})\}$ 的任意收敛子列。

记$\lim\limits_{t\to\infty}\{(R_{n_t}-r_{n_t})-(R_{k^*_{m_{n_t}}}-r_{k^*_{m_{n_t}}})\}=a^*$。

由（T. 4. 8）有

$0=\lim\limits_{l\to\infty}Z_{k^*_{m_{n_l}}}[t_0|(R_{n_l}-r_{n_l})-(R_{k^*_{m_{n_l}}}-r_{k^*_{m_{n_l}}})|,0]\geqslant\lim\limits_{l\to\infty}Z_{k^*_{m_{n_l}}}(|a^*|,0)\geqslant 0$。

由定义 10，$|a^*|\leqslant a_0=0$。所以 $a^*=0$。注意到$\{R_k\}$是有界的，由上述任意性知$\{(R_n-r_n)-(R_{k^*_{m_n}}-r_{k^*_{m_n}})\}$是收敛的，且

（T. 4. 14）$\lim\limits_{n\to\infty}\{(R_n-r_n)-(R_{k^*_{m_n}}-r_{k^*_{m_n}})\}=0$。

由（T. 4. 7）和（T. 4. 14），有 $\lim\limits_{n\to\infty}(R_n-r_n-r_0)=0$；再由（T. 4. 2）有

$\lim\limits_{n\to\infty}Z_n(R_n-r_n-r_0,0)=0$。

同样因为这个 $\mathscr{G}$-过程是 $\mathscr{R}_{A,B}$-有界的，所以 ∃$\{\tilde{k}_m\}$，及 $t_0^*(t_0^*>1)$使得，

对$\{\tilde{k}_m\}$任意的子列$\{\tilde{k}_{m_n}\}$有：$\lim\limits_{n\to\infty}Z_{\tilde{k}_{m_n}}(0,t_0^*|(L_n-l_n)-(L_{\tilde{k}_{m_n}}-l_{\tilde{k}_{m_n}})|)=0$。

因为$\{L_k\}$是有界的，所以$\{L_{\tilde{k}_m}\}$和$\{l_{\tilde{k}_m}\}$也是有界的。不妨设$\{L_{\tilde{k}^*_{m_n}}\}$是$\{L_{\tilde{k}_m}\}$的收敛子列，$\{l_{\tilde{k}^*_{m_n}}\}$是$\{l_{\tilde{k}_m}\}$的收敛子列，记 $\lim\limits_{n\to\infty}L_{\tilde{k}^*_{m_n}}=d_r$，$\lim\limits_{n\to\infty}l_{\tilde{k}^*_{m_n}}=d_r^*$ 则

（T. 4. 15）$l_0=d_r-d_r^*\geqslant 0$，$\lim\limits_{n\to\infty}(L_{\tilde{k}^*_{m_n}}-l_{\tilde{k}^*_{m_n}}-l_0)=0$，且

（T. 4. 16）$\lim\limits_{n\to\infty}Z_{\tilde{k}^*_{m_n}}(0,t_0^*|(L_n-l_n)-(L_{\tilde{k}^*_{m_n}}-l_{\tilde{k}^*_{m_n}})|)=0$。

类似于从（T. 4. 5）到（T. 4. 14）的推理，可以证明 l_0满足定义 13。证毕

引理 2 的证明

证：因为这个 $\mathscr{G}$-过程是 $\mathscr{R}_{A,B}-(a_0,b_0)$，$\mathscr{R}_{A,B}-(r_0,l_0)$渐趋平稳的，$\mathscr{R}_{A,B}$-常规的，所以有 $r_0\geqslant R_0>a_0$。而 $R_k-r_k\geqslant 0$，

取 $\varepsilon=(r_0-a_0)/2$，那么有

$r_0-\varepsilon=r_0-(r_0-a_0)/2=(r_0+a_0)/2>a_0$。

若 $\varliminf_{k\to\infty}(R_k-r_k)=0$，对上述 $\varepsilon>0$，$\exists M,\{k_m\}$，$m>M$ 时

(L. 2. 1) $-\varepsilon<R_{k_m}-r_{k_m}<\varepsilon$

而 $r_0-R_{k_m}+r_{k_m}=r_0-(R_{k_m}-r_{k_m})>r_0-\varepsilon=(r_0+a_0)/2$，所以

(L. 2. 2) $Z_{k_m}(r_0-R_{k_m}+r_{k_m},0)\geqslant Z_{k_m}(r_0-\varepsilon,0)\geqslant Z_{k_m}(0,0)$。

又因为这个 $\mathscr{G}$-过程是 $\mathscr{R}_{A,B}-(r_0,l_0)$渐趋平稳的，所以 $\lim_{k\to\infty}Z_k(R_k-r_k-r_0,0)=0$。

根据定义 7，$Z_k(x,0)=-Z_k(-x,0)$，且 $Z_k(0,0)\equiv 0$，所以

(L. 2. 3) $\lim_{m\to\infty}Z_{k_m}(r_0-\varepsilon,0)=0$。

但 $r_0-\varepsilon>a_0$，与这个 $\mathscr{G}$-过程是 $\mathscr{R}_{A,B}-(a_0,b_0)$相矛盾，

故 $\varliminf_{k\to\infty}(R_k-r_k)>0$。证毕

引理 3 的证明

证：设 $\{\alpha_{k_m}\}$ 是 $\{\alpha_k\}$ 的子列，且 $\lim_{m\to\infty}\alpha_{k_m}=+\infty$。

由定义 4 和定义 5，有

$L_k-l_k=\sum_{j\in J_1(k)}[v_{j,2}(k)-v_{j,1}(k)]$

$=\sum_{j\in J_1(k)}\{(v_{j,2}(k)-v_{j,1}(k))/(u_{j,1}(k)-u_{j,2}(k))\}(u_{j,1}(k)-u_{j,2}(k))$

$\geqslant\sum_{j\in J_1(k)}\alpha_k(u_{j,1}(k)-u_{j,2}(k))=\alpha_k\sum_{j\in J_1(k)}(u_{j,1}(k)-u_{j,2}(k))$

$=\alpha_k(R_k-r_k)$

所以 $L_{k_m}-l_{k_m}\geqslant(R_{k_m}-r_{k_m})\alpha_{k_m}$。又对 $\forall M,\exists m_0$，当 $m>m_0$，$\alpha_{k_m}>M$。

所以，当 $m>m_0$ 时，

(L. 3. 1) $L_{k_m}-l_{k_m}\geqslant M(R_{k_m}-r_{k_m})$。

又$\{R_k\}$和$\{L_k\}$是有界的，所以$\{R_{k_m}-r_{k_m}\}$和$\{L_{k_m}-l_{k_m}\}$也是有界的，

不妨设$\{R_{k_m}-r_{k_m}\}$和$\{L_{k_m}-l_{k_m}\}$是收敛的。记

(L. 3. 2) $\lim_{m\to\infty}(R_{k_m}-r_{k_m})=r_1$，$\lim_{m\to\infty}(L_{k_m}-l_{k_m})=l_1$。

由 (L. 3. 1)，有

(L. 3. 3) 对上述 M，$l_1=\lim_{m\to\infty}(L_{k_m}-l_{k_m})\geqslant M\lim_{m\to\infty}(R_{k_m}-r_{k_m})=Mr?_1$，所以

(L. 3. 4) $r_1=0$。与引理 2 矛盾。

因此，$\{\alpha_k\}$是有界的。证毕

引理 4 的证明

证：假设 $\lim_{k\to\infty}\beta_k=+\infty$。

因为这个 $\mathscr{G}$-过程是 $\mathscr{R}_{A,B}$-公平的，所以有子列$\{k_m\}$及常数 $C>0$ 使

(L. 4. 1) $\lim_{m\to\infty}Z_{k_m}(C(\beta_{k_m}-\alpha_{k_m}),0)=0$。

由引理 3 知$\{\alpha_{k_m}\}$是有界的，以及假设，对 $1+a_0$，$\exists m_0$，当 $m>m_0$ 时

(L. 4. 2) $C(\beta_{k_m}-\alpha_{k_m})>1+a_0$。

因此，$Z_{k_m}[C(\beta_{k_m}-\alpha_{k_m}),0]>Z_{k_m}(1+a_0,0)>Z_{k_m}(0,0)=0$。

故由 (L. 4. 1)，有 $\lim_{m\to\infty}Z_{k_m}(1+a_0,0)=0$。这与这个 $\mathscr{G}$-过程是 $\mathscr{R}_{A,B}-(a_0,b_0)$相矛盾。故存在 β_0 及$\{\beta_{k_m}\}$，使得 $\beta_{k_m}\leqslant\beta_0$，$\forall m$。证毕。

引理 5 的证明

证：不妨设 $C>0$。根据引理 2，有$\underline{\lim}_{k\to\infty}(R_k-r_k)\equiv C_0>0$。

(L. 5. 1) 假设，$\exists\{k_{m_n}\}$，$\ni(R_{k_{m_n}}-r_{k_{m_n}})\alpha_{k_{m_n}}<(r_0-a_0)C$，$\forall n$。

因为 $\{R_{k_{m_n}}-r_{k_{m_n}}\}$有界，所必有收敛子列，而 $\underline{\lim}_{n\to\infty}(R_{k_{m_n}}-r_{k_{m_n}})\geqslant C_0>0$，

不妨设 $\lim_{n\to\infty}(R_{k_{m_n}}-r_{k_{m_n}})$收敛，那么

(L.5.2) $\lim_{n\to\infty}(R_{k_{m_n}}-r_{k_{m_n}})\geqslant C_0$。

因为 $\lim_{n\to\infty}\alpha_{k_{m_n}}>C$，所以对 $C^*=C+(\lim_{m\to\infty}\alpha_{k_m}-C)/2$，存在 N，当 $n>N$，有

(L.5.3) $\alpha_{k_{m_n}}>C^*$。

由（L.5.2），存在 $N_1,n>N_1$ 时，$(R_{k_{m_n}}-r_{k_{m_n}})>C_0/2$。

所以 $\exists N_0=\max\{N,N_1\}$ $n>N_0$ 时，有

(L.5.4) $\alpha_{k_{m_n}}>C^*$和$(R_{k_{m_n}}-r_{k_{m_n}})>C_0/2$ 成立。

记 $\overline{C}=(\lim_{n\to\infty}\alpha_{k_{m_n}}-C)/2C$。那么由（L.5.1）和（L.5.3），当 $n>N_0$ 时，

(L.5.5) $(R_{k_{m_n}}-r_{k_{m_n}})C^*<(R_{k_{m_n}}-r_{k_{m_n}})\alpha_{k_{m_n}}<(r_0-a_0)C$，

所以，

(L.5.6) $(R_{k_{m_n}}-r_{k_{m_n}})(1+\overline{C})=(R_{k_{m_n}}-r_{k_{m_n}})C^*/C<(r_0-a_0)$。

再由（L.5.4）和（L.5.6），有

(L.5.7) $(R_{k_{m_n}}-r_{k_{m_n}})+C_0\overline{C}/4<(R_{k_{m_n}}-r_{k_{m_n}})+(R_{k_{m_n}}-r_{k_{m_n}})\overline{C}/2$

$<(R_{k_{m_n}}-r_{k_{m_n}})(1+\overline{C})<(r_0-a_0)$。

所以当 $n>N_0$ 时，有

(L.5.8) $(R_{k_{m_n}}-r_{k_{m_n}}-r_0)<-a_0-C_0\overline{C}/4$。即

(L.5.9) $Z_{k_{m_n}}(R_{k_{m_n}}-r_{k_{m_n}}-r_0,0)\leqslant Z_{k_{m_n}}(-a_0-C_0\overline{C}/4,0)\leqslant$

$Z_{k_{m_n}}(0,0)=0$。

（L. 5. 10） 故 $\lim\limits_{n\to\infty} Z_{k_{m_n}}(-a_0-C_0\overline{C}/4,0)=0$。

但（L. 5. 10）与这个 $\mathscr{G}$-过程是 $\mathscr{R}_{A,B}-(a_0,b_0)$ 相矛盾。

故存在 m_0，当 $m>m_0$ 时，有 $(R_{k_m}-r_{k_m})\alpha_{k_m}\geqslant(r_0-a_0)C$。证毕。

引理 6 的证明

证：因为 $\lim\limits_{m\to\infty}\beta_{k_m}$ 存在，且 $\lim\limits_{m\to\infty}\beta_{k_m}<C$，所以对

（L. 6. 1） $C^*=C-(C-\lim\limits_{m\to\infty}\beta_{k_m})/2>0$，$\exists M, m>M$ 时，$\beta_{k_m}<C^*$。

记 $\overline{C}=(C-\lim\limits_{m\to\infty}\beta_{k_m})/2C^*>0$。若

（L. 6. 2） $\exists\{k_{m_n}\}, \ni (R_{k_{m_n}}-r_{k_{m_n}})\beta_{k_{m_n}}>(r_0+a_0)C, \forall n$,

那么，由（L. 6. 1）、（L. 6. 2）知，$\exists N$，当 $n>N$ 时，有 $m_n>M$，所以

（L. 6. 3） $(R_{k_{m_n}}-r_{k_{m_n}})C^*>(R_{k_{m_n}}-r_{k_{m_n}})\beta_{k_{m_n}}>(r_0+a_0)C$。即

264 （L. 6. 4） $(R_{k_{m_n}}-r_{k_{m_n}})>(r_0+a_0)C/C^*=(r_0+a_0)(1+\overline{C})>r_0+a_0(1+\overline{C})$。

因此，当 $n>N$ 时，$R_{k_{m_n}}-r_{k_{m_n}}-r_0>a_0(1+\overline{C})$，

故 $Z_{k_{m_n}}(R_{k_{m_n}}-r_{k_{m_n}}-r_0,0)\geqslant Z_{k_{m_n}}(a_0(1+\overline{C}),0)\geqslant Z_{k_{m_n}}(0,0)=0$。所以

（L. 6. 5） $\lim\limits_{n\to\infty} Z_{k_{m_n}}(a_0(1+\overline{C}),0)=0$。

而（L. 6. 5）与这个 $\mathscr{G}$-过程是 $\mathscr{R}_{A,B}-(a_0,b_0)$ 相矛盾。

故存在 m_1，当 $m>m_1$ 时，有 $(R_{k_m}-r_{k_m})\beta_{k_m}\leqslant(r_0+a_0)C$。证毕

定理 5 的证明

证：（1）由引理 3，$\{\alpha_k\}$是有界的。设$\{\alpha_{k_m}\}$是$\{\alpha_k\}$的收敛子列，

并记$(l_0+b_0)/(r_0-a_0)=c_0$。

（T. 5. 1）若 $\lim\limits_{m\to\infty}\alpha_{k_m}>c_0$。

（T. 5. 2）记 $c=\lim\limits_{m\to\infty}\alpha_{k_m}-c_0>0$，那么 $\lim\limits_{m\to\infty}\alpha_{k_m}>c_0+c/2$。

由引理 5，对 $c_0+c/2$，$\exists M,m>M$ 时，使得

（T. 5. 3）$(R_{k_m}-r_{k_m})\alpha_{k_m}\geqslant(r_0-a_0)(c_0+c/2)$。

根据定义 4、定义 5，

$L_k-l_k=\sum_{j\in J_1(k)}(v_{j,2}(k)-v_{j,1}(k))$

$=\sum_{j\in J_1(k)}\{(v_{j,2}(k)-v_{j,1}(k))/(u_{j,1}(k)-u_{j,2}(k))\}(u_{j,1}(k)-u_{j,2}(k))$

$\geqslant\sum_{j\in J_1(k)}\alpha_k(u_{j,1}(k)-u_{j,2}(k))=\alpha_k\sum_{j\in J_1(k)}(u_{j,1}(k)-u_{j,2}(k))$

$=\alpha_k(R_k-r_k)$，

所以 $L_{k_m}\geqslant(R_{k_m}-r_{k_m})\alpha_{k_m}+l_{k_m}$。由（T. 5. 3），当 $m>M$ 时，

（T. 5. 4）$L_{k_m}\geqslant(r_0-a_0)(c_0+c/2)+l_{k_m}=l_0+b_0+(r_0-a_0)c/2+l_{k_m}$。

即 $m>M$ 时，

（T. 5. 5）$L_{k_m}-l_{k_m}-l_0\geqslant b_0+(r_0-a_0)c/2$。

又因为这个 $\mathscr{G}$- 过程是 $\mathscr{R}_{A,B}-(r_0,l_0)$渐趋平稳的，

所以 $\lim\limits_{k\to\infty}Z_k(0,L_k-l_k-l_0)=0$，再由

（T. 5. 6）$Z_{k_m}(0,L_{k_m}-l_{k_m}-l_0)\geqslant Z_{k_m}(0,b_0+(r_0-a_0)c/2)\geqslant Z_{k_m}(0,0)=0$，可得：

（T. 5. 7）$\lim\limits_{m\to\infty}Z_{k_m}(0,b_0+(r_0-a_0)c/2)=0$。

由定义 14 知，$r_0\geqslant R_0>a_0$。所以（T. 5. 7）与这个 $\mathscr{G}$- 过程

是 $\mathscr{R}_{A,B}-(a_0,b_0)$ 敏感的相矛盾，

故（T.5.1）不成立，即对所有的收敛子列 $\{\alpha_{k_m}\}$ 有：$\lim\limits_{m\to\infty}\alpha_{k_m}\leqslant c_0$。

因此，$c_0=(l_0+b_0)/(r_0-a_0)\geqslant\overline{\lim\limits_{k\to\infty}}\alpha_k$ 成立。

（2）由引理 4，存在有界的子列 $\{\beta_{k_m}\}$。记 $\{\beta_{k_{m_n}}\}$ 是 $\{\beta_{k_m}\}$ 的任意收敛子列，

令 $(l_0-b_0)/(r_0+a_0)=d_0$。

（T.5.8）若 $\lim\limits_{m\to\infty}\beta_{k_m}<d_0$。

（T.5.9）记 $c^*=d_0-\lim\limits_{m\to\infty}\beta_{k_m}>0$，那么 $\lim\limits_{m\to\infty}\beta_{k_m}<d_0-c^*/2$。

由引理 6、定义 4、定义 5 知：对 $d_0-c^*/2>0$，$\exists M_0, m>M_0$ 时，有

（T.5.10）$(R_{k_m}-r_{k_m})\beta_{k_m}\leqslant(r_0+a_0)(d_0-c^*/2)=l_0-b_0-(r_0+a_0)c^*/2$。

类似于从（T.5.4）、（T.5.5）到（T.5.10）的推导，可得

$L_{k_m}-l_{k_m}\leqslant(R_{k_m}-r_{k_m})\beta_{k_m}\leqslant l_0-b_0-(r_0+a_0)c^*/2$，即

（T.5.11）$L_{k_m}-l_{k_m}-l_0\leqslant -b_0-(r_0+a_0)c^*/2<0$，

（T.5.12）$Z_{k_m}(0,L_{k_m}-l_{k_m}-l_0)\leqslant Z_{k_m}[0,-b_0-(r_0+a_0)c^*/2)\leqslant Z_{k_m}(0,0]=0$，

（T.5.13）$\lim\limits_{m\to\infty}Z_{k_m}[0,-b_0-(r_0+a_0)c^*/2]=0$。

但（T.5.13）与这个 $\mathscr{G}$-过程是 $\mathscr{R}_{A,B}-(a_0,b_0)$ 敏感的相矛盾，所以（T.5.8）不成立。

即对所有的收敛子列 $\{\beta_{k_m}\}$，有 $\lim\limits_{m\to\infty}\beta_{k_m}\geqslant d_0$。

因此，$\underline{\lim\limits_{k\to\infty}}\beta_k\geqslant d_0=(l_0-b_0)/(r_0+a_0)$ 成立。证毕。

引理 7 的证明

证：因为 $\{R_k\}$ 有界，所以 $\{R_k-r_k\}$ 必有收敛子列。

（L. 7. 1） 设$\{R_{k_m}-r_{k_m}\}$是$\{R_k-r_k\}$的任意收敛子列。

（1） 令这个 $\mathscr{G}$- 过程是 $\mathscr{R}_{A,B}$ - 常规的。

（L. 7. 2） 若 $\lim\limits_{m\to\infty}(R_{k_m}-r_{k_m})=0$。由定义 14 知：$r_0>0$，所以

（L. 7. 3） $\lim\limits_{m\to\infty}(R_{k_m}-r_{k_m}-r_0)=-r_0<-r_0/2<0$。

故 $\exists M, m>M$ 时，有

（L. 7. 4） $R_{k_m}-r_{k_m}-r_0<-r_0/2$。

所以 $m>M$ 时，

（L. 7. 5） $Z_{k_m}(R_{k_m}-r_{k_m}-r_0)\leqslant Z_{k_m}(-r_0/2,0)\leqslant Z_{k_m}(0,0)=0$。

又，这个 $\mathscr{G}$- 过程是 $\mathscr{R}_{A,B}$ -(r_0,l_0)渐趋平稳的；所以

（L. 7. 6） $\lim\limits_{m\to\infty}Z_{k_m}(R_{k_m}-r_{k_m}-r_0,0)\leqslant\lim\limits_{m\to\infty}Z_{k_m}(-r_0/2,0)\leqslant 0$。故

（L. 7. 7） $\lim\limits_{m\to\infty}Z_{k_m}(-r_0/2,0)=0$。

但（L. 7. 7）与这个 $\mathscr{G}$- 过程是 $\mathscr{R}_{A,B}$ -$(0,0)$敏感的相矛盾，所以（L. 7. 2）不成立。

由$\{R_{k_m}-r_{k_m}\}$的任意性，知 $\lim\limits_{k\to\infty}(R_k-r_k)\neq 0$。同理，有 $\lim\limits_{k\to\infty}(L_k-l_k)\neq 0$。

（2） 令 $\lim\limits_{k\to\infty}(R_k-r_k)\neq 0$。

因为$\{R_k\}$是有界的，所以$\{R_k-r_k\}$有收敛子列，设为$\{R_{k_m}-r_{k_m}\}$。

（L. 7. 9） 记$\lim\limits_{m\to\infty}(R_{k_m}-r_{k_m})=c_1>0$。

（L. 7. 10） 假设 $c_1<r_0$，

那么由（L. 7. 9），对$(r_0+c_1)/2$（显然，$r_0>(r_0+c_1)/2>c_1$），$\exists M, m>M$ 时，

使得 $R_{k_m}-r_{k_m}<(r_0+c_1)/2$。所以当 $m>M$ 时，

（L. 7. 11） $Z_{k_m}(R_{k_m}-r_{k_m}-r_0,0)\leqslant Z_{k_m}((r_0+c_1)/2-r_0,0)\leqslant$

$Z_{k_m}(0,0)$。

又，这个 $\mathscr{G}$ - 过程是 $\mathscr{R}_{A,B}-(r_0,l_0)$渐趋平稳的；所以

(L. 7. 12) $\lim\limits_{m\to\infty} Z_{k_m}((r_0+c_1)/2-r_0,0)=\lim\limits_{m\to\infty} Z_{k_m}((c_1-r_0)/2,0)=0$。

但（L. 7. 12）与这个 $\mathscr{G}$ - 过程是 $\mathscr{R}_{A,B}-(0,0)$敏感的相矛盾，故

(L. 7. 13)（L. 7. 10）不成立。

(L. 7. 14) 假设 $c_1>r_0$，

那么由（L. 7. 9），对$(r_0+c_1)/2$（显然，$r_0<(r_0+c_1)/2<c_1$）$\exists M_0, m>M_0$ 时，

使得 $R_{k_m}-r_{k_m}>(r_0+c_1)/2$。所以当 $m>M_0$ 时，

(L. 7. 15) $Z_{k_m}(R_{k_m}-r_{k_m}-r_0,0)\geqslant Z_{k_m}((r_0+c_1)/2-r_0,0)\geqslant Z_{k_m}(0,0)=0$。

又，这个 G - 过程是 $R_{A,B}-(r_0,l_0)$渐趋平稳的；所以

(L. 7. 16) $\lim\limits_{m\to\infty} Z_{k_m}((r_0+c_1)/2-r_0,0)=\lim\limits_{m\to\infty} Z_{k_m}((c_1-r_0)/2,0)=0$。

但（L. 7. 16）与这个 $\mathscr{G}$ - 过程是 $\mathscr{R}_{A,B}-(0,0)$敏感的相矛盾，故

(L. 7. 17)（L. 7. 14）不成立。

由（L. 7. 13）和（L. 7. 17），对所有的 r_0，有 $c_1=r_0$。故

(L. 7. 18) $R_0=\inf\{r_0\}=\inf\{c_1\}=c_1>0$。

同理，$L_0=\inf\{l_0\}>0$。因此，这个 $\mathscr{G}$ - 过程是 $\mathscr{R}_{A,B}$ - 常规的。证毕

引理 8 的证明。

证：(1) 假设 $r_0\neq r_1$，不失一般性，设 $r_1>r_0$。

(L. 8. 1) 若有子列$\{R_{k_m}-r_{k_m}-r_1\}$满足：$R_{k_m}-r_{k_m}-r_1\geqslant 0$，

因为这个 $\mathscr{G}$- 过程是 $\mathscr{R}_{A,B}-(r_0,l_0)$渐趋平稳的；所以

(L.8.2) $Z_{k_m}(R_{k_m}-r_{k_m}-r_0,0)=Z_{k_m}(R_{k_m}-r_{k_m}-r_1+r_1-r_0,0)$

$\geqslant Z_{k_m}(r_1-r_0,0)\geqslant Z_{k_m}(0,0)$

故 $\lim\limits_{m\to\infty}Z_{k_m}(r_1-r_0,0)=0$，与这个 $\mathscr{G}$- 过程是 $\mathscr{R}_{A,B}-(0,0)$敏感的相矛盾，故

(L.8.3)（L.8.1）不成立。

(L.8.4) 若有子列$\{R_{k_m^*}-r_{k_m^*}-r_0\}$满足：$R_{k_m^*}-r_{k_m^*}-r_0\leqslant 0$，同理

(L.8.5) $Z_{k_m^*}(R_{k_m^*}-r_{k_m^*}-r_1,0)=Z_{k_m^*}(R_{k_m^*}-r_{k_m^*}-r_0+r_0-r_1,0)$

$\leqslant Z_{k_m^*}(r_0-r_1,0)\leqslant Z_{k_m^*}(0,0)$，

故 $\lim\limits_{m\to\infty}Z_{k_m^*}(r_0-r_1,0)=0$，也与这个 $\mathscr{G}$- 过程是 $\mathscr{R}_{A,B}-(0,0)$敏感的相矛盾，故

(L.8.6)（L.8.4）不成立。

由（L.8.3），（L.8.6），有子列$\{R_{\widetilde{k_m^*}}-r_{\widetilde{k_m^*}}\}$满足：

(L.8.7) $R_{\widetilde{k_m^*}}-r_{\widetilde{k_m^*}}-r_0>0$，和

(L.8.8) $R_{\widetilde{k_m^*}}-r_{\widetilde{k_m^*}}-r_1<0$。

根据 $r_1>r_0$，

(L.8.9) $\exists x_0\neq 0, \ni R_{\widetilde{k_m^*}}-r_{\widetilde{k_m^*}}-r_1<x_0<R_{\widetilde{k_m^*}}-r_{\widetilde{k_m^*}}-r_0$。故

(L.8.10) $Z_{\widetilde{k_m^*}}(R_{\widetilde{k_m^*}}-r_{\widetilde{k_m^*}}-r_1,0)\leqslant Z_{\widetilde{k_m^*}}(x_0,0)\leqslant Z_{\widetilde{k_m^*}}(R_{\widetilde{k_m^*}}-r_{\widetilde{k_m^*}}-r_0,0)$，

所以 $\lim\limits_{m\to\infty}Z_{\widetilde{k_m^*}}(x_0,0)=0$，但与这个 $\mathscr{G}$- 过程是 $\mathscr{R}_{A,B}-(0,0)$敏感的相矛盾，故

(L.8.11) $r_0=r_1$。同理，$l_0=l_1$。

(2) 设$\{R_{k_m}-r_{k_m}\}$是$\{R_k-r_k\}$的任意收敛子列，所以 $\lim\limits_{m\to\infty}(R_{k_m}-r_{k_m})=c^*\geqslant 0$。

类似于从（L.7.10）到（L.7.17）的推理知，

(L.8.12) $r_0 = c^*$。

由$\{R_k\}$的有界性和$\{R_{k_m} - r_{k_m}\}$的任意性，(L.8.11)和(L.8.12)知：$\lim_{k\to\infty}(R_k - r_k) = c^* = r_0 = R_0$。

同理，$\lim_{k\to\infty}(L_k - l_k) = l_0 = L_0$。证毕。

引理9的证明

证：设$\{x_{k_m}\}$是任意的收敛子列。

(L.9.1) 假设$\lim_{m\to\infty} x_{k_m} = c > 0$。那么$\exists M, m > M$时，使得$x_{k_m} > c/2$。

所以$Z_{k_m}(x_{k_m}, 0) \geqslant Z_{k_m}(c/2, 0) \geqslant Z_{k_m}(0,0) = 0$。故

(L.9.2) $\lim_{m\to\infty} Z_{k_m}(c/2, 0) = 0$。

但(L.9.2)与这个$\mathscr{G}$-过程是$\mathscr{R}_{A,B}$-(0,0)敏感的相矛盾，故

(L.9.3)(L.9.1)不成立。

(L.9.4) 假设$\lim_{m\to\infty} x_{k_m} = c < 0$。那么$\exists M_0, m > M_0$时，使得$x_{k_m} < c/2$。

所以$Z_{k_m}(x_{k_m}, 0) \leqslant Z_{k_m}(c/2, 0) \leqslant Z_{k_m}(0,0) = 0$，故

(L.9.5) $\lim_{m\to\infty} Z_{k_m}(c/2, 0) = 0$。

但(L.9.5)与这个$\mathscr{G}$-过程是$\mathscr{R}_{A,B}$-(0,0)敏感的相矛盾，故

(L.9.6)(L.9.4)不成立。

由(L.9.3)和(L.9.6)知，$\lim_{m\to\infty} x_{k_m} = c = 0$。

由$\{x_k\}$的有界性及$\{x_{k_m}\}$的任意性，得：$\lim_{k\to\infty} x_k = 0$。证毕

引理10的证明

证：与引理9同理可证。证毕。

附录 2：实验数据

表一　　实验 I　分组评分实验（分组竞争交易实验）

A 组自评分汇总表

第一轮评分	第二轮评分	第三轮评分	第四轮评分	第五轮评分	第六轮评分	第七轮评分	第八轮评分	第九轮评分	第十轮评分
3	10	10	9	10	9	10	8	10	8
5	10	11	10	10	9	10	9	10	9
7	11	11	10	10	9	10	10	10	9
7	12	12	11	10	9	10	10	10	9
7	12	12	11	10	10	10	10	10	9
7	12	12	11	11	10	10	10	10	9
9	13	12	12	11	10	10	10	10	9
9	13	12	12	11	10	10	10	10	9
9	13	12	12	11	10	10	10	10	10
9	13	12	12	11	10	10	10	10	10
9.5①	14	12	12	11	10	10	10	10	10
9.5	15	12	12	11	10	10	10	10	10
9.5	15	12	12	11	10	10	10	10	10
10	15	13	12	11	10	10	10	10	10
10	15	13	12	11	10	10	10	10	10

① 尽管规则要求评分必须是整数，但仍有学生给出带小数的评分。也许他们想以此得到一点优势，这说明学生对评分是相当重视的。在第一轮“交易”中我们接受了这样的评分，在第二轮“交易”前再次重申了相关规则，并强调从此将自动去掉评分的小数部分。

续表

第一轮评分	第二轮评分	第三轮评分	第四轮评分	第五轮评分	第六轮评分	第七轮评分	第八轮评分	第九轮评分	第十轮评分
10	15	13	12	11	10	10	10	10	10
10	15	13	12	11	10	11	10	10	10
10	16	13	12	11	10	11	10	10	10
10	16	13	12	11	10	11	10	10	10
10	16	13	12	12	10	11	10	10	10
10. 1	16	13	12	12	10	11	10	10	10
11	16	14	12	12	10	11	10	10	10
11	16	14	12	12	10	11	10	10	10
12	16	14	12	12	10	11	10	10	10
12	16	14	12	12	10	11	10	10	10
13	17	14	12	12	11	11	10	10	10
13	17	14	13	12	11	11	10	10	10
13	18	14	13	12	11	11	11	10	10
14	18	14	13	12	11	11	11	10	10
14	18	14	13	12	11	11	11	10	10
15	18	14	13	12	11	11	11	10	10
15	19	14	13	12	11	11	11	10	10
15	19	15	13	12	11	11	11	10	10
15	19	15	13	12	11	11	11	10	10
15	19	15	13	12	11	11	11	11	10
15	19	15	13	12	11	12	11	11	10
16	20	15	13	12	11	12	11	11	10
16	20	15	13	12	11	12	11	11	10
18	20	16	13	12	11	12	11	11	10
19	20	17	13	12	12	12	11	11	11

续表

第一轮评分	第二轮评分	第三轮评分	第四轮评分	第五轮评分	第六轮评分	第七轮评分	第八轮评分	第九轮评分	第十轮评分
20	20	17	14	12	12	12	11	11	11
20	20	17	14	12	12	12	11	11	11
23	21	18	14	12	12	12	11	11	11
25	22	20	14	12	14	12	11	11	11
30	25	20	14	12		12	11	11	
45	25		14	12		13	11	11	
45			15	12		14	11		
46			15	12		15	11		
59			15	13			11		
68			15	13			11		
69			16	13			11		
			20	13			12		
				13			13		
				15					

表二　　实验 I　分组评分实验（分组竞争交易实验）

B 组自评分汇总表

第一轮评分	第二轮评分	第三轮评分	第四轮评分	第五轮评分	第六轮评分	第七轮评分	第八轮评分	第九轮评分	第十轮评分
8	9	10	9	10	9	10	10	9	9
8	9	10	10	10	9	10	10	9	9
8	10	10	10	10	9	10	10	10	9

续表

第一轮评分	第二轮评分	第三轮评分	第四轮评分	第五轮评分	第六轮评分	第七轮评分	第八轮评分	第九轮评分	第十轮评分
8.9①	10	10	11	10	10	10	10	10	9
9	10	11	11	11	10	10	10	10	9
9	10	11	11	11	10	10	10	10	9
9.5	11	11	11	11	10	10	10	10	9
10	11	12	11	11	10	10	10	10	9
10	12	12	11	11	10	10	10	10	10
10	12	12	11	11	10	10	10	10	10
10	12	12	12	11	10	10	10	10	10
10	12	12	12	11	10	10	10	10	10
10	12	13	12	11	10	10	10	10	10
12	12	13	12	11	10	10	10	10	10
12	13	13	12	11	10	10	10	10	10
12	13	13	12	11	10	10	10	10	10
12	13	13	12	11	10	10	10	10	10
13	14	13	12	11	10	10	10	10	10
13	14	13	12	11	10	10	10	10	10
13	14	13	12	11	10	10	10	10	10
14	14	13	12	11	10	10	10	10	10
14	14	13	12	11	10	10	10	10	10
14	14	13	12	12	10	10	10	10	10
15	15	13	12	12	10	10	10	10	10
15	15	13	12	12	10	10	11	10	10
16	15	13	12	12	10	11	11	10	10
18	15	14	12	12	10	11	11	10	10

① 尽管规则要求评分必须是整数，但仍有学生给出带小数的评分。也许他们想以此得到一点优势，这说明学生对评分是相当重视的。在第一轮“交易”中我们接受了这样的评分，在第二轮“交易”前再次重申了相关规则，并强调从此将自动去掉评分的小数部分。

续表

第一轮评分	第二轮评分	第三轮评分	第四轮评分	第五轮评分	第六轮评分	第七轮评分	第八轮评分	第九轮评分	第十轮评分
18	15	14	12	12	10	11	11	10	10
18	15	14	12	12	10	11	11	10	10
20	15	14	13	12	10	11	11	10	10
21	15	14	13	12	10	11	11	10	10
29	15	14	13	12	10	11	11	10	10
30	16	14	13	12	10	11	11	10	10
30	16	14	13	12	10	11	11	10	10
30	16	15	13	12	10	11	11	10	10
35	16	15	13	12	10	11	11	10	10
35	16	15	13	12	11	11	11	10	10
40	16	15	13	12	11	11	11	10	10
40	17	15	13	12	11	11	11	11	10
40	18	15	13	12	11	11	11	11	10
50	18	15	14	13	11	11	11	11	10
59	18	15	14	13	11	12	11	11	10
65	18	15	14	13	11	12	11	11	10
79	18	15	15	13	11	12	12	11	10
100	18	15	15	13	11	12	12	11	10
110	19	15	15	14	11	12	12	11	10
	20	16	15		11	12	12	11	10
	20	16	15		11	12		11	10
	21	16			11	12		11	10
	24	16			11	13		11	10
	25	16			11	14		11	10
	26	17			11	18		11	10
		17			12			11	10
		18			12			12	10
		18			12				11
					14				12

表三　　　　实验Ⅱ　评分实验（竞争交易实验）

自评分汇总表①

第一轮评分	第二轮评分	第三轮评分	第四轮评分	第五轮评分	第六轮评分	第七轮评分	第八轮评分	第九轮评分	第十轮评分
7	10	0	13	10	13	12	12	1	8
7	11	10	13	12	15	12	12	10	10
7	12	11	14	14	15	12	12	10	10
7	12	13	14	15	15	12	12	10	10
8	12	13	14	15	15	13	13	11	10
8	13	14	15	15	15	13	13	11	11
8	15	15	15	15	15	13	13	11	12
8	15	15	15	15	15	13	13	11	12
8	15	15	15	15	15	13	13	11	12
8	15	15	16	15	15	13	13	11	12
8	15	16	16	15	15	13	13	11	12
8	15	16	16	15	15	13	13	11	12
8	15	16	16	15	15	13	13	11	12
8	15	16	16	15	15	13	13	12	13
9	15	17	16	15	15	13	13	12	13
9	15	17	16	15	15	14	14	12	13
9	16	17	16	15	15	14	14	12	13
9	16	17	16	15	15	14	14	12	13
10	17	17	16	15	15	14	14	12	13
10	17	17	16	15	15	14	14	12	13
10	18	18	16	15	15	14	14	12	13
10	18	18	16	15	15	14	14	12	13

① 本汇总表不含虚拟学生的评分。

续表

第一轮评分	第二轮评分	第三轮评分	第四轮评分	第五轮评分	第六轮评分	第七轮评分	第八轮评分	第九轮评分	第十轮评分
10	18	18	16	16	15	14	14	12	13
11	18	18	17	16	15	14	14	12	13
11	18	18	17	16	15	14	14	12	13
11	19	18	17	16	15	14	14	12	13
11	20	18	17	16	15	14	14	12	13
11	20	18	17	16	15	14	14	12	13
12	20	18	17	16	16	14	14	12	14
12	20	18	17	16	16	14	14	13	14
13	20	18	17	16	16	14	14	13	14
13	20	18	17	16	16	14	14	13	14
13	20	18	17	16	16	14	14	13	14
13	20	18	17	16	16	14	14	13	14
13	20	19	17	16	16	14	14	13	14
13	20	19	17	16	16	14	14	13	14
13	20	19	18	16	16	14	14	13	14
13	20	19	18	16	16	14	14	13	14
13	20	19	18	16	16	14	14	13	14
13	21	20	18	16	16	14	14	13	14
14	21	20	18	16	16	14	14	13	14
15	21	20	18	16	16	15	15	13	14
15	21	20	18	16	16	15	15	13	14
15	21	20	18	16	16	15	15	13	14
15	22	20	18	16	16	15	15	13	14
15	22	20	18	17	16	15	15	13	14
16	22	20	18	17	16	15	15	13	14

续表

第一轮评分	第二轮评分	第三轮评分	第四轮评分	第五轮评分	第六轮评分	第七轮评分	第八轮评分	第九轮评分	第十轮评分
16	23	20	18	17	16	15	15	13	14
16	23	20	18	17	16	15	15	13	14
17	24	20	18	17	16	15	15	13	14
18	24	20	18	17	16	15	15	13	14
18	25	21	18	17	16	15	15	14	15
19	25	21	18	18	16	15	15	14	15
20	25	22	19	18	16	15	15	14	15
20	25	23	19	18	16	15	15	14	15
20	26	23	19	18	16	15	15	14	15
22	26	23	20	18	16	15	15	14	15
23	27	23	20	18	16	16	16	14	15
32	28	24	20	18	16	16	16	14	15
35	28	25	20	18	17	16	16	14	15
40	30	25	20	18	17	16	16	14	15
54	30	25	21	19	17	16	16	14	15
66	32	28	21	19	18	16	16	14	16
73	32	28	22	20	20	16	16	15	16
270	60	32	22	21	20	20	20	15	66
520	78	32	31	23	21	21	21	20	100

表四实验Ⅲ　评分干扰实验（有关联交易的竞争交易实验）①

自评分汇总表②

第一轮评分	第二轮评分	第三轮评分	第四轮评分	第五轮评分	第六轮评分	第七轮评分	第八轮评分	第九轮评分	第十轮评分	第十一轮评分	第十二轮评分	第十三轮评分	第十四轮评分
2.3	5	5	6	7.5	6.4	8	7.2	7.9	7.6	7.9	8	8	8
2.9	6	5.7	7	7.5	7	8	7.8	8	7.6	8	8.5	8.5	8
3.5	6.5	7	7	7.6	7.1	8.5	8	8	7.8	8	8.5	8.5	8
4.5	6.8	7	7.5	8	7.5	8.6	8	8	7.9	8	8.8	8.5	8.2
4.9	6.8	7	7.5	8	7.5	8.6	8	8	7.9	8	8.9	8.5	8.2
5	6.9	7.5	7.5	8	7.5	8.8	8	8	8	8	9	8.8	8.4
5	6.9	7.9	8	8	7.8	8.8	8	8	8	8	9	8.8	8.4
5	7.5	8	8.9	8.2	7.8	8.8	8.1	8	8	8	9	8.8	8.4
5.1	8.5	8	8.9	8.9	7.9	8.8	8.3	8	8.4	8	9	8.9	8.5
5.5	8.8	8.3	9	8.9	7.9	8.9	8.7	8	8.4	8	9	8.9	8.5
5.5	9	8.5	9	8.9	7.9	8.9	8.8	8.1	8.5	8	9	8.9	8.5
5.5	9.3	8.9	9	8.9	8	9	8.8	8.4	8.5	8.1	9	8.9	8.5
5.6	9.8	9	9	8.9	8	9	8.9	8.5	8.5	8.1	9	8.9	8.5
5.9	10	9	9	9	8	9	8.9	8.5	8.5	8.2	9	8.9	8.7
5.9	10	9	9	9	8	9	8.9	8.5	8.5	8.2	9	8.9	8.7
6.1	10	9	9.2	9	8	9	8.9	8.5	8.5	8.2	9	8.9	8.8
6.5	10.1	9	9.3	9	8	9	8.9	8.5	8.5	8.3	9	8.9	8.8
6.6	10.2	9	9.7	9	8	9	8.9	8.5	8.5	8.4	9	8.9	8.9
6.6	10.5	9	9.9	9	8	9	8.9	8.7	8.6	8.4	9	8.9	8.9
6.8	10.5	9.2	9.9	9.1	8	9	8.9	8.8	8.7	8.4	9	8.9	8.9

① 本实验不要求评分为整数。

② 本汇总表不含虚拟学生的评分。

续表

第一轮评分	第二轮评分	第三轮评分	第四轮评分	第五轮评分	第六轮评分	第七轮评分	第八轮评分	第九轮评分	第十轮评分	第十一轮评分	第十二轮评分	第十三轮评分	第十四轮评分
7	10.6	9.4	9.9	9.1	8	9	9	8.8	8.8	8.4	9	8.9	8.9
7	11	9.5	9.9	9.2	8	9	9	8.8	8.8	8.5	9	8.9	8.9
7.1	11	9.8	9.9	9.4	8	9.1	9	8.9	8.8	8.5	9	9	8.9
7.5	11.1	9.8	9.9	9.5	8	9.3	9	8.9	8.8	8.5	9	9	8.9
7.6	11.9	9.9	10	9.5	8	9.5	9	8.9	8.8	8.5	9	9	8.9
7.6	12	10	10	9.5	8	9.5	9	8.9	8.8	8.5	9	9	8.9
7.8	12	10	10	9.5	8.1	9.5	9	8.9	8.8	8.5	9	9	8.9
8	12	10	10	9.5	8.3	9.7	9	8.9	8.8	8.5	9	9	8.9
8	12	10	10	9.5	8.3	9.7	9	8.9	8.8	8.5	9	9	9
8	12	10	10	9.5	8.3	9.8	9	8.9	8.8	8.5	9	9	9
8	12	10	10	9.5	8.3	9.8	9	8.9	8.8	8.5	9	9	9
8	12.3	10	10	9.5	8.3	9.9	9	8.9	8.8	8.5	9	9	9
8	12.9	10	10	9.6	8.5	9.9	9	8.9	8.8	8.5	9	9	9
8.1	13	10	10	9.6	8.5	9.9	9	8.9	8.9	8.5	9	9	9
8.5	13	10	10	9.6	8.5	9.9	9	8.9	8.9	8.5	9	9	9
8.6	13	10	10	9.6	8.5	9.9	9	9	8.9	8.5	9	9	9
9.3	13	10	10	9.7	8.5	9.9	9	9	8.9	8.5	9.1	9	9
9.5	13.7	10	10	9.8	8.5	9.9	9	9	8.9	8.5	9.1	9	9
9.8	14	10	10	9.8	8.5	9.9	9	9	8.9	8.5	9.1	9	9
9.9	14	10.2	10	9.9	8.5	9.9	9	9	8.9	8.5	9.2	9	9
9.9	14	10.5	10	9.9	8.6	9.9	9	9	8.9	8.6	9.2	9	9
10	14.7	11	10	9.9	8.8	9.9	9	9	8.9	8.6	9.2	9	9
10	14.9	11	10	9.9	8.8	9.9	9	9	8.9	8.6	9.2	9	9
10	15	11	10.1	9.9	8.8	9.9	9	9	8.9	8.6	9.3	9	9

续表

第一轮评分	第二轮评分	第三轮评分	第四轮评分	第五轮评分	第六轮评分	第七轮评分	第八轮评分	第九轮评分	第十轮评分	第十一轮评分	第十二轮评分	第十三轮评分	第十四轮评分
10	15	11	10.2	9.9	8.8	9.9	9	9	9	8.7	9.3	9	9
10	15	11	10.2	9.9	8.9	9.9	9	9	9	8.7	9.4	9	9
10.2	15	11	10.5	10	8.9	10	9	9	9	8.7	9.4	9	9
10.3	15	11	10.5	10	8.9	10	9.2	9	9	8.7	9.4	9	9
10.5	15	11.2	10.8	10	8.9	10	9.3	9	9	8.8	9.4	9	9
10.5	15	11.5	10.8	10	8.9	10	9.3	9	9	8.8	9.4	9	9
11	15	11.5	10.9	10	8.9	10	9.3	9	9	8.8	9.4	9	9
11.6	15	11.7	10.9	10	8.9	10	9.3	9	9	8.8	9.5	9	9
11.9	15	12	11	10	8.9	10	9.4	9	9	8.8	9.5	9	9
11.9	15.3	12	11	10	8.9	10	9.4	9	9	8.8	9.5	9	9
11.9	15.4	12	11	10	9	10	9.4	9	9	8.8	9.5	9.1	9
12	15.9	12.3	11	10	9	10	9.4	9	9	8.8	9.5	9.2	9
12.1	15.9	12.5	11	10	9	10	9.5	9	9	8.8	9.5	9.2	9
12.1	16	12.8	11	10	9	10	9.5	9	9	8.8	9.6	9.2	9
12.5	16	12.8	11	10	9	10	9.6	9.1	9	8.8	9.8	9.2	9
14	16	12.9	11	10	9	10	9.6	9.1	9	8.8	9.8	9.2	9
14.3	16	13	11.5	10	9	10	9.7	9.1	9	8.8	9.9	9.2	9
15	16	13	11.7	10	9	10	9.7	9.1	9	8.9	9.9	9.3	9
15.5	16.2	13	11.8	10	9	10	9.8	9.2	9	8.9	9.9	9.3	9
15.9	16.3	13	11.8	10	9	10	9.8	9.2	9	8.9	9.9	9.3	9
16	16.5	13	11.9	10	9	10	9.8	9.2	9	8.9	9.9	9.3	9
16①	16.8	13.9	12	10	9	10	9.8	9.2	9	8.9	9.9	9.3	9

① 第一、第二、第三、第四、第五、第七轮评分各有一名学生无故缺席；第六、第十三轮评分各有两名学生无故缺席。

续表

第一轮评分	第二轮评分	第三轮评分	第四轮评分	第五轮评分	第六轮评分	第七轮评分	第八轮评分	第九轮评分	第十轮评分	第十一轮评分	第十二轮评分	第十三轮评分	第十四轮评分
16.1	16.9	13.9	12	10	9	10	9.8	9.2	9	8.9	10	9.3	9
16.8	17	14	12	10	9.2	10	9.9	9.3	9	8.9	10	9.3	9
18	17	14	12	10	9.2	10	9.9	9.3	9	8.9	10	9.3	9
18.4	17.2	14	12	10	9.3	10	9.9	9.4	9	8.9	10	9.3	9
18.5	17.5	14	12	10	9.3	10	9.9	9.4	9	8.9	10	9.3	9
19	17.9	14.1	12	10	9.4	10	9.9	9.4	9	8.9	10	9.3	9
20	17.9	14.9	12	10	9.4	10	9.9	9.5	9	9	10	9.4	9
25	18	14.9	12	10	9.5	10	9.9	9.5	9	9	10	9.5	9.2
30	18	15	12.1	10	9.5	10	10	9.5	9	9	10	9.5	9.2
35	18	15	12.9	10	9.5	10	10	9.5	9	9	10	9.5	9.2
36	18.4	15	12.9	10.2	9.5	10.1	10	9.5	9.2	9	10	9.5	9.3
46	19	15	12.9	10.4	9.5	10.2	10	9.5	9.2	9	10	9.5	9.3
47	20	15	12.9	10.5	9.5	10.3	10	9.5	9.2	9	10	9.5	9.3
49.5	20	15	13	10.5	9.6	10.3	10	9.6	9.2	9	10	9.5	9.3
50	20	15.1	13	10.5	9.9	10.3	10	9.6	9.3	9	10	9.5	9.4
50	20	15.3	13.5	10.5	9.9	10.5	10	9.6	9.3	9	10	9.6	9.4
50	20	15.5	13.5	10.9	9.9	10.5	10	9.6	9.3	9	10.2	9.6	9.5
59.9	20	17	14	10.9	10	10.5	10	9.8	9.5	9	10.2	9.6	9.5
60	20.3	17	14	11	10	10.5	10	9.8	9.5	9	10.3	9.8	9.5
62	20.8	17.2	15	11	10	10.6	10	9.8	9.7	9	10.8	9.8	9.5
70	21	18	15	11.5	10	10.8	10	9.8	9.9	9	11	10	9.6
78	22	18.4	15	12	10.5	10.9	10.5	9.9	9.9	9	11.1	10	10
80	24	18.9	15	12	11	11	10.8	9.9	10	9	12	12	10
80	25	20	19.9	13	100	11	11	10	15	9.1	12	22	10
100	30	21	20	100		11	11.5	10	15	9.2	12		10
							12	10	44	9.2	12		10

附录 3：实验用表

表五　　学生评分用表①

班级：　　序号：　　姓名：

次数	组别②	希望得分	实际得分	本组总得分	备注
1					
2					
3					
4					
5					
6					
7					
8					
9					
10					
11					
12					
13					
14					

① 本表为实验Ⅰ、实验Ⅱ、实验Ⅲ通用表。其中栏目“组别”（仅实验Ⅰ中须填写）、“希望得分”由学生填写，栏目“实际得分”由教师填写，“本组总得分”“备注”由学生根据教师所宣布的：上次评分的本组总得分、本组最低的被确认为零的评分或本组最高的被确认有效的评分等来填写。

② 实验Ⅱ、实验Ⅲ中不分组，该栏不填。

参考文献

[1] 白重恩，刘俏，陆洲等．中国上市公司治理结构的实证研究［J］．经济研究，2005（2）：81－91.

[2] 贝克奥伊．会计理论（第四版）［M］．钱逢胜等译．上海：上海财经大学出版社，2004.

[3] 彼得·雷森伯格．西方公民身份传统——从柏拉图至卢梭．［M］．吉林出版集团有限责任公司，2009.

[4] 财政部．企业会计准则——关联方关系及其交易的披露（第1版）．北京：中国财政经济出版社，1997：1－3.

[5] 财政部会计司．关于我国上市公司2007年执行新会计准则情况的分析报告［J］．会计之友，2008（7）：105－112.

[6] 财政部会计司．国际会计准则2000［M］．北京：中国财政经济出版社，2001.

[7] 财政部会计司．企业会计准则［M］．经济科学出版社，1997.

[8] 曹廷求．大股东治理机制与公司绩效：来自中国上市公司的调查证据［J］．由东社会科学，2005（1）：59－64.

[9] 陈蝉，陈晓．盈余管理、关联交易与市场制约机制——基于五粮液的案例研究．中国企业管理论坛2007：337－345

[10] 陈汉文．证券市场与会计监管［M］．北京：中国财政经济出版社，2001.

[11] 陈红．公司控制权配置模式与治理效率研究［J］．投资研究，2005（6）：56－63.

[12] 陈宏辉，贾生华．企业利益相关者的利益协调与公司治理的平衡原理［J］．中国工业经济，2005（8）：114－121.

[13] 陈小悦，陈晓，顾斌．中国股市弱型效率的实证研究［J］．会计研究，1997，9（14）：13－17.

[14] 陈小悦，徐晓东．股权结构、企业绩效和投资者利益保护［J］．经济研究，2001（11）：3－10.

[15] 陈晓，王琨．关联交易、公司治理与国有股改革——来自我国资本市场的实证证据［J］．经济研究，2005（4）：77－86.

[16] 陈晓，陈淑燕．股票交易量对年报信息的反应研究——来自上海、深圳股市的经验证据［J］．金融研究，2001（7）：98－105.

[17] 陈晓，秦跃红．“庄家”与信息披露的质量［J］．管理世界，2003（3）：28－33.

[18] 陈艳利，李新彦．监管情境下的央企控股上市公司关联交易——基于中国资本市场的经验分析［J］．财经问题研究，2013，(04)：90－98.

[19] 陈燕，廖冠民，吴育新．关联交易、会计信息有用性与债务契约：基于贷款担保的实证分析［J］．经济科学，2012，(06)：91－102.

[20] 陈作华．关联交易与公司避税——来自中国上市公司的经验数据［J］．证券市场导报，2017，(05)：21－31.

[21] 崔学刚．公司治理机制对公司透明度的影响：来自中国上市公司的经验数据［J］．会计研究，2004（8）：72－80.

[22] 杜滨，李若山．中国证券市场上市公司关联交易的实证研究［A］．中国会计与财务问题国际研讨会论文集［C］．中国财政经济出版社，2002.

[23] 杜兴强．会计信息产权问题研究 [M]．大连：东北财经大学出版社，2002.

[24] 段亚林．非公平关联交易下的公司利益转移问题研究 [R]．深证综研字第47号，2001 (12)．

[25] 冯韶华，张扬．关联交易资金占用与内部资本市场资源配置 [J]．财经理论与实践，2014，35 (04)：74－79.

[26] 冯照桢，温军．异质性机构对企业集团关联交易影响的实证研究 [J]．财贸研究，2013，24 (02)：129－137.

[27] 傅瑜，申明浩．控制权配置形式对企业关联交易的影响分析——基于A股家族类上市公司的实证研究 [J]．当代财经，2013，(05)：59－71.

[28] 高雷，宋顺林．关联交易、线下项目与盈余管理 [J]．中国会计评论，2008 (3)：61－79.

[29] 葛家澍，杜兴强．财务会计概念框架与会计准则问题研究 [M]．北京：中国财政经济出版社，2003.

[30] 葛家澍，林志军．现代西方会计理论（第二版）[M]．厦门：厦门大学出版社，2006.

[31] 葛家澍，刘峰．会计理论——关于财务会计概念结构的研究 [M]．北京：中国财政经济出版社，2002.

[32] 葛家澍．财务会计理论研究 [M]．厦门：厦门大学出版社，2006.

[33] 耿志民．大股东治理、机构投资者与公司治理结构改革 [J]．经济研究，2005，24 (5)：131－134.

[34] 管强．关联交易内幕 [M]．中华工商联合出版社，2003.

[35] 顾乃康，万小勇．现金持有水平、投资者保护与关联交易 [J]．广东金融学院学报，2011，26 (02)：118－128.

[36] 何艳，张芬．发达国家如何保护小股东利益？论两种公司治理模式下小股东保护体系［J］．北方经济，2007（1）：143－144.

[37] 侯光明，李存金．管理博弈论［M］．北京理工大学，2005.

[38] 洪剑峭，方君雄．关联交易与价值盈余的相关性．中国会计评论，2005（6）87－99.

[39] 洪剑峭，薛皓．股权制衡如何影响经营性应计的可靠性——关联交易视角［J］．管理世界，2009（1）：153－161.

[40] 黄本尧．上市公司关联交易监管问题研究［R］．深圳证券交易所综合研究所研究报告，2003：73－150.

[41] 黄速建，余青．国有企业的性质、目标与社会责任［J］．中国工业经济，2006（2）：68－75.

[42] 黄贤环，吴秋生．上市公司与财务公司关联交易对投资效率影响研究［J］．审计与经济研究，2017，32（01）：68－79.

[43] 黄蓉，易阳，宋顺林．税率差异、关联交易与企业价值［J］．会计研究，2013（08）：47－53＋97.

[44] 吉拉德·德布鲁．价值理论及数理经济学的20篇论文［M］．首都经济贸易大学出版社，2002.

[45] 计小青，曹啸．资本市场财务呈报管制：理论及其对中国实践的解释［J］．管理世界，2003（2）：4－14.

[46] 计方，刘星．交叉上市、绑定假说与大股东利益侵占——基于关联交易视角的实证研究［J］．当代经济科学，2011，33（04）：105－114＋128.

[47] 蒋顺才，刘雪辉，刘迎新．上市公司信息披露［M］．清华大学出版社，2004.

[48] 蒋尧明．上市公司会计信息披露的真实性与虚假陈述研究［J］．会计研究，2004（1）：39－43.

[49] 蒋义宏，李树华．证券市场财务与会计问题研究［M］．上海财经大学出版社，1998.

[50] 杰弗瑞·A·杰里等．高级微观经济学［M］．上海财经大学出版社，2003.

[51] 科斯，斯蒂格利茨等．契约经济学［M］．经济科学出版社，1999.

[52] 雷光勇．企业会计契约：动态过程与效率［J］．经济研究，2004（5）：98－106.

[53] 李高中．论关联交易与我国公司法完善［J］．华东政法学院学报，1998 创刊号：70－80.

[54] 李若山，周勤业，方军雄．注册会计师：经济警察吗？（第 1 版）［M］．北京：中国财政经济出版社，2003：87－103.

[55] 李增泉，孙铮，王志伟．“掏空”与所有权安排——来自我国上市公司大股东资金占用的经验证据［J］．会计研究，2004（12）：3－12.

[56] 李文华，冯照桢．异质机构、企业性质与关联交易［J］．当代经济科学，2012，34（02）：80－87＋127.

[57] 李保红．企业整体上市对关联交易的影响——基于本钢板材整体上市的案例分析［J］．企业经济，2011，30（04）：32－34.

[58] 李江鸿．我国商业银行关联交易监管问题探析［J］．上海金融，2012（02）：45－50＋117.

[59] 李莉．我国上市公司关联交易政府监管制度研究［J］．山东社会科学，2012（05）：133－135.

［60］李文莉．上市公司关联交易的法律规制与监管［J］．华东经济管理，2011，25（10）：92－96.

［61］刘峰．会计准则变迁［M］．北京：中国财政经济出版社，2000.

［62］刘立燕，熊胜绪．上市公司关联交易规制研究［J］．郑州大学学报（哲学社会科学版），2012，45（06）：86－89.

［63］刘永泽，傅荣．高级财务会计［M］．大连：东北财经大学出版社，2007.

［64］刘玉廷．中国企业会计准则体系：架构、趋同与等效［J］．会计研究，2007（3）：2－8.

［65］陆建宇，张继袖，刘国艳．基于不确定性的公允价值计量与披露问题研究［J］．会计研究，2007（2）：18－23.

［66］罗党论，黄郡．审计师与控股股东“掏空”行为——来自中国上市公司的经验证据［J］．当代经济管理，2007，29（2）：123－127.

［67］罗付岩．关联交易对公司投资是效率促进或利益冲突？［J］．管理评论，2014，26（01）：140－149.

［68］罗付岩．市场化进程、关联交易与投资效率［J］．中南财经政法大学学报，2013（01）：115－121.

［69］马克斯·韦伯．经济通史．［M］．上海三联书店，2006.

［70］迈克尔，迪屈奇．交易成本经济学——关于公司的新的经济意义［M］．王铁生，葛立成译．经济科学出版社，1999.

［71］皮埃尔·勒维克．希腊的诞生——灿烂的古典文明．［法］［M］．上海书店出版社，2006.

［72］潘红波，余明桂．集团内关联交易、高管薪酬激励与资本配置效率［J］．会计研究，2014（10）：20－27＋96.

[73] 彭晓洁. 信息不对称与非公平关联交易透视 [J]. 会计研究, 2005, 8 (214): 67 - 72.

[74] 乔彦军. 掀起你的盖头来: 关联者及关联交易——兼评关联关系及其交易的披露 [J]. 会计研究, 1997, 12 (25): 34 - 45.

[75] 邵毅平, 虞凤凤. 内部资本市场、关联交易与公司价值研究——基于我国上市公司的实证分析 [J]. 中国工业经济, 2012 (04): 102 - 114.

[76] 斯塔夫里阿诺斯. 全球通史. [美] [M]. 北京大学出版社, 2007.

[77] 唐清泉, 罗党论, 王莉. 大股东的隧道挖掘与制衡力量——来自中国市场的经验证据 [J]. 中国会计评论, 2005 (6): 63 - 85.

[78] 汤湘希, 沈将来, 陈明进, 汪瑞芝. 关联交易、资本弱化与反避税机制 [J]. 税务研究, 2017 (04): 82 - 85.

[79] 佟岩, 王化成. 关联交易、控制权收益与盈余质量 [J]. 会计研究, 2007 (4): 75 - 82.

[80] 佟岩, 何凡. 反向收购整体上市、整体上市程度与关联交易 [J]. 中国软科学, 2015 (09): 117 - 126.

[81] 瓦茨, 齐默尔曼. 实证会计理论 [M]. 陈少华, 黄世忠, 陈箭深译. 北京: 中国财政经济出版社, 1978.

[82] 汪建熙. 关联方交易与以股份为基础的支付 [M]. 大连出版社, 2005.

[83] 汪健. 治理特征、治理环境与关联交易——来自 A 股上市公司的经验证据 [J]. 山西财经大学学报, 2014, 36 (06): 78 - 89.

[84] 王国成, 黄涛. 经济行为的异质性和实验经济学的发

展［J］. 经济研究，2005（11）：125 - 128.

［85］王纪平. 关联方交易会计新论［M］. 经济科学出版社，2007.

［86］王来群. 公允价值计量基础与关联交易监管［J］. 山东大学学报哲学社会科学版，2003（3）：126 - 131.

［87］王雄元，张鹏. 上市公司信息保密研究［J］. 会计研究，2007（5）：25 - 30.

［88］王又庄. 关于证券（股票）市场与会计信息披露问题研究（第1版）［M］. 北京：中国财政经济出版社，2002. 176 - 179.

［89］王晗，陈传明，张曼丽，奚荣建. 管理层持股如何影响关联交易？［J］. 中国经济问题，2016（05）：125 - 136.

［90］汪健，曲晓辉. 关联交易、资本结构与盈余管理——基于A股上市公司的经验证据［J］. 山西财经大学学报，2014，36（12）：120 - 133.

［91］威廉R. 斯科特. 财务会计理论［M］. 陈汉文等译. 北京：机械工业出版社，2006.

［92］魏志华，赵悦如，吴育辉. "双刃剑"的哪一面：关联交易如何影响公司价值［J］. 世界经济，2017，40（01）：142 - 167.

［93］魏明海，黄琼宇，程敏英. 家族企业关联大股东的治理角色——基于关联交易的视角［J］. 管理世界，2013（03）：133 - 147 + 171 + 188.

［94］吴联生. 会计信息失真的"三分法"：理论框架与证据［J］. 会计研究，2003（1）：23 - 28.

［95］吴先聪，张健，胡志颖. 机构投资者特征、终极控制人性质与大股东掏空——基于关联交易视角的研究［J］. 外国

经济与管理，2016，38（06）：3－20.

［96］向凯．上市公司关联方关系及其交易信息披露质量——来自上市公司的初步证据．价值工程，2004（7）

［97］肖虹．我国关联方关系及其交易披露规范研究［J］．会计研究，2000（7）：22－28.

［98］肖虹．中国上市公司控股股东关联交易盈余管理研究［D］．博士论文，1999.

［99］肖珉，周宗放，陈林．我国企业集团上市公司关联交易频率特征分析［J］．管理评论，2011，23（07）：124－130.

［100］谢德仁．会计信息的真实性与会计规则制订权合约安排［J］．经济研究，2000（5）：47－51.

［102］谢清喜，王瑞英．中国上市公司内部人控制与非公平关联交易的实证分析［J］．经济评论，2004，4（32）：113－117.

［103］熊彼特．经济分析史［M］．商务印书馆，1996.

［104］许荣，徐星美，权小锋．中国企业集团关联交易：掏空支持还是相互保险［J］．经济理论与经济管理，2015，（12）：66－77.

［105］徐高彦．独立董事独立性、关联交易与公司价值——基于沪深两市上市公司的经验证据［J］．审计与经济研究，2011，26（04）：77－84.

［106］亚当·斯密．国民财富的性质和原因的研究（上、下卷）［M］．郭大力，王亚南译．商务印书馆，1996.

［107］阎达五，王建英．上市公司利润操纵行为的财务指标特征研究［J］．财务与会计，2001（10）：21－25.

［108］杨小凯．经济学——新兴古典与新古典框架［M］．社会科学文献出版社，2003.

[109] 杨柔坚. 股权结构对上市公司并购重组绩效影响的研究——按关联与非关联交易分类 [J]. 审计与经济研究, 2016, 31 (06): 67 - 76.

[110] 杨蓉, 张旭. 终极控制人、机构投资者与关联交易的关系研究——基于我国 A 股上市公司的实证检验 [J]. 兰州大学学报 (社会科学版), 2015, 43 (06): 86 - 100.

[111] 杨松令, 王昱茜, 刘亭立. 大股东关系对关联交易的影响——基于社会资本视角 [J]. 现代财经 (天津财经大学学报), 2014, 34 (11): 60 - 70.

[112] 应唯. 关联交易——政策及技术层面解析 [J]. 财务与会计, 2002 (3): 5 - 10.

[113] 余明桂, 夏新平. 控股股东、代理问题与关联交易: 对中国上市公司的实证研究 [J]. 南开管理评论, 2004 (6): 33 - 38.

[114] 占美松. 表外披露性质解读及其启示: 剩余控制权视角. 会计研究. 2008 (10).

[115] 占美松. 财务报告信息与表外披露问题研究. 厦门大学博士学位论文, 2008.

[116] 张玲, 李慧兰. 公司政治关联、关联交易与企业价值——基于中介效应与调节效应分析 [J]. 商业研究, 2017 (02): 65 - 72.

[117] 张洪辉, 章琳一, 张蕊. 内部控制与关联交易: 基于效率促进观和掏空观分析 [J]. 审计研究, 2016 (05): 89 - 97.

[118] 赵国宇. 盈余管理、关联交易与审计师特征 [J]. 审计与经济研究, 2011, 26 (04): 38 - 45.

[119] 甄红线, 庄艳丽. 掏空与机会主义支撑行为——基

于关联交易视角的案例分析 [J]. 经济与管理, 2015, 29 (06): 41 - 47.

[120] 朱·弗登伯格, 戴卫·K·莱文. 博弈学习理论 [M]. 中国人民大学出版社, 2002.

[121] 朱凯, 孙红. 税收监管、经营性关联交易与公司价值 [J]. 财经研究, 2014, 40 (07): 77 - 85.

[122] 邹薇. 高级微观经济学 [M]. 武汉大学出版社, 2004.

[123] FASB. 国际财务报告准则 2004 [M]. 财政部会计准则委员会译. 北京: 中国财政经济出版社.

[124] FASB. 国际财务报告准则 2008 [M]. 财政部会计准则委员会泽. 北京: 中国财政经济出版社.

[125] Agrawal A, Chadha S. Corporate governance and accounting Scandals [J]. Journal of Law and Economics (Forthcoming), 2005, 14 (5): 77 - 95.

[126] Agrawal A, Knoeber C R. Firm performance and mechanisms to control agency problems between managers and shareholders [J]. Journal of Finance and Quantitative Analysis, 1996 (31): 377 - 397.

[127] Alba P, Claessens S, Djankov S, et al. Thailand's corporate financing and governance structures [R]. The World Bank series Policy Research Working Paper with number 23, 1998.

[128] Alchian A, William R, Armen A. Exchange & production: coordination & control [M]. Wadsworth Pub Co, 1997.

[129] Allman M H. The future of accounting and financial reporting: The colorized Approach [J]. Accounting Horizons, June. 1996: 88 - 90.

[130] American Institute of Certified Public Accountants. Accounting and Auditing for Related Parties and Related Party Transactions: A Toolkit for Accountants and Auditors. 2001.

[131] Arrow K J, Debreu G, . Existence of a equilibrium for a completive economy [J]. Econometrica, 1954 (22): 265 - 290.

[132] Aumann R J. Existence of a competitive equilibrium in markets with a continuum of traders. Econometrica, 1966 (34): 1 - 17.

[133] Authur H. The importance standards [J]. Accounting Horizons, 1998: 346 - 357.

[134] Ball R S, Kothari P, Robin A. The effect of international institutional factors on properties of accounting earnings [J]. Journal of Accounting and Economics, 2000 (29): 1 - 51.

[135] Barbara D M. Related party transactions. Journal of Accountancy (pre - 1986), 2001, 9 (32): 124 - 150.

[136] Berkman H, Cole R A, Fu L J. Expropriation through loan guarantees to related parties: Evidence from China [J]. Journal of Banking & Finance, 2009, 33 (1): 141 - 156.

[137] Bin K, Steven H, Kathy P. What insiders know about future earnings and how they use it: Evidence from insider trades [J]. Journal of Accounting and Economics, 1978, 5 (14): 53 - 60.

[138] Bloomfield R J, Maureen O'Hara. Can transparent markets survive? [J]. Journal of Financial Economics, 2000, 55 (3): 122 - 125.

[139] Bowen R M, Rajgopal, Venkatachalam S M. Accounting Discretion, Corporate Governance and Firm Performance [C]. 14th

Annual Conference on Financial Economics and Accounting, 2005.

[140] Bruce B. Segment earnings disclosure and the ability of security analysts to forecast earnings per share [J]. Accounting Review, 1984.

[141] Canthlle M, Julian W. How do firms choose their lenders? An Empirical Investigation [J]. Review of Financial Studies, 2000, 13 (28): 104 – 115.

[142] Cheung Y L, Rau P R, Stouraitis A. Tunneling, propping, and expropriation: evidence from connected party transactions in Hong Kong [J]. Journal of Financial Economics, 2006, 82 (2): 343 – 386.

[143] Claessens S, Djankov S, Lang L H P. The separation of ownership and control in east asian coradorations [J]. Journal of Financial Economics, 2000 (38): 81 – 112.

[144] Collins D W., Simonds R R. SEC Line – of – business disclosure and market risk adjustment [J]. Journal of Accounting Research, 2004, 23 (45): 76 – 79.

[145] Copeland T, Koller T, Murrin J. Valuation: measuring and managing the value of companies, Third Edition. 2002.

[146] Deccine C T. Research methodology and accounting theory formulation. [J]. The Accounting Review, 1960, 37 (4): 32 – 34.

[147] Dimson E. Risk measurement when shares are subject to infrequent trading [J]. Journal of Financial Economics, 1979 (7): 197 – 226.

[148] Elizabeth A, Gordon, Elaine Henry, Darius Palia. Related Party Transactions: Associations with Corporate Govern-

ance and Firm Value [M/OL]. 2004 - 8. http: //www. ssrn. com.

[149] Evidence from Listed Companies. European Accounting Review, 2004, Vol. 13 (2): 319 - 340.

[150] Faccio M, Lang L H P. 2002, The Ultimate Ownership of Western European Corporations [J]. Journal of Financial Economics, 2002 (65): 365 - 395.

[151] Fama E. Efficient capital markets: a review of theory and empirical work [J]. The Journal of Finance, 1970: 383 - 417.

[152] Financial Accounting Standard Board. Related Party Disclosures. Statement of Financial Accounting Standards No. 57, 1982.

[153] Fischer, Paul E, Stocken, Phillip C. Forecasts and Earnings. SSRN: Working Paper Series, 2000: 86 - 90.

[154] Foster W. Financial accounting theory [M]. Prentice - Hall International Inc. U. S. A, 1997.

[155] Fudenberg D, Levine D K. The theory of learning in games [M]. Cambridge: MIT Press, 1998.

[156] Ge W, Drury D H, Fortin S, et al. Value relevance of disclosed related party transactions [J]. Advances in Accounting, 2010, 26 (1): 134 - 141.

[157] Gire, Michael K. Avoiding conflict of interest and related - party. 2001: 123 - 129.

[158] Gordon E A, Elaine Henry, Darius Palia. Determinants of related party transactions and their impact on firm value. 2004.

[159] Gresik T, Satterthwaite M. The rate at which a simple market becomes efficient as the number of traders increases: an asymptotic result for optimal trading mechanisms [J]. Journal of Economic Theory, 1989 (48): 304 - 332.

[160] Grossman, Sanford J. and Oliver D. Hart, The Costs and Benefits of Ownership: a Theory of Vertical and Lateral Integration [J]. Journal of Political Economy, 1986, 94 (4), 691 –719.

[161] Gul F, Postlewaite A. Asymptotic efficiency in large exchange economies with asymmetric information [J]. Econometrica, 1992 (60): 1273 –1292.

[162] Hague Ian P N. Lifting the fog on related party transactions [J]. CA Magazine, 1995 (12) .

[163] Hart S, Mas – Colell A. Uncoupled dynamics do not lead Nash Equilibrium [J]. American Economic Review, 2003 (93): 1830 –1836.

[164] Hart S, Mas – Colell A. Stochastic uncouple dynamics and Nash Equilibrium [J]. Games and Economic Behavior, 2006 (57): 86 –303.

[165] Hazen T L. Treatise on the law of securities regulation, 2nd Edition [M]. St. Paul: West Publishing Co, 1990.

[166] Hinton R. Related party transaction: the UK Way [J]. Accountancy, 1989 (103): 26 –27.

[167] Hu J, Thomos H. Insider trading and managerial incentives. Joural of Banking & 130 Finance, 2001, 25 (49): 83 –87.

[168] IASB. International Financial Reporting Standards, 2004.

[169] Inmoo L. Insider trading and performance of seasoned equity offering firms after controlling for exogenous trading needs [J]. The Quarterly Review of Economics and Finance, 2002, 17 (39): 107 –112.

[170] Jensen M C, Meckling W H. Theory of the firm: Man-

agerial behavior, agency costs and ownership structure [J]. Journal of Financial Economics, 2003, 3 (128): 305 - 360.

[171] Stuckey J. Vertical integration and joint ventures in the aiuminum industry. Cambridge: Harvard Press, 1983.

[172] Jian M, Wong T J. Propping through related party transactions [J]. Review of Accounting Studies, 2010, 15 (1): 70 - 105.

[173] Johnson S R, La Porta R, Lopez - de - Silanes F, Shleifer A. Tunneling [J]. American Economic Review, 2000: 22 - 27.

[174] Jonk A. New evidence on the effects of federal regulations on insider trading: The Insider Trading and Securities Fraud Enforcement Act [J]. Accounting review, 2003, 33 (59): 71 - 82.

[175] Katherine S. Commentary on earnings management [J]. Accounting Horizons, 2003, 5: 75 - 93.

[176] Keisler H J. (1995) "Approximate Tatonnement Processes," [J]. Economic Theory, 1995 (5): 127 - 173.

[177] Keisler H J. Getting to a competitive equilibrium [J]. Econometrica, 1996 (64): 29 - 49.

[178] Khanna Tarun, Krishna Palepu. Why focused strategy may be wrong in emerging markets [J]. Harvard Business Review, 1997, 75 (4): 41 - 51.

[179] La Porta R, Lopez - de - Silanes F, Shleifer A. Corporate ownership around the world [J]. Journal of Finance, 1999 (54): 471 - 517.

[180] Manaster S, Rendleman R. Option prices as predictors of equilibrium stock prices [J]. Journal of Finance, 2003, 37 (4):

32 – 34.

[181] Marcet, A., and Sargent, T., J., (1989): "Convergence of Least Squares Learning in Self – Referential Linear Stochastic Models," *Joumal of Economic Theory*, 48, 337 – 368.

[182] Ming Jian, Wong T J. Earnings management and tunneling through related party transactions: evidence from Chinese corporate groups [J]. The Hong Kong University of Science and Technology, 2003 (6).

[183] Nash R. Auditing related parly transaction [J]. The CPA Journal, 1988, 58 (4): 84 – 86.

[184] Rendleman R C, Jones L, Yang Hatane. Empirical anomalies based on unexpected earnings and he importance of risk adjustments [J]. Journal of Financial Economics, 1982, 10 (111): 269 – 287.

[185] Robert S. An empirical investigation of the effect of quarterly earnings announcement timing on stock returns [J]. Journal Accounting Research, 2004, 45 (69): 112 – 120.

[186] Robert S, Edward J. Problems in developing guidelines for auditing related – party transactions [J]. Journal of Banking & Finance, 2000, 32 (55): 67 – 73.

[187] Rustichini A, Satterthwaite M A, Williams S R. Convergence to price – taking behavior in a Simple Market. Northwestern University, 1990 (914).

[188] Rustichini A, Satterthwaite M A, Williams S R. Converge to efficiency in a simple market with incomplete information [J]. Econometrica, 1994 (62): 1041 – 1063.

[189] Shick R A. On the theory of conglomerate mergers [J].

Journal of Finance, 2004, 12 (27): 78 - 86.

[190] Shleifer A, Vishny R W. A survey of corporate governance [J]. Journal of Finance, 1997 (52): 737 - 783.

[191] Shleifer A, Vishny R. The limits of arbitrage [J]. Journal of Finance, 2004 (52): 35 - 55.

[192] Stacchetti E. Analysis of a dynamic, decentralized exchange economy [J]. Joumal of Mathetical Economics, 1985 (14): 241 - 259.

[193] Trmstrong M. The politics of establishing accounting standards [J]. Journal of Accounting, 2004, 7 (18): 23 - 30.

[194] US Congress The Sarbanes—Oxley Act of 2002 (related accounting industry and investor protection) [R]. 2002.

[195] Watts, R. and Jerold Zimmerman, 1983, Agency problems, auditing, and the theory of the firm: some evidence, Journal of Law and Economics, vol 26.

[196] Weisbach M. Outside directors and CEO turnover [J]. Journal of Financial Economics, 1988.

[197] William C. Related - party transactions some considerations [J]. The CPA Journal (pre - 1986), 2005, 16 (22): 87 - 91.

[198] Williams, S. (1991): "Existence and Convergence of Equilibria in the Buyer's Bid Double Auction," *Review of Economic Studies*, 58, 351 - 374.

[199] Zhang Y, Ma G. Law, economic, corporate governance and corporate scandal in a transition economy: insight [C]. International Conference on Corporate Governance in Asia. 2005.